삼국유사고증 역주 三國遺事考證 譯註

An Annotated Translation of "Historical Investigation of the Three Kingdoms Archive in Ancient Korea"

【七】

색인편

삼국유사고증 역주 三國遺事考證 譯註【七】
색인편

—

1판 1쇄 인쇄 2024년 7월 6일
1판 1쇄 발행 2024년 7월 19일

—

편   자 | 김정빈 · 권인한 · 김성주 · 이상이
발행인 | 이방원
발행처 | 세창출판사
　　　　신고번호 제1990-000013호
　　　　주소 03736 서울시 서대문구 경기대로 58 경기빌딩 602호
　　　　전화 02-723-8660 팩스 02-720-4579
　　　　이메일 edit@sechangpub.co.kr 홈페이지 www.sechangpub.co.kr
　　　　블로그 blog.naver.com/scpc1992 페이스북 fb.me/Sechangofficial 인스타그램 @sechang_official

—

ISBN 979-11-6684-194-1 94910
　　　　979-11-6684-187-3 (세트)

—

이 역주서는 2019년 대한민국 교육부와 한국연구재단의 지원을 받아 수행된 연구임.
(NRF-2018S1A5A7028408)

—

이 책은 한국연구재단의 지원으로 세창출판사가 출판, 유통합니다.
잘못 만들어진 책은 구입하신 서점에서 바꾸어 드립니다.

삼국유사고증 역주 三國遺事考證 譯註

An Annotated Translation of "Historical Investigation of the Three Kingdoms
Archive in Ancient Korea"

【七】
색인편

김정빈 · 권인한 · 김성주 · 이상이 編

세창출판사

七권 목차

三國遺事 卷第七
삼국유사고증 역주
색인편

• 삼국유사고증 역주 총색인 범례 _10

가 _15   **아** _213
나 _67   **자** _279
다 _80   **차** _320
라 _106   **타** _337
마 _107   **파** _344
바 _128   **하** _351
사 _157

• 역주를 마무리하면서 _381

총 목차

서문   해제   범례

● 一권 ●
(삼국유사고증 상)

三國遺事 卷第一
삼국유사 권제1

王歷
왕력

● 二권 ●
(삼국유사고증 상)

紀異 第一
기이 제1

고조선 왕검조선古朝鮮 王儉朝鮮

위만조선魏滿朝鮮

마한馬韓

이부二府

칠십이국七十二國

낙랑국樂浪國

북대방北帶方

남대방南帶方

말갈 · 발해靺鞨 · 渤海

이서국伊西國

오가야五伽耶

북부여北扶餘

동부여東扶餘

고구려高句麗

변한 · 백제卞韓 · 百濟

진한辰韓

우사절유택又四節遊宅

신라시조 혁거세왕新羅始祖 赫居世王

제2남해왕第二南解王

제3노례왕第三弩禮王

제4탈해왕第四脫解王

김알지 탈해왕대金閼智 脫解王代

연오랑 세오녀延烏郎 細烏女

미추왕 죽엽군未鄒王 竹葉軍

내물왕 김제상奈勿王 金堤上

제18 실성왕第十八 實聖王

사금갑射琴匣

지철로왕智哲老王

진흥왕眞興王

도화녀 비형랑桃花女 鼻(鼻)荊郎

천사옥대天賜玉帶

선덕왕지기삼사善德王知幾三事

진덕왕眞德王

김유신金庾信

태종춘추공太宗春秋公

장춘랑파랑長春郎罷郎

● 三권 ●
(삼국유사고증 중)

三國遺事 卷第二
삼국유사 권제2

紀異 第二
기이 제2

문호왕 법민文虎王法敏

만파식적萬波息笛

효소대왕 죽지랑孝昭大王 竹旨郎

성덕왕聖德王

수로부인水路夫人

효성(성덕)왕孝成(聖德)王

경덕왕 · 충담사 · 표훈대덕景德王 · 忠談師 · 表
　　訓大德

찬기파랑가왈讚耆婆郎歌曰

혜공왕惠恭王

원성대왕元聖大王

조설早雪

흥덕왕앵무興德王鸚鵡

신무대왕 염장 궁파神武大王 閻長 弓巴

사십팔 경문대왕四十八 景文大王

처용랑 망해사處容郎 望海寺

진성여대왕 거타지眞聖女大王 居陁知

효공왕孝恭王

경명왕景明王

경애왕景哀王

김부대왕金傅大王

남부여 · 전백제南扶餘 · 前百濟

무왕武王

후백제 견훤後百濟 甄萱

가락국기(1)駕洛國記(1)

가락국기(2)駕洛國記(2)

가락국기(3)駕洛國記(3)

가락국기(4)駕洛國記(4)

보유補遺

삼국유사해제 보유

● 四권 ●
(삼국유사고증 하1)

三國遺事 卷第三
삼국유사 권제3

興法 第三
흥법 제3

난타벽제難陀闢濟
아도기라阿道基羅
원종흥법 염촉멸신原宗興法 猒髑滅身
법왕금살法王禁殺
보장봉로 보덕이암寶藏奉老 普德移庵
동경흥륜사금당십성東京興輪寺金堂十聖

塔像 第四
탑상 제4

가섭불연좌석迦葉佛宴坐石
요동성육왕탑遼東城育王塔
금관성파사석탑金官城婆娑石塔
고려영탑사高麗靈塔寺
황룡사장육皇龍寺丈六
황룡사구층탑皇龍寺九層塔
황룡사종 · 분황사약사 · 봉덕사종
　皇龍寺鍾 · 芬皇寺藥師 · 奉德寺鍾
영묘사장육靈妙寺丈六
사불산 · 굴불산 · 만불산四佛山 ·
　掘佛山 · 萬佛山

생의사석미륵生義寺石彌勒
흥륜사벽화보현興輪寺壁畫普賢
삼소관음 중생사三所觀音 衆生寺
백률사栢栗寺
민장사敏藏寺
전후소장사리前後所將舍利
미륵선화 · 미시랑 · 진자사彌勒仙花 ·
　未尸郎 · 眞慈師
남백월이성 · 노힐부득 · 달달박박
　南白月二聖 · 努肹夫得 · 怛怛朴朴
분황사천수대비 · 맹아득안芬皇寺千手大悲 ·
　盲兒得眼
낙산이대성 · 관음 · 정취 · 조신洛山二大聖 ·
　觀音 · 正趣 · 調信
어산불영魚山佛影
대산오만진신臺山五萬眞身
명주오대산보질도태자전기溟州五臺山寶叱徒太
　子傳記
대산월정사오류성중臺山月精寺五類聖衆
남월산南月山
천룡사天龍寺
무장사 미타전鍪藏寺彌陀殿
백엄사 석탑 사리伯嚴寺石塔舍利
영취사靈鷲寺
유덕사有德寺
오대산문수사석탑기五臺山文殊寺石塔記

● 五권 ●
(삼국유사고증 하2)

三國遺事 卷第四
삼국유사 권제4

義解 第五
의해 제5

원광서학圓光西學
보양이목寶攘梨木
양지사석良志使錫
귀축제사歸竺諸師
이혜동진二惠同塵
자장정률慈藏定律
원효불기元曉不羈
의상전교義湘傳敎
사복불언蛇福不言
진표전간眞表傳簡
관동풍악발연수석기關東楓岳鉢淵藪石記
승전촉루勝詮髑髏
심지계조心地繼祖
현유가해화엄賢瑜珈海華嚴

● 六권 ●
(삼국유사고증 하3)

三國遺事 卷第五
삼국유사 권제5

神呪 第六
신주 제6

밀본최사密本摧邪
혜통항룡惠通降龍
명랑신인明朗神印

感通 第七
감통 제7

선도성모수희불사仙桃聖母隨喜佛事
욱면비념불서승郁面婢念佛西昇
광덕엄장廣德嚴莊
경흥우성憬興遇聖
진신수공眞身受供
월명사도솔가月明師兜率歌
선율환생善律還生
김현감호金現感虎
융천사혜성가 진평왕대融天師彗星歌 眞平王代
정수사구빙녀正秀師救氷女

避隱 第八
피은 제8

낭지승운 보현수朗智乘雲普賢樹

孝善 第九
효선 제9

● 七권 ●
(삼국유사고증 색인편)

삼국유사고증 역주 총색인 범례

❶ 이 색인편은 삼국유사의 이해와 그 연구 기초자료 제공을 위한 것이다.

❷ 이 색인편은 본편 1~6권의 한자를 전부 표기하였다. 예를 들어 굴불사(掘佛寺), 굴불역(屈弗驛), 금며달(今於達), 금미달(今彌達), 백제(伯濟), 백제(百濟), 황룡사(皇龍寺), 황룡사(黃龍寺)와 같은 것이다.

❸ 이 색인편은 국명(國名), 왕명(王名), 관명(官名), 지명(地名), 인명(人名), 서명(書名), 사적(事跡), 연호(年號) 등의 고유어를 중심으로, 권별에 따라 표기하였다. 그 예는 다음과 같다.

전한(前漢)　　2권: 40, 67, 70, 202, 206 / 3권: 236, 243…
법흥왕(法興王)　　2권: 153, 167, … / 3권: 127, 220…,
이부상서(吏部尙書)　　3권: 47, 229 / 4권: 257,
김알지(金閼智)　　1권: 72, 142 / 2권: 29, 153, 177, 179, 185, 189…
가락국기(駕洛國記)　　1권: 67, 106… / 2권: 102…
고선사서당화상탑비문(高仙寺誓幢和上塔碑文)　　5권: 182
정관(貞觀)　　2권: 65, 397 / 4권: 117, 183, 252…

❹ 분리가 어려운 경우에는, 하나의 어(語)로서 다루었다. 그 예는 다음과 같다.

당대천복사고사주번경대덕법장이상전(唐大薦福寺故寺主翻經大德法藏利尙傳)
대방광불화엄경입불사의해탈경계보현행원품(大方廣佛華嚴經入不思議解脫境界普賢行願品)
태상검교상서전수집사시랑좌복사겸어사대부상주국지원봉성사사금어대(太相檢校尙書前守執事侍郞左僕射兼御史大夫上柱國知元鳳省事賜金魚袋)

❺ 동음이자(同音異字)는 가능한 한, 전부 표기하였다. 그 예는 다음과 같다.

대현(大玄)　　4권: 229, 230 / 5권: 243~247 / 6권: 179, 180, 215
대현(大賢)　　3권: 123, 133 / 5권: 138, 243~247 / 6권: 179, 180, 215
대현(代縣)　　2권: 47
대현(大峴)　　6권: 179, 180
명주(溟州)　　2권: 63 / 3권: 70 / 4권: 272, 309, 316, 344, 346, 379
명주(明州)　　2권: 57, 63 / 3권: 83, 120 / 4권: 231, 272, 316 / 5권: 206

법상(法像)　3권: 251

법상(法上)　5권: 103, 115~117

법상(法常)　5권: 116, 166 / 6권: 150, 192

법상(法相)　5권: 231

선덕왕(宣德王)　1권: 245 / 3권: 120, 125, 128,

선덕왕(善德王)　1권: 139, 217, 218 / 2권: 68…

선화(善花)　3권: 249

선화(宣和)　4권: 124, 243, 256~258

선화(仙花)　4권: 276

순제(舜帝)　3권: 330, 340 / 5권: 210

순제(順帝)　4권: 64

순제(順濟)　5권: 210

현종(玄宗)　2권: 85, 86 / 4권: 383

현종(顯宗)　3권: 230 / 4권: 186, 405

❻ 원전(原典) 인용 한자라도, 이해를 돕기 위해 표기한 것도 있다. 그 예는 다음과 같다.

   儱(농)(롱)　4권: 36(=儱)(龍+心)(大漢和 4권, 1224쪽)

❼ 본편 또는 색인편에 보이는 외국어 표기는, '국립국어원 외래어 표기법'을 기준으로 했으나, 음성음운의 실현과 (시대적·사회적·규범적 표기) 현실의 차이에 따라 약간 다를 수도 있다.

❽ 추가 설명이 필요한 경우에는 ( )로 해서 표기하였다. ❻의 예를 참조.

삼국유사고증 역주

三國遺事考證譯註

색인편

가곡(歌曲) 2권: 142 / 3권: 99, 401 / 5권: 123, 124 / 6권: 207

가관(加官) 2권: 408

가귀(可歸) 5권: 227

가덕부(加德部) 2권: 149, 194

가라(加羅) 1권: 255 / 2권: 104, 196, 197, 295 / 3권: 176, 338, 356, 358, 391, 397 / 4권: 415 / 6권: 188

가라국(訶羅國) 1권: 357 / 3권: 342, 392, 394 / 4권: 323, 324, 331

가라니질미왕비아지(加羅尼叱弥王妃阿志) 2권: 179

가라파좌낭(呵囉婆佐囊) 4권: 344

가락국(駕洛國) 1권: 66, 67, 106, 115, 122, 123, 127, 141, 155, 164, 173, 189 / 2권: 223, 354 / 3권: 330, 331, 335, 350, 355, 366, 369, 384, 389 / 4권: 162

가락국기(駕洛國記) 1권: 67, 106, 115, 142, 164, 165, 173, 190, 191 / 2권: 102, 105, 106, 153, 171, 173, 177, 228, 354 / 3권: 87, 88, 326, 328, 334, 345, 360, 371, 374, 380, 381, 385, 389, 391, 393~395, 397, 406 / 4권: 162~165 / 5권: 60, 120 / 6권: 42, 55, 148

가락국주가(駕洛國主家) 3권: 384

가락기(駕洛記) 2권: 100 / 3권: 332

가량(加良) 2권: 315

가루라(迦樓羅) 4권: 305, 315 / 5권: 72

가리산(加利山) 2권: 167

가리현(加利縣) 2권: 106 / 3권: 321

가림군(加林郡) 3권: 240

가림군(佳林郡) 3권: 234

가마다 시게오(鎌田茂雄) 2권: 48 / 4권: 312, 438 / 5권: 38, 121 / 6권: 33

가무음식(歌舞飮食)   3권: 377

가무유악(歌舞遊樂)   2권: 144

가메히메(龜姬)   3권: 338

가부산사(神峯山寺)   1권: 10

가비라(伽毘羅)   4권: 332

가비라위(迦毗羅衛)   4권: 331~333

가사기야마(笠置山)   1권: 10

가사이 와진(笠井倭人)   1권: 295 / 2권: 423 / 3권: 413 / 4권: 445 / 6권: 235, 판권

가산(假山)   4권: 203

가색(稼穡)   2권: 411

가서(嘉栖)   5권: 29, 45

가서(加西)   5권: 29, 45

가서갑(嘉栖岬)   5권: 30, 33, 53, 54, 205

가서사(嘉栖寺)   5권: 47

가서현(加西峴)   5권: 29, 53

가섭(迦葉)   4권: 145 / 6권: 174

가섭불(迦葉佛)   4권: 142~144, 173 / 6권: 170, 174

가스미(香住)   1권: 11, 12

가슬(嘉瑟)   5권: 44, 45

가슬갑(嘉瑟岬)   5권: 29, 44

가슬사(嘉瑟寺)   5권: 44, 45

가슬현(嘉瑟峴)   5권: 29

가실(加悉)   5권: 44, 45

가실사(加悉寺)   5권: 44, 45

가쓰라기 수에지(葛城末治)   4권: 135 / 5권: 146

가야(伽耶)   1권: 66 / 2권: 101, 104~107, 133, 350 / 3권: 204, 330, 341, 394 / 4권: 161,
        205, 354, 355 / 5권: 142

가야(加耶)   4권: 354, 355

가야국(伽耶國)　2권: 101, 104, 107, 314 / 3권: 330, 363, 392

가야군(加耶郡)　3권: 378, 379, 384

가야금(加耶琴)　3권: 119, 392

가야악(加耶樂)　3권: 392

가왕(假王)　2권: 411

가왕자(假王子)　1권: 265

가유라위성(迦維羅衛城)　4권: 332

가유현(嘉猷縣)　3권: 292

가은현(加恩縣)　3권: 263, 282

가이택(加伊宅)　2권: 143

가재(家宰)　3권: 49 / 4권: 232

가지산(迦智山)　5권: 45

가쿠슈인(學習院)　1권: 19, 26

가쿠슈인본(學習院本)　1권: 26

가탐(賈耽)　2권: 86

가탐고금군국지(賈耽古今郡國志)　2권: 63

가평(嘉平)　3권: 371, 386, 387, 389

가평연간(嘉平年間)　1권: 113

가한(可汗)　2권: 33, 397 / 3권: 31, 34

가함(可函)　4권: 324

각간구추(角干仇鄒)　1권: 92

각관(覺觀)　5권: 21

각덕(覺德)　4권: 96

각본(刻本)　4권: 99

각사(各司)　4권: 223

각유(覺猷)　4권: 247, 309

각자(覺者)　1권: 8 / 4권: 288, 400, 435 / 5권: 48 / 6권: 30

각천불(各千佛)　5권: 73

각체(覺體)   5권: 152

각한(角汗)   1권: 290

각현(覺賢)   5권: 149

각훈(覺訓)   4권: 18, 20, 21, 49, 87, 167 / 5권: 31, 49, 67 / 6권: 31, 60, 72, 151

간기(干岐)   3권: 397

간다가(神田家)   1권: 21

간다본(神田本)   1권: 21, 22 / 2권: 304

간도(間島)   2권: 90

간문제(簡文帝)   4권: 18, 22

간문황제(簡文皇帝)   1권: 169

간벌찬(干伐湌)   2권: 277

간신(諫臣)   2권: 413, 418 / 3권: 268, 272

간오조(刊誤詔)   1권: 177

간원(間元)   3권: 365

간원(懇願)   5권: 32

간원경(間元卿)   3권: 365

간유(侃遊)   4권: 413, 415

간자(簡子)   5권: 47, 189, 190, 192, 198, 211, 218, 222, 234, 235, 237, 241 / 6권: 214

간적(簡狄)   2권: 18, 20

간진(侃珍)   3권: 64, 65

간표(寬平)   3권: 286

갈나부(曷那部)   2권: 114

갈문왕(葛文王)   1권: 182, 217 / 2권: 204, 211, 212, 307, 311, 312, 326, 344 / 3권: 395 /
    4권: 78, 92, 100

갈반지(葛蟠地)   5권: 105

갈반처(葛蟠處)   4권: 358

갈사왕(曷思王)   2권: 114

갈항사(葛項寺)   5권: 227, 229, 230

감국(監國) 4권: 66

감로(甘露) 1권: 46, 113 / 5권: 103, 114 / 6권: 143

감리(監吏) 5권: 244

감문국(甘文國) 5권: 229

감문군(甘文郡) 5권: 310

감문소국(甘文小國) 3권: 310

감문역(坎門驛) 2권: 358

감물(甘勿) 2권: 162

감복조(監福曹) 5권: 117, 118

감사천왕사부(監四天王寺府) 4권: 200

감산사(甘山寺) 2권: 393 / 4권: 293, 383, 385, 391, 392, 394

감산사미륵보살조상기(甘山寺彌勒菩薩造像記) 4권: 381, 382

감산사아미타여래조상기(甘山寺阿彌陀如來造像記) 4권: 381~383

감산사지(甘山寺址) 4권: 384, 385, 391

감숙(甘肅) 4권: 24, 65~67, 265

감숙성(甘肅省) 3권: 131 / 4권: 265

감어사(監御史) 2권: 407

감은사(感恩寺) 2권: 339 / 3권: 52~54, 57, 58, 113 / 5권: 246, 250

감의군사(感義軍使) 3권: 149

감정형(感精型) 2권: 196~198 / 6권: 149

감주(監主) 4권: 247 / 5권: 114

감진(鑑眞) 4권: 257

감찰사(監察司) 4권: 259

감창고(監倉庫) 4권: 308

감창사(監倉使) 4권: 308, 309

감천(甘川) 3권: 321 / 5권: 230

감통(感通) 2권: 389 / 4권: 94, 220 / 5권: 48, 94 / 6권: 23, 50, 103

감해(監奚) 2권: 72

가

갑사(岬寺)   5권: 29, 33, 45

갑을경(甲乙經)   3권: 67

갑자(甲子)   2권: 61, 130, 173, 185, 202, 207, 228 / 3권: 218 / 4권: 55, 81, 144, 242

강감찬(姜邯贊)   3권: 226 / 4권: 192, 402

강경(講經)   4권: 168 / 5권: 32, 108

강고내말(強古乃末)   4권: 56, 195

강구려(康仇麗)   2권: 270, 272

강남동로전운사(江南東路轉運使)   4권: 89

강녕부(江寧府)   4권: 89

강당(講堂)   2권: 259 / 3권: 57 / 4권: 291, 391, 392

강도(江都)   4권: 250 / 5권: 166

강도부(江都府)   5권: 166

강동(江東)   4권: 242

강령현(康翎縣)   3권: 178

강릉(江陵)   2권: 57, 63, 282, 309 / 3권: 56, 70, 83, 86 / 4권: 221, 316, 345, 352, 357, 428,
        437 / 5권: 127, 199

강릉군(江陵郡)   4권: 178 / 5권: 105, 127

강리(疆理)   2권: 62

강림형(降臨型)   3권: 343, 344

강사(剛司)   4권: 400 / 5권: 21, 32, 34, 89, 93, 227

강상(岡上)   1권: 131

강설(講說)   3권: 123, 132, 133, 138~140, 181 / 4권: 257, 392 / 5권: 30, 33, 34, 170, 171,
        227, 250

강소성(江蘇省)   2권: 66 / 3권: 302 / 4권: 89, 117, 257 / 5권: 20, 35, 36, 156, 165

강수(強首)   3권: 24, 42

강숙(康叔)   5권: 123

강양군(江陽郡)   3권: 207 / 4권: 415

강원(姜嫄)   2권: 18, 20

강유(綱維) 5권: 230

강종(康宗) 4권: 193, 405

강주(絳州) 2권: 165 / 3권: 34, 267, 273, 276, 295, 296, 311

강주(康州) 3권: 110, 397 / 4권: 309, 413 / 5권: 43, 142 / 6권: 59, 63

강주도독(康州都督) 3권: 276

강준수군(江准水軍) 5권: 43

강진현(康津縣) 3권: 150

강학(講學) 5권: 202

강회(江淮) 3권: 325

개경(開經) 4권: 223, 247, 260, 401, 413 / 5권: 41 / 6권: 101, 149

개골산(皆骨山) 3권: 194 / 5권: 213

개국(開國) 1권: 54, 193 / 2권: 26, 31, 32, 199, 313, 389 / 3권: 219, 381, 382, 394 / 4권: 55, 142, 145, 191, 205 / 5년: 34, 119, 237

개국공우림군장군(開國公羽林軍將軍) 3권: 43

개국사(開國寺) 4권: 307

개금(蓋金) 4권: 114, 115, 127, 128 / 5권: 70

개단(開壇) 5권: 189

개로왕(蓋鹵王) 1권: 164, 171, 188 / 2권: 291, 317, 405 / 4권: 51

개루왕(蓋婁王) 1권: 87, 114, 164

개령군(開寧郡) 3권: 322 / 5권: 227, 229

개륭(愷隆) 1권: 261

개보(開寶) 3권: 198, 199, 215, 218, 306

개부의동삼사검교대위지절대도독(開府儀同三司檢校大尉持節大都督) 3권: 156

개부의동삼사병주대도독(開府儀同三司幷州大都督) 2권: 414

개사(開士) 5권: 88 / 6권: 140

개사수(蓋斯水) 2권: 127

개산조(開山祖) 4권: 247 / 5권: 31 / 6권: 154

개석(蓋石) 6권: 24

개선사(開善寺)　5권: 34

개성(開城)　1권: 239 / 2권: 23 / 3권: 217, 281, 289, 318 / 4권: 19, 124, 223, 259, 267, 319

개성대왕(開聖大王)　1권: 239, 245

개성시성(開城市城)　4권: 29

개성흥국사석탑기(開城興國寺石塔記)　4권: 28

개소문(蓋蘇文) 1권: 210 / 2권: 91, 277, 358, 386 / 3권: 30, 33 / 4권: 111, 112, 114, 116,
　　　120, 121, 127~129

개심(開心)　4권: 116

개심암(開心菴)　5권: 221

개역(改易)　1권: 254

개오(蓋吳)　4권: 67

개요(開耀)　3권: 35, 52, 57, 366, 378 / 4권: 362 / 6권: 76

개운대(開雲臺)　3권: 162

개운포(開雲浦)　3권: 162

개원(改元)　1권: 60 / 2권: 88, 313 / 3권: 41, 290 / 4권: 69, 70, 118, 122, 128, 145, 213,
　　　230, 231, 317, 378, 383, 384, 395, 396, 420 / 5권: 38, 63, 126, 230

개원(開元)　1권: 152, 232, 239 / 2권: 86, 88, 90 / 3권: 41, 77, 79, 90 / 4권: 195, 378, 387 /
　　　5권: 174, 187, 191 / 6권: 216

개원(愷元)　1권: 239 / 2권: 370, 392, 393 / 3권: 77, 79, 89, 90 / 4권: 195, 387, 389 / 5권:
　　　174, 188, 191, 197, 205

개원공(愷元公)　2권: 393

개원사(開原寺)　5권: 174

개원사(開元寺)　4권: 116

개원석교록(開元釋敎錄)　5권: 205

개원이찬공(愷元伊湌公)　2권: 393

개원화상(開原)　4권: 116

개자추(介子推)　4권: 80, 81, 94

개조(開祖)　4권: 49, 260, 314, 316 / 5권: 89, 94, 122, 170, 190, 243 / 6권: 31, 40, 42, 104

개주(開州) 4권: 28

개질지(皆叱知) 3권: 68

개창(改艙) 3권: 40

개창(開創) 2권: 24 / 3권: 317 / 4권: 43, 46, 58, 109, 259, 313, 343, 349, 355, 377, 423 /
        5권: 163, 175, 190, 227, 229 / 6권: 103, 167

개판(改版) 1권: 122, 200 / 2권: 19

개평(開平) 1권: 277 / 2권: 69 / 3권: 179, 180

개평(蓋平) 2권: 69

개평현(蓋平縣) 4권: 27

개황(開皇) 1권: 67, 204, 209 / 2권: 355 / 3권: 44, 317, 389 / 4권: 25, 106~108, 158, 179,
        205 / 5권: 23, 32, 36, 42, 54, 190, 195, 201, 202, 204

개황력(開皇曆) 1권: 67 / 3권: 387, 389, 394

개황록(開皇錄) 3권: 386, 389, 397

개휘(開輝) 1권: 224 / 3권: 43

객조(客曹) 3권: 303

갱세(賡世) 3권: 363

거녹(鉅鹿) 3권: 305

거두(巨頭) 3권: 343

거등공(居登公) 3권: 352

거등왕(居登王) 1권; 106, 115 / 3권: 363, 364, 375, 383, 386, 389 / 4권: 163

거란(契丹) 2권: 66, 86, 88 / 3권: 34, 226, 239, 291, 302, 319, 333 / 4권: 186, 191~193,
        263, 400, 404, 405

거록(鉅鹿) 4권: 258

거마하(拒馬河) 2권: 137, 139

거복(車服) 3권: 356

거부(발)성(居扶(拔)城) 3권: 234

거사(居士) 3권: 27, 65, 66 / 4권: 249, 376, 377, 379 / 5권: 105, 106, 191 / 6권: 20, 21, 73,
        77

거서(居西)　2권: 153, 204 / 3권: 266

거서간(居西干)　1권: 61 / 2권: 61, 76, 150, 153, 202~204 / 3권: 337

거석(巨石)　5권: 163

거섭(居攝)　1권: 59

거수(渠帥)　2권: 63, 96, 138, 196

거수(巨帥)　2권: 50 / 5권: 39

거슬감(居瑟邯)　2권: 150, 153

거열랑(居烈郎)　2권: 232 / 3권: 401 / 6권: 121

거열주(居列州)　3권: 110

거질며(미)왕(居叱於(彌)王)　1권: 127

거질미(居叱於)(彌)　1권: 141

거질미(居叱彌)　3권: 387

거창군(居昌郡)　3권: 110

거천(巨川)　6권: 41

거천(居天)　4권: 350

거추(巨酋)　2권: 403

거칠(居柒)　2권: 127 / 4권: 420

거칠부(居柒夫)　2권: 313, 317 / 3권: 80 / 4권: 205 / 5권: 103

거칠부전(居柒夫傳)　2권: 297, 317 / 3권: 71

거타(居陀) 3권: 291

거타(居陁) 3권: 174~176

거타주(居陁州)　1권: 31 / 3권: 108 / 4권: 413 / 5권: 6, 141

거타지(居陁知)　2권: 340 / 3권: 170, 172, 174, 175, 285 / 6권: 6, 23, 222

건강(建康)　4권: 88, 89 / 5권: 35, 36

건강(健康)　1권: 13 / 2권: 333 / 5권: 36, 254

건달바(乾闥婆)　4권: 305

건달박(健閛縛)　3권: 400 / 6권: 126

건달파(乾闥婆)　2권: 232, 233 / 3권: 400, 401 / 4권: 315 / 5권: 72 / 6권: 122, 125, 126

건륭(乾隆)   5권: 35

건릉(乾陵)   2권: 414

건마국(乾馬國)   2권: 60

건무(建武)   1권: 61, 65, 75, 210 / 2권: 46, 47, 50, 53, 76, 171~173, 218, 219, 237, 407 /
　　　3권: 329, 335, 347, 388, 396 / 4권: 114, 119, 160, 161, 164 / 5권: 39, 203, 204

건문역(乾門驛)   2권: 358

건복(建福)   1권: 207, 208 / 2권: 355 / 3권: 25, 44, 394 / 4권: 83, 100, 137, 205 / 5권: 24,
　　　36, 42, 162

건복조(建福曹)   5권: 118

건봉(乾封)   2권: 379, 398, 410, 415 / 3권: 21, 30, 33~35 / 4권: 113, 122, 156

건성(建成)   2권: 419 / 4권: 114

건소(建昭)   1권: 47, 50, 230 / 2권: 61, 119, 185 / 4권: 151, 158

건안(建安)   1권: 95 / 2권: 53, 75, 82, 94 / 3권: 358, 365, 371, 375, 377, 386, 389 / 4권: 89
　　　/ 6권: 186

건안고성(建安故城)   2권: 94

건안부(建安府)   4권: 89

건업(建業, 南京)   4권: 54

건운(乾運)   1권: 244 / 4권: 195, 197

건원(乾元)   1권: 181, 255 / 2권: 149, 172, 173, 274, 314 / 3권: 222, 392, 394 / 4권: 52, 54 /
　　　5권: 230 / 6권: 181, 255

건중(建中)   1권: 244 / 3권: 109, 215

건천리(乾川里)   2권: 338

건초(建初)   1권: 71, 72 / 2권: 226, 238

건축잡지(建築雜誌)   2권: 337

건칠조(乾漆造)   4권: 363

건타라(犍陀羅)   3권: 400

건토(蹇兎)   3권: 304

건향화(乾沓和)   6권: 126

건호(建虎)　1권: 61 / 2권: 149, 172, 215, 218, 219

건화(乾化)　1권: 281 / 3권: 177, 179, 308

걸걸중상(乞々仲象)　2권: 85, 90

걸복(乞伏)　4권: 24

걸사(乞師)　5권: 42

걸사(乞士)　6권: 195

걸사비우(乞四比羽)　2권: 90

걸승(乞升)　4권: 308, 309

걸식(乞食)　4권: 66, 358 / 6권: 88, 195

걸왕(桀王)　1권: 171 / 3권: 308

걸출(傑出)　3권: 263 / 4권: 120

걸해대왕(乞解大王)　4권: 78

걸해왕(乞解王)　2권: 208

검교(檢校)　1권: 413 / 3권: 34, 156, 165, 207 / 4권: 424 / 5권: 196, 241

검교대방주자사(檢校帶方州刺史)　1권: 413 / 2권: 413

검교안동도호(檢校安東都護)　3권: 34

검교태위(檢校太尉)　3권: 266 / 4권: 424

검서(黔庶)　3권: 305

검수(黔首)　3권: 305

검지(劍池)　5권: 35

검해(鈐海)　5권: 151

겁략(劫掠)　1권: 272

겁비라벌솔도국(劫比羅伐窣堵國)　4권: 332

겁초(劫初)　4권: 144

겐쵸(建長)　4권: 260

겐쵸지(建長寺)　4권: 260

격앙(激昂)　5권: 191, 206

견당서(遣唐書)　2권: 211

견란(甄鸞)　4권: 91

견랑(見郞)　4권: 275, 280

견마지근(犬馬之勤)　3권: 309

견명(見明)　2권: 22

견발해사(遣渤海使)　2권: 88

견성(犬城)　3권: 275 / 5권: 55, 56

견융(犬戎)　5권: 123

견이(犬夷)　2권: 64 / 3권: 396

견지(見至)　2권: 156, 191 / 3권: 343

견훤(甄萱)　2권: 56, 59, 158, 414 / 3권: 48, 168, 176, 180, 185, 191~193, 200, 202, 203, 223, 255, 263~268, 270, 274~325 / 4권: 217, 222, 255, 293, 402 / 5권: 6, 195 / 6권: 6, 55, 222

결가부좌(結跏趺坐)　6권: 206, 208

결경(結經)　6권: 149

결부(結負)　2권: 231 / 3권: 382, 383

결사문(結社文)　6권: 33

겸뇌(謙腦)　3권: 275

겸모잠(鉗牟岑)　3권: 34

겸시중(兼侍中)　3권: 266

겸왕(鉗王)　3권: 392

겸위(謙緯)　3권: 137

겸지(鉗知)　1권: 173, 189 / 3권: 388, 392~393 / 4권: 69~70

겸지왕(鉗知王)　1권: 173 / 33권: 388, 392~393

경관(京觀)　4권: 120 / 6권: 142

경관위(京官位)　2권: 190

경국(傾國)　5권: 73

경내(境內)　4권: 95, 166, 323, 399

경녕(竟寧)　1권: 47

경덕(景德)   1권: 244 / 2권: 282 / 4권: 99, 316 / 6권: 62, 167

경덕대왕(景德大王)   4권: 195

경덕왕(景德王)   1권: 31~34, 239~241 / 2권: 68, 83, 92, 103~107, 157, 164, 217, 287, 347, 353, 405, 416 / 3권: 41, 47, 70, 77~81, 93~95, 105~106, 132, 133, 202~204, 238~240, 282~292, 309~311, 375~379 / 4권: 56, 137, 195~210, 290~301, 318~319, 388~391 / 5권: 47, 58, 72, 144~145, 177~178, 193, 199, 217~219, 243~246, 249~253 / 6권: 59~65, 83, 86~94, 161~167, 189~195, 213~217

경략(經略)   2권: 314

경로신(徑路神)   4권: 155

경룡(景龍)   3권: 78, 377 / 4권: 288, 295

경루(經樓)   4권: 213 / 5권: 89

경명(景明)   3권: 185

경명왕(景明王)   1권: 31, 281, 282, 285, 288, 289 / 2권: 6, 259, 339, 353, 359 / 3권: 6, 10, 39, 181, 182, 185, 268, 295, 296, 297, 301, 311 / 4권: 6, 135, 212, 213, 254, 424 / 5권: 6 / 6권: 6, 52, 56

경명왕비(景明王妃)   1권: 282

경모(敬慕)   5권: 163

경문(經文)   4권: 18, 157, 224, 328 / 5권: 191, 237 / 6권: 41, 55, 95

경문왕(景文王)   1권: 267, 270, 274 / 2권: 6 / 3권: 6, 10, 57, 114, 154, 157, 158, 165, 172 / 4권: 135, 186, 191, 224 / 6권: 124, 151

경보(京輔)   4권: 64

경복(景福)   3권: 264, 265, 279, 284~286 / 4권: 135

경복사(景福寺)   4권: 113, 115

경사(慶司)   1권: 163

경사(經史)   3권: 224 / 4권: 67

경사(京師)   2권: 307, 381 / 4권: 89, 157, 172 / 5권: 140, 245

경사백가(經史百家)   3권: 224

경산(慶山)   5권: 137, 140, 142, 143, 239 / 6권: 22, 25, 55

경산(京山) 2권: 105, 106 / 3권: 267, 296, 273, 295, 296 / 5권: 133

경산부(京山府) 2권: 106 / 3권: 267, 295, 296

경서(經書) 3권: 225, 356 / 5권: 135, 149

경서(經序) 5권: 94

경설(經說) 5권: 183

경성(京城) 1권: 22, 23 / 2권: 244, 321, 325, 384 / 3권: 56, 409 / 4권: 385, 410 / 5권: 202 /
   6권: 229

경성제국대학(京城帝國大學) 3권: 158

경세(經世) 4권: 101

경세력(經世曆) 2권: 31, 32

경소(經疏) 5권: 72, 88, 108, 136, 152 / 6권: 154

경수왕후(景垂王后) 1권: 239

경수태후(景垂太后) 3권: 103, 106

경순왕(敬順王) 2권: 77, 158, 165, 329 / 3권: 91, 128, 157, 188, 191, 196, 200~204, 206,
   214, 294, 297, 299, 301, 311, 313~315, 317 / 4권: 217, 223, 262 / 5권: 66, 240 / 6권:
   45

경시(更始) 1권: 60 / 2권: 206, 207, 215, 216

경시제(更始帝) 2권: 216

경신(敬信) 1권: 249, 250 / 2권: 256 / 3권: 106, 109, 120, 126, 128 / 5권: 230 / 6권: 181

경애왕(景哀王) 1권: 31, 288, 289 / 2권: 6, 159 / 3권: 6, 10, 168, 169, 184, 185, 200, 201,
   223, 224, 272, 292, 293, 301, 306, 308, 311 / 4권: 6, 402 / 5권: 6 / 6권: 6

경양정(景陽井) 3권: 224

경영전(景靈殿) 4권: 245

경왕(景王) 3권: 86

경외(敬畏) 2권: 202, 226 / 3권: 344 / 4권: 401 / 5권: 248

경운(慶雲) 1권: 255 / 2권: 137

경운(景雲) 2권: 88

경운(卿雲) 3권: 35

경원(慶源)　2권: 77 / 4권: 123

경읍(京邑)　5권: 118

경응(慶膺)　1권: 265 / 3권: 147

경인(庚寅)　1권: 113, 130, 286 / 2권: 25, 276 / 3권: 267, 297, 300 / 5권: 60, 61

경장(經藏)　4권: 206 / 5권: 42, 94

경정궁주(鏡井宮主)　4권: 229

경제(景帝)　2권: 47 / 3권: 335

경조(京兆)　3권: 377

경조(慶祖)　6권: 210

경조윤(京兆尹)　4권: 25, 64

경종(敬宗)　3권: 142

경종(景宗)　2권: 77, 329 / 3권: 189, 214, 218, 225, 405

경종지인성명혜헌화대왕(景宗至仁成明惠獻和大王)　3권: 214

경주감산사미륵보살조상기(慶州甘山寺彌勒菩薩造像記)　4권: 386

경주백률사석당기(慶州栢栗寺石幢記)　4권: 86

경지사(頃只寺)　1권: 240 / 2권: 354

경초(景初)　1권: 114 / 3권: 247

경충(耿忠)　4권: 91

경포대(鏡浦臺)　3권: 99

경폭(經幅)　6권: 101

경학(經學)　5권: 40, 135

경현수기(景賢寺記)　2권: 30

경휘(景暉)　1권: 256, 257~279 / 2권: 301 / 3권: 179 / 5권: 238

계(薊)　2권: 42, 43, 410 / 5권: 39

계간자(戒簡子)　5권: 237

계귀(雞貴)　5권: 80

계단(戒壇)　3권: 331 / 4권: 81, 154, 178, 185, 241, 253 / 5권: 104, 109, 124, 125, 136

계단도경(戒壇圖經)　4권: 154

계락(禊洛)　3권: 335

계룡산(雞龍山)　3권: 94 / 6권: 51

계루부(桂婁部)　2권: 114

계림(鷄林)　1권: 47 / 2권: 27, 77, 140, 151, 181, 187~189, 223, 244, 269~274, 282, 340, 346 /
　　　　3권: 91, 197, 267, 332, 351, 368, 387 / 4권: 43~49, 54, 226, 398 / 6권: 52, 56

계림국왕(鷄林國王)　2권: 343, 346

계림도도독(雞林道都督)　3권: 38

계림도총관(雞林道總管)　2권: 414 / 3권: 21, 35, 36

계림유사(鷄林類事)　2권: 188

계림잡전(鷄林雜傳)　2권: 303 / 4권: 52, 86, 92

계림주도독(鷄林州都督)　2권: 346

계림주제군사상주국신휘왕(雞林州諸軍事上柱國新輝王)　3권: 156

계림주제군사신라왕(雞林州諸軍事新羅王)　3권: 165

계림팔도(鷄林八道)　2권: 27

계맥(戒脈)　6권: 141

계명(啓明)　1권: 24 / 3권: 156

계명각간(啓明角干)　1권: 266, 267

계명본(啓明本)　1권: 24

계문(啓問)　3권: 49

계민(啟民)　2권: 33

계빈국(罽賓國)　4권: 335 / 6권: 84

계사(繼辭)　1권: 142 / 2권: 19 / 3권: 334, 390

계사(戒師)　5권: 116

계성(啓聖)　3권: 229

계신(雞神)　5권: 77, 81

계심하력(契芯何力)　4권: 156

계아(桂娥)　3권: 301

계왕(契王)　2권: 208

계원(桂元)　3권: 155

계원필경(桂苑筆耕)　2권: 60

계육(契育)　4권: 115

계율(戒律)　4권: 61, 64, 69, 189, 257, 330, 333, 358, 364 / 5권: 21, 29, 34, 45, 108, 109,
　　　　　122, 125, 139, 183, 196, 211 / 6권: 116

계음(禊飮)　3권: 329, 335, 336

계정(鷄井)　2권: 181, 187, 188

계주(桂州)　3권: 32

계지(稽知)　5권: 145

계창기(繼刱記)　6권: 215

계체기(繼體紀)　1권: 179 / 2권: 165 / 3권: 397

계초석감(階礎石龕)　2권: 258 / 4권: 55 / 6권: 115

계태후(繼太后)　1권: 264

계품(戒品)　4권: 298, 314 / 5권: 150, 172, 190 / 6권: 133

계필하력(契苾何力)　3권: 31, 33, 35

계학(戒學)　5권: 108, 128

계화(桂花)　2권: 199 / 3권: 388, 395

계화부인(桂花夫人)　2권: 199 / 4권: 410, 411

계화왕후(桂花王后)　1권: 252 / 4권: 407, 410

고간(高侃)　3권: 21, 33, 34, 408

고건무(高建武)　1권: 210

고겐덴노(孝謙天皇)　5권: 126

고경후(高景侯)　2권: 285

고골관(枯骨觀)　5권: 100

고공(考工)　2권: 50

고공(考功)　3권: 221

고교법(考校法)　3권: 333

고구려(高句麗)　1권: 49~56, 64, 75~77, 94, 95, 103, 122~125, 131~134, 141, 151~162, 170,

184, 186, 203, 210, 225, 230, 274, 283 / 2권: 10, 27, 33, 51, 57, 61, 71, 80, 86, 89, 109, 114~116, 120, 130, 134, 183, 190, 197, 204, 213, 220, 266, 268, 288~298, 312, 316, 335, 382, 398, 405, 416 / 3권: 20, 26, 30, 33, 46, 137, 176, 199, 222, 234, 243, 281, 288, 325, 383 / 4권: 18, 26, 34, 43, 50, 63, 112, 125, 130, 151, 168, 184, 205, 232, 316, 411 / 5권: 5, 28, 43, 81, 103, 119, 139, 158 / 6권: 5, 19, 24, 35, 39, 124, 154, 196

고구려본기(高句麗本紀)　1권: 28, 210 / 2권: 57, 61, 74, 76, 120 / 4권: 111, 112, 117

고구현(高丘縣)(高近縣)　3권: 297

고국괴(故國壞)　1권: 95

고국양왕(故國壤王)　1권: 139, 148, 186

고국원(故國原)　1권: 95

고국원왕(故國原王)　1권: 131~133 / 2권: 288, 290 / 4권: 22

고국천왕(故國川王)　1권: 94, 95, 102, 103, 114, 139, 196

고금군국현도사이술(古今郡國縣道四夷述)　2권: 92

고기(古記)　1권: 256 / 2권: 22, 24, 28, 29, 86, 90, 108, 110, 121, 123, 381, 383, 414, 416 / 3권: 21, 36, 37, 263, 284 / 4권: 44, 52, 80, 107, 113, 186, 189, 242, 290, 295, 296, 323, 324, 346, 348, 359, 360, 363, 376, 378, 418 / 6권: 65, 149

고닌(光仁)　5권: 146, 148

고대(高大)　2권: 343

고대산(孤大山)　4권: 113, 115, 116, 133

고도녕(高道寧)　4권: 59

고동람군(古冬攬郡)　2권: 104

고득상(高得相)　4권: 42, 52

고락길흉(苦樂吉凶)　5권: 201

고려(高麗)　1권: 17, 49, 61, 95, 187, 225, 283, 285, 290 / 2권: 25, 56, 77, 91, 101, 116, 148, 155, 172, 193, 205, 234, 282, 330, 359, 416 / 3권: 28, 40, 57, 91, 165, 182, 202, 219, 299, 316, 323, 383, 401, 408 / 4권: 51, 57, 116, 157, 191, 253, 262, 319, 402, 428, 430 / 5권: 31, 46, 57, 60, 64, 83, 96, 125, 145, 160, 188, 209, 225, 233, 241 / 6권: 18, 27,

37, 44, 49, 58, 65, 75, 89, 99, 104, 121, 138, 154, 189, 206, 231

고려국의홍화산조계종인각사가지산하보각국존비명병서(高麗國義興華山曹溪宗麟角
　　寺迦智山下普覺國尊碑銘幷序)　1권: 17 / 6권: 21

고려본기(高麗本記)　1권: 49 / 2권: 116 / 4권: 18, 21, 22, 29, 112, 116, 117

고려사절요(高麗史節要)　1권: 285 / 3권: 202, 296, 298, 304 / 4권: 223, 263, 267, 402, 403 /
　　5권: 62 / 6권: 231

고려연지(高閭燕志)　4권: 152

고련(高璉)　2권: 129, 278 / 4권: 152

고령(高靈)　1권: 191 / 2권: 102~105, 211 / 3권: 341, 372, 391~394, 397, 398 / 4권: 394 /
　　5권: 93, 142, 229 / 6권: 174

고로(孤老)　3권: 34

고로리(古老里)　4권: 383, 384

고로면(古老面)　6권: 21

고룡군(古龍郡)　2권: 83

고루(高樓)　3권: 200

고리대기관(高利貸機關)　6권: 45

고마로(古麻呂)　5권: 126

고마성(固麻城)　3권: 234

고막원천(古幕院川)　2권: 79

고명(顧命)　3권: 156

고명(告命)　3권: 200

고벤(高弁)　5권: 163

고병(高騈)　2권: 56, 211

고보(皐甫)　3권: 293

고보리(古寶里)　4권: 389,395

고본(古本)　1권: 18~21, 23, 26, 78 / 2권: 23, 115, 145, 201, 223, 228, 264, 319, 325, 352,
　　369 / 3권: 16, 177, 180, 249, 252 / 4권: 100, 144, 308 / 5권: 25, 41, 42 / 6권: 89,
　　106, 169, 209, 220, 221

고봉(高峯)   4권: 400, 401 / 5권: 247

고부군(古阜郡)   5권: 217

고분단비(孤墳短碑)   4권: 90

고비녀(古比女)   3권: 276

고사(高寺)   4권: 398

고사(古史)   4권: 126

고사성(古沙城)   2권: 403

고사포(古史浦)   6권: 189

고산(高山)   5권: 124 / 6권: 156

고산지(高山寺)   5권: 163

고산현(高山縣)   3권: 323 / 6권: 156

고서진서(古書珍書)   1권: 22

고선사(高仙寺)   5권: 180, 182

고선사서당화상탑비문(高仙寺誓幢和上塔碑文)   5권: 182

고선산(古仙山)   4권: 324

고성(高城)   2권: 268, 281, 282 / 3권: 71, 364 / 5권: 213, 215, 218, 220

고성(固城)   2권: 106 / 3권: 45, 391 / 6권: 183, 187

고성(故城)   2권: 285

고성(古城)   2권: 44, 45

고성군(固城郡)   2권: 106, 282 / 3권: 391 / 5권: 213, 215 / 6권: 187

고성군(高城郡)   2권: 282, 5권: 220

고성수(高城水)   2권: 282

고성수구(高城水口)   2권: 282

고성진(古省津)   3권: 239

고승전(高僧傳)   2권: 208 / 4권: 18~22, 42, 45, 52, 60~63, 91, 326, 328, 334, 338, 344, 356 /
        5권: 20, 32 / 6권: 64, 161, 167

고성현(高城縣)   2권: 282

고시(古尸)   5권: 29, 45

고시사(古尸寺) 5권: 29, 45

고시초(姑尸草) 5권: 220

고신보(古神寶) 3권: 402

고신사(古神社) 6권: 65

고야촌(高耶村) 2권: 159

고양(高洋) 6권: 233

고열왕(考烈王) 5권: 123

고왕(考王) 1권: 211

고왕(高王) 2권: 85

고울부(高鬱府) 3권: 191, 202, 266, 291~293

고원현(固原縣) 4권: 65

고위산(高位山) 2권: 148 / 4권: 400, 401 / 5권: 247

고이(古爾) 1권: 125

고이왕(古爾王) 1권: 114 / 3권: 238

고이현(古伊峴) 4권: 349

고인명(古人名) 1권: 178

고자국(古自國) 6권: 183

고장(姑臧) 4권: 66

고장왕(高臧王) 3권: 21, 35

고적(古蹟) 2권: 60, 62, 163, 178, 340, 356, 358, 401, 406, 409, 416, 417 / 3권: 39, 127, 132, 180, 202, 243, 245, 302, 383 / 4권: 27, 55, 165, 196, 205, 294, 373, 379 / 5권: 174, 201, 230 / 6권: 173, 217

고전(古傳) 2권: 383, 384 / 4권: 20, 151, 155, 413

고전간행회본(古典刊行會本) 1권: 24, 26 / 4권: 63 / 6권: 229

고전기(古典記) 1권: 55 / 2권: 134 / 3권: 236, 244 / 5권: 218

고전수학서(古典數學書) 2권: 419

고전승(古傳承) 2권: 60, 172, 235, 259 / 6권: 54

고전연역회(古典衍譯會) 1권: 25

고전장(古戰場)　4권: 157

고제(高帝)　4권: 52

고제(高弟)　4권: 262 / 5권: 166

고제(高齊)　5권: 115

고제달법사(高弟達法師)　5권: 166

고제십일인(高弟十一人)　4권: 132

고조(高祖)　1권: 50, 151, 170, 186, 209, 210, 250 / 2권: 18, 21, 39, 44, 56, 64, 139, 158,
　　　284, 285, 412, 415 / 3권: 312, 319, 325, 330, 335, 340 / 4권: 25, 61, 112, 117, 119,
　　　126~128 / 5권: 25, 35, 36, 40, 52, 57, 66, 118, 201 / 6권: 35, 55

고조본기(高祖本紀)　2권: 21 / 3권: 340

고조선(古朝鮮)　1권: 50, 61 / 2권: 22~26, 123, 154, 414

고조천감(高祖天監)　1권: 184

고종(高宗)　1권: 18, 225, 230 / 2권: 28, 86, 89, 227, 238, 342, 345, 362, 374, 385~386,
　　　396~400, 409~418 / 3권: 21~48, 225, 244, 265, 333, 373, 378 / 4권: 20, 21, 70, 87,
　　　115, 122, 129, 156, 186, 192, 193, 230, 250~259, 266, 267, 317, 318, 362, 403, 420 /
　　　5권: 49, 60~67, 126, 134, 141, 155, 165~176 / 6권: 22, 29, 39, 43, 139, 141, 151, 231

고종기(高宗記)　3권: 20

고종제(高宗帝)　3권: 21

고좌(高座)　3권: 234

고주(固州)　2권: 106

고죽국(孤竹國)　2권: 25, 34

고죽군(孤竹君)　2권: 34

고지기(古事記)　3권: 284

고지명(古地名)　1권: 178 / 2권: 140, 186 / 4권: 276

고징(高澄)　5권: 115

고창(高昌)　3권: 31, 298

고창군(古昌郡)　3권: 267, 298

고천원계(高天原系)　2권: 153 / 3권: 402

고총(高塚) 2권: 303

고쿠쇼간행회본(國書刊行會本) 1권: 25

고파리(古巴里) 4권: 383~389, 395

고포(古浦) 3권: 366

고한음(古韓音) 1권: 171

고허(高墟) 2권: 159~169, 193, 194

고허사량(高墟沙梁) 2권: 159

고현(高峴) 2권: 317 / 4권: 205 / 5권: 119

고환(高歡) 5권: 115

고훈(古訓) 1권: 171 / 2권: 157, 169 / 4권: 372

곡강(曲江) 3권: 180

곡도(鵠島) 3권: 173

곡량택(谷良宅) 2권: 143

곡령(鵠嶺) 3권: 405

곡모곡령(穀母穀靈) 2권: 127

곡모신(穀母神) 2권: 288

곡부(曲阜) 5권: 123

곡사(鵠寺) 1권: 250 / 3권: 125, 134

곡성(曲城) 2권: 193, 418

곡수(曲水) 6권: 225

곡수택(曲水宅) 2권: 137

곡오(谷烏) 2권: 249, 324

곡조경시(哭晁卿詩) 2권: 66

곡치군(哭緇軍) 5권: 147

곤로사나불좌상(昆盧舍那佛座像) 5권: 240

곤로전(昆盧殿) 5권: 240

곤륜(崑崙) 4권: 164

곤양(昆陽) 6권: 187

곤연(鯤淵) 2권: 112

곤재(梱載) 3권: 308

곤지(昆支) 1권: 172

골벌국(骨伐國) 2권: 357

골암사(鶻嵓寺) 5권: 161

골정(骨正) 1권: 101

골포(骨浦) 6권: 189

골포국(骨浦國) 6권: 184, 189

골품제도(骨品制度) 1권: 220, 221 / 2권: 191 / 4권: 383 / 5권: 110

골화(骨火) 2권: 351, 357, 358

골화국(骨火國) 2권: 357

골화천(骨火川) 2권: 185(骨化川은 잘못), 351

공거(貢擧) 3권: 41

공겁(空劫) 4권: 146

공경대부(公卿大夫) 3권: 192

공공(孔恭) 3권: 37

공공(共工)(百工) 3권: 334 / 4권: 187, 188

공굉장로(孔宏長老) 6권: 161

공교(工巧) 4권: 67

공교명(工巧明) 5권: 249

공구(供具) 5권: 198

공대(功大) 2권: 33

공덕대사(功德大寺) 3권: 234

공로사나불좌상(昆盧舍那佛座像) 5권: 240('곤로사나불좌상' 참조)

공막기(空漠期) 4권: 146

공목(孔目) 3권: 221

공문(公文) 4권: 400 / 5권: 53, 58 / 6권: 40

공물(供物) 5권: 198

공부(貢賦)　1권: 272

공부(工部)　3권: 49, 221, 229

공사(公私)　4권: 123

공산(公山)　3권: 267, 300, 310 / 5권: 238, 240 / 6권: 55

공성구(攻城具)　2권: 206

공손강(公孫康)　2권: 53

공손도(公孫度)　2권: 69

공손수(公孫邃)　2권: 41

공손연(公孫淵)　2권: 69 / 4권: 54

공신중공제일(功臣中功第一)　3권: 216

공양차제법(供養次第法)　5권: 217

공양차제비법(供養次第秘法)　5권: 210, 214

공업(功業)　5권: 37, 166

공영(供營)　3권: 363

공음전시법(功蔭田柴法)　3권: 333

공인(工人)　2권: 303, 314 / 3권: 164, 252, 267 / 4권: 85, 87, 165, 195, 407

공작선(孔雀扇)　3권: 266

공작왕주경(孔雀王呪經)　4권: 330

공장(工匠)　4권: 184, 185 / 5장: 64, 71

공제(恭帝)　4권: 118

공조(功曹)　2권: 50

공조(工曹)　3권: 49 / 5권: 39, 117

공주(公州)　2권: 405 / 3권: 56, 244 / 4권: 436 / 6권: 217

공주(邛州)　3권: 31

공주목(公州牧)　4권: 279, 379 / 6권: 217

공주부(公州府)　3권: 377

공직(公直)　3권: 377

공직(貢職)　4권: 152

공직(龔直)   3권: 274

공창(空唱)(腹話)   3권: 337, 406

공창무(空唱巫)   3권: 337

공첩상통식(公牒相通式)   4권: 414

공평무사(公平無私)   3권: 216

공한(功漢)   4권: 78

공한처(空閑處)   4권: 66

공훤(公萱)   3권: 279

과거약사(過去藥師)   5권: 73

과거칠불(過去七佛)   6권: 174

과두(寡頭)   5권: 123

과수(果樹)   3권: 372

과악(過惡)   5권: 129

과역(課役)   3권: 26, 200

과인(寡人)   3권: 155, 195 / 4권: 77

과증(果證)   5권: 234, 239

곽거(郭巨)   6권: 221

곽거병(霍去病)   2권: 41 / 4권: 155

곽거장갱(郭巨將坑)   6권: 222

곽광(霍光)   2권: 68

곽자의(郭子儀)   4권: 206

관각한(官角汗)   1권: 289

관경현의분(觀經玄義分)   5권: 73

관구검(毌丘儉)   4권: 54

관기(觀機)   4권: 248 / 6권: 169, 170, 171, 173, 175

관내성(官內省)   2권: 195

관녕전(貫寧傳)   5권: 187

관동풍악발연수석기(關東楓岳鉢淵藪石記)   1권: 18 / 5권: 185, 193, 195, 199, 200, 207,

209 / 6권: 55, 123

관료(群僚)   3권: 26, 193, 219, 224, 351 / 4권: 178

관륵(觀勒)   4권: 35, 36

관명(官名)   2권: 46, 62, 211, 406, 407, 409 / 3권: 216, 218, 219, 383 / 4권: 221, 318, 402 /
         5권: 40 / 6권: 35

관모답(官謨畓)   3권: 375

관모전(官謨田)   3권: 375

관무량수경(觀無量壽經)   5권: 73

관문(關門)   2권: 272 / 3권: 89, 367

관법(觀法)   5권: 198 / 6권: 69

관보현보살행법경(觀普賢菩薩行法經)   6권: 149

관부(官府)   2권: 196 / 5권: 60

관불교(觀佛敎)   4권: 331

관불삼매경(觀佛三昧經)   4권: 324, 329~331

관불삼매해경(觀佛三昧海經)   4권: 158, 331, 332

관사(官司)   2권: 339 / 3권: 57 / 4권: 220 / 5권: 174, 190, 250 / 6권: 166

관사의소(觀師義疏)   5권: 226

관산성(管山城)   1권: 194 / 2권: 315 / 3권: 394

관상(觀想)   2권: 125 / 4권: 332

관서(關西)   3권: 40 / 4권: 24, 393

관세자재(觀世自在)   4권: 313

관아양지정(官阿良支停)   2권: 195

관약왕(觀藥王)   6권: 54

관음(觀音)   2권: 178 / 3권: 24 / 4권: 96, 136, 214, 219~222, 234, 256, 294, 300~315, 347,
         350~353, 362~365, 378, 442 / 5권: 47, 99, 200 / 6권: 54, 60, 70~72, 80

관음송(觀音松)   4권: 307

관음암(觀音庵)   4권: 352

관음예참(觀音禮懺)   4권: 350

관자재(觀自在)　4권: 176, 313

관작(官爵)　2권: 392, 395 / 3권: 36, 43, 173 / 4권: 78, 229, 232, 233 / 6권: 109, 110, 146

관전(官典)　3권: 97

관정(灌頂)　5권: 213, 222 / 6권: 157

관제(官制)　1권: 8 / 2권: 57 / 3권: 205, 215, 216, 246, 289, 301, 334, 360, 381 / 4권: 192, 402, 403 / 6권: 34

관중(關中)　2권: 285, 286 / 3권: 216 / 4권: 23~25, 47, 48, 65 / 5권: 36

관초리부인(觀肖里夫人)　4권: 383, 389, 390

관행법(觀行法)　5권: 108

관호(官號)　1건: 132 / 2권: 210 / 3권: 205, 215, 217, 218 / 4권: 423

광개왕(廣開王)　1권: 148

광개토왕릉비(廣開土王陵碑)　1권: 54, 65, 131, 148, 162

광계(光啓)　3권: 263, 282

광덕(廣德)　3권: 317 / 4권: 291, 293, 296, 391 / 5권: 219 / 6권: 61, 69~73

광록경(光祿卿)　3권: 325

광록대부(光祿大夫)　2권: 408 / 5권: 40, 41

광록태부태상원경(光祿太夫太常員卿)　2권: 410

광릉(廣陵)　5권: 165

광명(廣明)　1권: 271 / 4권: 325, 327, 348 / 5권: 150, 158, 173 / 6권: 60, 194~196

광명대사(光明大師)　5권: 195

광명랑(光明娘)　1권: 111

광명사(光明寺)　5권: 191, 196 / 6권: 157

광명산(光明山)　5권: 200

광명왕(光明王)　6권: 196

광명이세(光明理世)　2권: 150, 153

광목천(廣目天)　4권: 404 / 5권: 72

광무제(光武帝)　1권: 61, 65, 75, 77 / 2권: 46, 47, 50, 53, 63, 70, 74, 76, 96, 171, 226, 237, 243, 407 / 3권: 329, 335, 396 / 4권: 91, 164

광세음(光世音)　4권: 313

광숭(光崇)　3권: 229

광언(狂言)　5권: 88

광의왕태후(光懿王太后)　1권: 267

광종(光宗)　2권: 104 / 3권: 214, 218, 226, 306, 361 / 4권: 186, 191, 242, 268, 413

광주(光州)　3권: 236 / 5권: 36

광주(廣州)　1권: 56, 140 / 3권: 236

광주군(廣州郡)　3권: 243 / 4권: 34

광주목(光州牧)　3권: 48

광천편소지각지만엔묵선사(光天遍炤至覺知滿圓黙禪師)　4권: 261

광택(光宅)　4권: 126

광평성(廣評省)　3권: 219, 221

광평시랑(廣評侍郎)　3권: 198

광학(廣學)　6권: 40, 41, 44

광학대덕(廣學大德)　6권: 41, 45

광함(廣函)　4권: 158 / 5권: 76

광호제(光虎帝)　2권: 226

광화(光和)　1권: 94, 95, 266 / 3권: 156

광화(光化)　3권: 177, 179, 265, 288

광화부인(光和夫人)　1권: 266

광홍명집(廣弘明集)　4권: 257

괘릉(掛陵)　2권: 260 / 4권: 384

괘릉리(掛陵里)　2권: 164

괘면(掛冕)　6권: 163

괘사(卦辭)　4권: 265

괘수(挂綬)　6권: 163

괴겁(壞劫)　4권: 146

괴력난신(怪力亂神)　2권: 18

괴목(槐木)　3권: 309

괴수(魁帥)　3권: 287

교계(敎戒)　3권: 274 / 5권: 116

교관(敎觀)　4권: 249 / 6권: 154

교남택(橋南宅)　2권: 138

교다이본(京大本)　1권: 22~24, 42, 43, 82, 86 / 2권: 318 / 4권: 63

교룡(蛟龍)　6권: 29, 32

교묘(郊廟)　2권: 328

교분기(敎分記)　5권: 226

교사지(郊祀志)　4권: 155

교씨(嬌氏)　3권: 352, 357

교위(校尉)　2권: 47, 69

교정(皎貞)　4권: 278

교정도감(敎定都監)　5권: 61

교정주기(校訂注記)　1권: 23

교제철도(膠濟鐵道)　5권: 201

교주도(交州道)　5권: 62

교체(郊彘)　2권: 199, 200

교토(京都)　3권: 226

교학(敎學)　5권: 37, 79, 200, 245, 247

구가(謳歌)　1권: 271

구겸지(寇謙之)　4권: 47, 48, 67~70, 117

구광선(九光扇)　4권: 204

구구타반설라(矩矩吒磐說羅)　5권: 80

구구타예설라(矩矩吒磐說羅)　5권: 77

구금관가라(舊金官加羅)　3권: 333

구나(驅儺)　3권: 167

구당서(舊唐書)　1권: 225, 244, 251, 255, 257 / 2권: 25, 33, 34, 43, 66, 75, 88, 90, 130, 345,

　　　　398~400, 402, 403, 408~411, 414, 415, 418, 419 / 3권: 38, 92, 128, 234, 244, 377 /

　　　　4권: 124, 129, 130, 410 / 5권: 40

구덕(丘德)　　4권: 247

구도(俱道)　　2권: 241, 246

구도갈문왕(仇道葛文王)　　1권: 110, 137

구량리(九良里)　　2권: 162

구량벌(仇良伐)　　2권: 148, 162

구련성(九連城)　　4권: 28

구룡산(九龍山)　　2권: 133, 135

구룡연(九龍淵)　　5권: 124

구류손불(拘留孫佛)　　4권: 144

구륜(九輪)　　3권: 283 / 4권: 380

구륜공(仇輪公)　　3권: 263

구리성주선각왕(拘利城主善覺王)　　4권: 333

구리하라 도모노부(栗原朋信)　　2권: 213

구마라집(鳩摩羅什)　　4권: 23, 64, 334, 365, 366 / 5권: 89, 94 / 6권: 103, 116, 149, 155

구법(求法)　　4권: 298

구법고승전(求法高僧傳)　　5권: 76~80

구법설(九法說)　　4권: 91

구복(九服)　　3권: 307 / 5권: 34

구본(求本)　　5권: 76

구봉(九峯)　　3권: 336

구봉산(九峯山)　　5권: 200

구부(丘夫)　　1권: 139 / 2권: 390

구불(求佛)　　6권: 133

구빈(九賓)　　3권: 334

구사(九司)　　3권: 334

구사(俱舍)　　5권: 228

구사국(狗邪國) 2권: 104

구사군(仇史郡) 4권: 285, 293, 294

구사론(俱舍論) 3권: 343 / 5권: 37, 76, 114

구산(龜山) 1권: 285 / 6권: 22

구산사선지수(九山四選之首) 6권: 22

구산팔해(九山八海) 5권: 251

구삼국사(舊三國史) 2권: 89, 110, 121, 122, 126~129, 184 / 3권: 281 / 4권: 86, 117, 125,
        132 / 6권: 167

구서당(九誓幢) 3권: 67 / 5권: 146

구성(九姓) 2권: 69 / 4권: 136, 360

구수(仇首) 1권: 105, 126

구수왕(仇首王) 1권: 104, 105, 126, 152 / 3권: 238, 246, 247

구수지(寇修之) 4권: 69

구순지(寇恂之) 4권: 69

구시모토(串本) 1권: 11, 12

구안(久安) 2권: 97

구어역(仇於驛) 2권: 164 / 4권: 440 / 5권: 254

구업(口業) 5권: 196

구원사(久遠寺) 6권: 101

구월벽력(九月霹靂) 4권: 191

구의(樞衣) 6권: 22, 81

구이(九夷) 1권: 28, 29 / 2권: 57, 62~64, 399 / 4권: 372

구이신왕대(久爾辛王代) 1권: 154

구자(九者) 1권: 126 / 3권: 31 / 5권: 219, 235

구족(九族) 5권: 34 / 6권: 163

구족계(具足戒) 4권: 189, 337 / 5권: 21, 34, 189, 198, 236 / 6권: 140, 141, 163, 195

구족중계(具足衆戒) 5권: 34

구족왕후(具足王后) 1권: 245

구주(九州)　2권: 305 / 4권: 190 / 5권: 120

구주(九疇)　2권: 19

구지(龜旨)　3권: 329, 336~340, 378

구지봉(龜旨峯)　3권: 328, 336~338, 352

구지왕(具智王)　1권: 199

구지제(仇知堤)　1권: 273

구지택(仇知宅)　2권: 143

구지하성(久知下城)　2권: 403

구찬지(寇讚之)　4권: 69

구찬지전(寇讚之傳)　4권: 69

구참공(瞿旵公)　3권: 157 / 5권: 85, 88

구천(狗川)　2권: 315

구충왕(仇衝王)　1권: 189, 190

구타모라(久陁牟羅)　2권: 315

구품(九品)　3권: 334

구한(九韓)　1권: 28 / 2권: 57, 58, 62, 65 / 4권: 184, 186, 190, 372

구해(仇亥)(仇衡)　1권: 190 / 3권: 371

구해탈(俱解脫)　3권: 343

구혁지(溝洫志)　2권: 51

구형(仇衡)　1권: 190 / 2권: 353, 371, 388 / 4권: 90

구형왕(仇衡王)　3권: 363~376, 388, 392~396

구화엄(舊華嚴)　5권: 149

구황동(九黃洞)　4권: 56, 174 / 6권: 36, 42, 68, 71

구황리(九黃里)　2권: 166 / 3권: 158 / 6권: 225

국강상(國岡上)　2권: 96

국강상광개토평안호태(國岡上廣開土平安好太)　1권: 95

국강상왕(國罡上王)　1권: 131

국교(國敎)　1권: 220 / 2권: 291 / 3권: 149, 158, 222 / 4권: 69 / 6권: 128

국교대덕(國敎大德)　6권: 39, 42

국기(國畿)　2권: 174 / 3권: 307

국기안갈문왕(國其安葛文王)　1권: 218

국내성(國內城)　1권: 63, 64, 96 / 2권: 96, 278 / 4권: 29

국내성(國內城)(丸都城)　2권: 297

국대부인(國大夫人)　2권: 273 / 3권: 275

국도(國都)　4권: 69, 89, 90, 164 / 5권: 35, 103

국반(國飯)　2권: 344

국사(國事)　2권: 185, 343 / 3권: 399

국사(國史)　2권: 76 / 3권: 40 / 4권: 123, 129, 278, 345

국사(國師)　6권: 128

국사고려본기(國史高麗本記)　1권: 49

국사방(國師房)　6권: 192

국상(國相)　3권: 268, 300

국서(國書)　1권: 204 / 2권: 66 / 3권: 194, 195 / 5권: 23

국선(國仙)　2권: 350, 355 / 3권: 152, 155 / 4권: 227, 272, 274~276, 353 / 5권: 85, 120 /
　　　　6권: 91, 94, 217

국악(國惡)　4권: 68

국양(國襄)　1권: 95

국양왕(國壤王)　1권: 148

국역대장경본(國譯大藏經本)　3권: 36

국역일체경본(國譯一切經本)　3권: 31, 306 / 4권: 96, 378 / 5권: 218

국요도(國要圖)　2권: 92

국원성(國原城)　3권: 47

국원소경(國原小京)　2권: 312 / 3권: 56

국원(國原)　1권: 131 / 3권: 47

국원왕(國原王)　1권: 131, 148

국육(國育) 6권: 39

국의(鞠衣) 4권: 411

국일법사(國一法師) 5권: 171

국자감(國子監) 5권: 240

국자제생(國子諸生) 3권: 333

국자제주좌간의대부(國子祭酒左諫議大夫) 4권: 256

국장생(國長生) 5권: 125

국저(國儲) 5권: 116

국정(國政) 2권: 261, 322, 370, 392, 394 / 3권: 165, 203, 219, 334 / 4권: 129 / 5권: 23, 61, 204

국조가호(國祚加護) 5권: 46

국조왕(國祖王) 1권: 76, 77, 87, 93

국존(國尊) 6권: 22

국주(菊酒) 2권: 209 / 3권: 98

국주대왕(國主大王) 4권: 384

국천(國川) 1권: 95

국청사(國淸寺) 4권: 250, 267 / 6권: 157

국청현(國淸峴) 4권: 267

국통(國統) 4권: 82, 90 / 5권: 103, 115, 119~121 / 6권: 149, 150

국통·혜륭(國統惠隆) 4권: 82, 90

국통·혜훈(國統惠訓) 4권: 173

국판(菊版) 1권: 22, 23, 25, 26

국판대(菊版大) 1권: 26

국풍(國風) 3권: 73, 201 / 5권: 73, 124

군감(郡監) 2권: 284

군관(軍官) 3권: 56, 382, 376 / 4권: 221, 253 / 5권: 145, 146

군국(軍國) 4권: 67 / 5권: 39

군국(郡國) 2권: 68 407

군국지(郡國志)   2권: 53, 86

군급(窘急)   3권: 271

군기감(軍器監)   5권: 241

군도봉기(群盜峰起)   3권: 297

군명조(郡名條)   3권: 243

군박(窘迫)   3권: 307

군부경(軍部卿)   3권: 199

군부령(軍部令)   3권: 198

군사(君師)   2권: 40, 413 / 3권: 325

군서치요(群書治要)   2권: 418

군수국상(郡守國相)   2권: 407

군신수어(君臣水魚)   4권: 97

군언(群彦)   5권: 48

군영(軍營)   2권: 379 / 3권: 192, 274 / 4권: 309

군웅(群雄)   1권: 274 / 2권: 412, 415 / 3권: 280, 307, 311, 325

군위(軍威)   4권: 437 / 5권: 93

군장(郡將)   2권: 63 / 6권: 155

군정(軍政)   2권: 47, 406 / 3권: 219, 316

군졸(軍卒)   3권: 366

군주(軍主)   2권: 18, 149, 266, 282, 307, 310, 317, 392, 412 / 3권: 137, 197, 272, 305, 308,
      310, 316, 319, 394, 401 / 4권: 98 / 5권: 54, 142~144 / 6권: 192

군주전제(君主專制)   4권: 68

군중고적비보기(郡中古籍裨補記)   5권: 53

군지(軍持)   5권: 226

군통(郡統)   5권: 103, 117, 120 / 6권: 149

군현(群賢)   5권: 48

군현명(郡縣名)   3권: 97

굴불(掘佛)   4권: 421 / 6권: 133

굴불(屈弗)　4권: 203 / 6권: 184

굴불사(掘佛寺)　4권: 204, 206, 437

굴불역(屈弗驛)　4권: 421 / 6권: 133, 139

굴불지(屈弗池)　6권: 51

굴산사(崛山寺)　4권: 307, 316

굴산조사(崛山祖師)　4권: 307

굴석사(掘石寺)　4권: 203

굴아화(屈阿火)　2권: 284 / 4권: 421 / 6권: 190

굴아화현(屈阿火縣)　3권: 293

굴연(堀淵)　2권: 192

굴자군(屈自郡)　4권: 285, 293

굴정역(掘井驛)　4권: 419, 421

굴정현(屈井縣)　2권: 167 / 4권: 419, 421 / 6권: 149

굴혈(屈子)　4권: 65

굴헐역(屈歇驛)　2권: 284

굴화(屈火)　4권: 421

굴화역(堀火驛)　4권: 421

굴화원(堀火院)　4권: 421

궁복(弓福)　1권: 264, 265 / 2권: 158, 161 / 3권: 148~150

궁부인(宮夫人)　3권: 205

궁사(弓士)　3권: 174

궁상(窮桑)　2권: 18

궁시(弓矢)　3권: 356

궁예(弓裔)　1권: 272~274, 283~285 / 2권: 169 / 3권: 48, 157, 176, 178, 182, 280, 281,
　　　287~289, 306, 311, 320, 324 / 4권: 319

궁예소제관호(弓裔所制官號)　3권: 40, 204, 205

궁예전(弓裔傳)　1권: 283, 284 / 2권: 169 / 3권: 157, 287, 288

궁인(宮人)　2권: 56, 383 / 3권: 155

궁정문학(宮廷文學)   2권: 409

궁파(弓巴)   1권: 264 / 3권: 145~150

궁홀산(弓忽山)   2권: 32

권근기(權近記)   6권: 142

권속(眷屬)   5권: 72, 212 / 6권: 31

권진(權軫)   1권: 18 / 5권: 219

권축(卷軸)   6권: 18

권행(權幸)   3권: 298

궐곡(闕谷)   2권: 149, 171

궐의(闕衣)   4권: 411

궐표(橛標)   2권: 203, 210

궤수(餽輸)   5권: 42

귀경구(歸敬句)   5권: 205

귀계멸참(歸戒滅懺)   5권: 30

귀계멸참지법(歸戒滅懺之法)   5권: 205

귀교(鬼橋)   2권: 322, 326

귀당총관(貴幢總管)   3권: 38

귀명후(歸命侯)   2권: 409

귀보(貴寶)   6권: 64

귀부(歸附)   4권: 65

귀부(龜趺)   4권: 65, 408 / 5권: 164 / 6권: 97

귀비고(貴妃庫)   2권: 249~251

귀산(貴山)   5권: 19, 29, 30, 44, 46

귀상흡후(貴霜翕侯)   4권: 335

귀수(貴須)   1권: 104, 141

귀승랑(貴勝娘)   1권: 254

귀신록(鬼神錄)   5권: 202

귀실복신(鬼室福信)   2권: 93, 408 / 3권: 33, 310

귀정문(歸正門)　3권: 94

귀졸(鬼卒)　4권: 117

귀진(貴珍)　6권: 59, 61, 62, 64

귀파부인(貴巴夫人)　1권: 263

규림(圭林)　3권: 364, 365

규슈연안(九州沿岸)　1권: 272

균구(均具)　1권: 264 / 3권: 147

균정(均貞)　1권: 262, 265 / 3권: 129, 147

극달화상(極達和尙)　5권: 240

극락정토왕생사상(極樂淨土往生思想)　5권: 219　　　淨

극소(極所)　2권: 210

극용(克用)　3권: 291 / 4권: 254

극충(克忠)　3권: 387

근개로왕(近蓋鹵王)　1권: 163, 164

근거(近距)　4권: 147

근구수왕(近仇首王)　1권: 141, 152 / 3권: 246 / 4권: 32

근내정(根乃停)　2권: 195

근악(近岳)　4권: 414, 417

근종(近宗)　3권: 156

근직(謹直)　5권: 204

근초고왕(近肖古王)　1권: 96, 140, 141 / 3권: 246 / 4권: 34

근품성(近品城)　3권: 266

근행(謹行)　3권: 34, 35 / 6권: 206

근행감응(勤行感應)　6권: 54

금갑(金甲)　3권: 374

금강(金剛)　2권: 396, 401, 404, 405, 415 / 3권: 401

금강능단반약파라밀경(金剛能斷般若波羅密經)　4권: 366

금강령(金剛嶺)　3권: 164 / 4권: 90, 226

금강반야경(金剛般若經) 4권: 350 / 5권: 221

금강반야바라밀경(金剛般若波羅密經) 4권: 366

금강사(金剛社) 4권: 351, 353, 366 / 5권: 221

금강사(金剛寺) 3권: 353 / 5권: 89 / 6권: 100, 104

금강산유점사사적기(金剛山楡岾寺事蹟記) 3권: 401

금강살타(金剛薩埵) 6권: 140

금강삼매경(金剛三昧經) 5권: 138

금강삼매경론(金剛三昧經論) 5권: 138, 152

금강삼매경소(金剛三昧經疏) 5권: 152

금강신(金剛神) 5권: 69

금강장(金剛藏) 4권: 176 / 6권: 196

금강저(金剛杵) 4권: 347 / 5권: 73

금강정경(金剛頂經) 4권: 207, 365

금강지(金剛智) 4권: 207

금곡(金穀) 3권: 234

금곡사(金谷寺) 5권: 26, 30, 48 / 6권: 20, 24

금관(金官) 2권: 100~105, 161, 229 / 3권: 56, 328 / 3권: 333, 341 / 3권: 364, 372, 380~
　　　　384, 392 / 4권: 136, 160~165

금관가라(金官加羅) 2권: 161, 229, 314, 357 / 3권: 332, 340, 342, 356, 363, 371, 379,
　　　　390~398 / 6권: 44

금관가야(金官伽倻) 1권: 67('고증'에는 '金官加羅') / 2권: 105

금관경(金官京) 3권: 333, 366

금관국(金官國) 1권: 8, 190 / 2권: 102, 279 / 3권: 29, 46, 341, 371~376, 389~398 / 4권:
　　　　160~163, 165 / 5권: 110

금관사파석탑기(金官婆婆石塔記) 3권: 392

금관소경(金官小京) 3권: 56, 378, 379, 384

금관주(金官州) 3권: 333

금관총(金冠塚) 2권: 303

금광경(金光經)   5권: 244, 245

금광명경(金光明經)   3권: 133 / 5권: 37, 46, 249

금광사본기(金光寺本記)   6권: 38

금광정(金光井)   3권: 123, 133 / 5권: 245

금교(金橋)   2권: 32 / 4권: 43, 48, 49

금구현(金溝縣)   3권: 317

금녕도호부(金寧都護府)   3권: 334

금당(金堂)   2권: 166, 259 / 3권: 52, 57, 318 / 4권: 136, 173, 174, 213, 229, 291, 306, 383,
         385, 391, 392, 414 / 5권: 89, 90, 125, 195, 212 / 6권: 44, 97, 161

금동사(金洞寺)   5권: 115

금동제(金銅製)   3권: 402

금라(金羅)   2권: 104

금란(金卵)   1권: 67 / 3권: 155

금란(金蘭)   4권: 227, 231

금란김성설(金卵金姓說)   3권: 389

금련(金漣)   2권: 378, 403

금련(金璉)   2권: 403

금륜(金輪)   1권: 199 / 2권: 313 / 3권: 283 / 4권: 84, 347 / 5권: 251

금륜왕(金輪王)   5권: 200

금릉(金陵)   3권: 200, 224 / 4권: 77, 89 / 5권: 166

금릉부(金陵府)   4권: 89

금릉현(金陵縣)   4권: 89

금마군(金馬郡)   2권: 60 / 3권: 323

금마산(金馬山)   2권: 56, 57, 61

금마저(金馬渚)   2권: 60 / 3권: 46, 323 / 4권: 130

금며달(今旀達)   2권: 32

금명(金明)   1권: 262

금명(今名)   4권: 168

금모(今毛)　　3권: 182

금물(今勿)　　1권: 127 / 3권: 387

금물녀(今勿女)　　6권: 171

금미달(今彌達)　　2권: 25

금산(金山)　　1권: 291 / 2권: 148, 166, 167, 260, 359 / 3권: 202, 276, 317~322

금산(錦山)　　2권: 316 / 3권: 311

금산가리촌(金山加利村)　　2권: 166, 167

금산가리촌장(金山加利村長)　　5권: 43

금산군(錦山郡)(錦城)　　3권: 311 / 4권: 294 / 6권: 190

금산보개(金山寶蓋)　　5권: 161

금산사(金山寺)　　3권: 317, 318 / 5권: 187, 189, 194, 195, 210, 212, 219

금산수(金山藪)　　5권: 195, 212

금산수순제법사(金山藪順濟法師)　　5권: 195

금산원(金山原)　　2권: 166, 260, 359

금산현(金山縣)　　3권: 321 / 5권: 187, 229

금산현인(金山縣人)　　5권: 194

금석(金錫)　　5권: 211

금석색(金石索)　　3권: 112

금석원(金石院)　　5권: 229

금성(錦城)　　2권: 99

금성(金城)　　1권: 48, 49 / 2권: 98, 167, 204, 215, 219, 254, 259, 389 / 3권: 271, 285, 318

금수능라(錦繡綾羅)　　3권: 349

금시조(金翅鳥)　　3권: 87

금오산(金鰲山)　　2권: 184, 192 / 4권: 401 / 5권: 230, 247

금오위장군(金吾衛將軍)　　3권: 33

금오촌(今郚村)　　2권: 98

금옹사(金甕寺)　　4권: 352

금우사(金羽寺)　　6권: 39

금원소경(金原小京) 4권: 136

금은주옥(金銀珠玉) 3권: 349

금의(錦衣) 5권: 37

금입택(金入宅) 2권: 137, 142, 192 / 4권: 197

금자(金紫) 5권: 41

금자광록대부(金紫光祿大夫) 2권: 409, 414

금자광록대부위위경(金紫光祿大夫衛尉卿) 2권: 378

금장(金藏) 6권: 196

금장암(金莊菴) 5권: 221

금장자수(金章紫綏) 2권: 408

금적(琴笛) 4권: 229

금전문(金殿門) 4권: 185

금정산(金井山) 5권: 160, 175

금제(禁制) 5권: 129

금종보(金鐘寶) 2권: 262

금주(金州) 1권: 66 / 2권: 104 / 3권: 333, 381 / 4권: 218

금주방어사(金州防禦使) 3권: 334

금주안동도호부(金州安東都護府) 3권: 334

금진강(金津江) 2권: 95

금질(金銍) 1권: 165

금차(金車, 金輿) 3권: 222

금탑(金塔) 4권: 250 / 6권: 61

금태사(金胎寺) 3권: 225

금포현(今浦縣) 3권: 111

금필(黔弼) 3권: 275

금하(衿荷) 2권: 195

금현(金峴) 2권: 310

금현성(金峴城) 2권: 316

금희(金喜)　1권: 164

급간(級干)　2권: 393 / 3권: 63, 168, 351, 355, 363

급곤왕(汲昆王)　6권: 174

급군(汲郡)　5권: 202, 203

급량(及梁)　2권: 148, 157, 161, 194, 196

급량부(及梁部)　2권: 148, 161, 193, 319 / 6권: 101

급벌간(級伐干)　3권: 46

급벌찬(級伐湌)　3권: 46

급비왕(汲毘王)　4권: 145

급사중(給事中)　2권: 413 / 3권: 229

급찬(級湌)　3권: 46, 316, 355

급척간(及尺干)　2권: 229

급총서(汲冢書)　5권: 203

급한(及漢)　4권: 383

긍양화상(兢讓和尙)　4권: 413

기각(記刻)　5권: 230

기강(紀綱)　3권: 265

기계현(杞溪縣)　5권: 92, 93

기관(記官)　4권: 414, 417 / 5권: 205 / 6권: 45

기국(箕國)　2권: 32

기기가요(記紀歌謠)　3권: 74

기년고증(紀年考證)　1권: 8

기년법(記年法)　3권: 218

기년체(紀年體)　2권: 345

기단(奇端)　3권: 133

기단(基壇)　3권: 57 / 4권: 29, 380 / 5권: 125, 250 / 6권: 24, 87, 175

기량(器量)　3권: 153, 312 / 5권: 20 / 6권: 28, 70

기로(耆老)　2권: 138 / 6권: 92, 97

기루(己婁)　5권: 139

기루(妓樓)　1권: 87

기루왕(己婁王)　1권: 78

기린산(麒麟山)　4권: 347, 353, 371

기림(基臨)　1권: 119~121 / 4권: 93

기림이질금(基臨尼叱今)　1권: 119~121

기림사(祇林寺)　3권: 54, 59 / 4권: 247, 260, 308

기림왕(基臨王)　2권: 213

기립왕(基立王)　1권: 119

기마이사금(祇摩尼師今)　2권: 95

기마이질금(祇磨尼叱今)　1권: 82

기마왕비애례부인(祇摩王妃愛禮夫人)　2권: 179

기마전(騎馬戰)　3권: 217

기모(旗矛)　4권: 81

기문(己汶)　2권: 105

기미(祇味)　1권: 82

기미(羈靡)　2권: 403

기민(飢民)　1권: 255

기병(騎兵)　2권: 271 / 3권: 192, 266, 267, 275, 278

기보갈문왕(期寶葛文王)　1권: 168, 169, 177

기사(己巳)　1권: 45, 58, 69, 85, 99, 108, 118

기서(奇瑞)　6권: 215

기시타 레진(木下札仁)　1권: 7

기신라의상법사서(寄新羅義湘法師書)　5권: 163

기신론소(起信論疏)　5권: 138

기신소(起信疏)　5권: 225

기씨(箕氏)　2권: 43

기업(基業)　3권: 197

기예(技藝) 4권: 278 / 5권: 69

기오공(起烏公) 2권: 249, 319, 324, 387

기우제(祈雨祭) 2권: 202 / 3권: 218 / 5권: 249

기원사(祇園寺) 4권: 277

기이(紀異) 2권: 18, 145 / 3권: 399 / 4권: 182

기인(其人) 3권: 50 / 4권: 260 / 5권: 65

기인선상법(其人選上法) 3권: 49

기일보(忌日寶) 6권: 41

기자(箕子) 1권: 50 / 2권: 25, 26, 32, 33 / 3권: 374

기장산(機張山) 6권: 30

기전(畿甸) 1권: 256 / 3권: 271

기전체(紀傳體) 2권: 70, 75 / 3권: 282

기조공(起烏公) 1권: 199 / 2권: 325

기주(冀州) 2권: 397

기준성(箕準城) 3권: 323

기출변(旗出邊) 3권: 352 / 4권: 161

기타(祇陀) 2권: 65 / 5권: 43

기파랑(耆婆郞) 3권: 97, 99, 104

긴나라(緊那羅) 4권: 315 / 5권: 72

긴메이기(欽明紀) 2권: 103, 172, 187, 297, 315 / 3권: 357, 391, 396

길달(吉達) 2권: 322, 323

길보랑(吉寶娘) 5권: 187

길사(吉士) 2권: 168

길상(吉祥) 3권: 119 / 4권: 356

길상모(吉祥茅) 5권: 220

길상사(吉祥寺) 5권: 214

길상천(吉祥天) 6권: 140

길상초(吉祥草) 4권: 348 / 5권: 213, 214, 220

길승(吉升)　4권: 78

길이(吉伊)　2권: 223, 226, 238, 306, 328, 390 / 3권: 20, 25, 102, 224, 365, 382, 401 / 4권:
　　　195, 251 / 6권: 33

길장(吉藏)　5권: 202

길조(吉鳥)　2권: 230 / 3권: 195 / 5권: 111

길차(吉次)　5권: 145

길험(吉驗)　2권: 130

길환(吉奐)　3권: 273, 291

김개원(金愷元)　4권: 384, 395

김경신(金敬信)　2권: 256

김관의(金寬毅)　2권: 205 / 3권: 196, 207 / 5권: 237

김구(金溝)　5권: 195

김구군(金溝郡)　5권: 195

김구해(金仇亥)　2권: 350, 354

김균정(金均貞)　3권: 156

김극기집(金克己集)　2권: 155

김난손(金蘭蓀)　5권: 148

김녕도호부(金寧都護府)　3권: 380

김대문(金大問)　2권: 202~205, 208, 210, 303 / 3권: 35 / 4권: 20, 86, 92

김대성(金大城)　3권: 97 / 5권: 161 / 6권: 214

김락(金樂)　3권: 267, 269

김명(金明)　1권: 263 / 2권: 169

김무(金武)　3권: 120, 128

김무력(金武力)　2권: 229, 350 / 3권: 373, 394, 395 / 5권: 110

김무알(金武謁)　2권: 267, 277

김문량(金文亮)　6권: 211

김민주(金敏周)　3권: 148

김봉휴(金封休)　3권: 194, 204

김부(金傅)　2권: 75, 77, 328 / 3권: 199, 205, 206, 214~218, 227, 229, 267, 300, 301, 308

김부대왕(金傅大王)　2권: 158, 329 / 3권: 191, 201, 227, 294 / 4권: 223, 425 / 5권: 241

김사인(金思仁)　3권: 97

김상(金相)　3권: 388

김상랑(金相郞)　4권: 82

김서룡(金瑞龍)　4권: 245

김성(金成)　3권: 185

김술종(金述宗)　6권: 40

김승로(金承老)　4권: 245

김악(金樂)　3권: 267, 302

김악(金渥)　3권: 299

김알지(金閼智)　1권: 72, 142 / 2권: 29, 153, 177, 179, 185, 189, 241, 242, 244, 254 / 3권:
　　　222, 294, 390, 400, 402 / 4권: 280 / 5권: 81

김양(金陽)　2권: 168 / 3권: 148 / 5권: 53

김양도(金良圖)　4권: 83 / 5권: 168, 169 / 6권: 19, 23

김양림(金良琳)　3권: 42

김양상(金良相)　1권: 244 / 3권: 106

김양신(金亮辛)　5권: 65

김양익(金良謚)　3권: 333

김엄(金巖)　5권: 148

김영윤(金令胤)　3권: 30 / 6권: 123

김영윤전(金令胤傳)　5권: 168

김영태(金煐泰)　4권: 136

김영화(金寧花)　3권: 156

김옹(金邕)　6권: 165

김용행(金用行)　4권: 52, 78, 92

김용행소찬아도화상비(金用行所撰我道和尙碑)　4권: 53

김용행찬아도비(金用行撰阿道碑)　4권: 53

김운(金運)　1권: 229

김웅렴(金雄廉)　3권: 268

김원량(金元亮)　3권: 134

김유신(金庾信)　1권: 218, 223 / 2권: 90, 137, 142, 161, 166, 185, 229, 255~262, 344, 350~
　　　　359, 386~390, 397 / 3권: 21, 36, 72, 92, 127, 236, 265, 328, 371, 374, 383, 390, 406 /
　　　　4권: 230, 232, 279, 384, 396, 423 / 5권: 120, 139, 142, 148, 168 / 6권: 20, 40~44,
　　　　123, 225

김유신종녀(金庾信宗女)　2권: 358

김윤(金胤)　3권: 156

김윤중(金允中)　2권: 90

김융(金融)　2권: 255, 260 / 3권: 109, 115

김은거(金隱居)　3권: 109

김의(金嶷)　2권: 236 / 4권: 82

김의관(金義官)　3권: 46

김의원(金義元)　6권: 40

김의충(金義忠)　1권: 240 / 3권: 106

김이생(金利生)　4권: 242, 253

김이생공(金利生公)　4권: 253

김인문(金仁問)　2권: 93, 390, 392, 397, 411 / 3권: 20, 36, 38, 42, 43 / 4권: 98, 115, 220 /
　　　　5권: 121, 143, 168

김인문묘비문(金仁問墓碑文)　5권: 168

김인부(金仁夫)　4권: 219

김인준(金仁俊)　3권: 48

김장각간(金將角干)　1권: 244

김장종(金章宗)　5권: 222

김정고(金貞高)　4권: 228, 231

김정명(金政明)　6권: 35

김정희(金正喜)　5권: 151

김제상(金堤上)　2권: 266, 268, 296, 298 / 3권: 325 / 4권: 50, 331 / 5권: 142

김제상부인(金堤上夫人)　1권: 147

김주목(金州牧)　3권: 380

김주방어사(金州防禦使)　3권: 380

김주안동도호부(金州安東都護府)　3권: 380

김주원(金周元)　3권: 119, 120, 125, 126 / 6권: 181

김준영(金俊榮)　3권: 74

김중희(金重熙)　1권: 254

김지성(金志誠)　4권: 383, 385, 387~391, 393~395

김지전(金志全)　4권: 384, 387

김지정(金志貞)　3권: 106

김질왕(金叱王)　1권: 155

김질왕(金銍王)　3권: 368

김창남(金昌南)　1권: 254

김척명(金陟明)　5권: 31, 48

김천(金闡)　3권: 68, 383, 384

김천(金天)　3권: 285, 310, 321

김천역(金川驛)　5권: 229

김천존(金天尊)　3권: 22

김춘질(金春質)　3권: 53, 59

김취(金趣)　4권: 132

김태랑(金太郎)　3권: 158

김택규(金宅圭)　4권: 93

김포현(金浦縣)　3권: 108, 111

김품석(金品釋)　2권: 386

김필월(金弼粤)　4권: 195, 198

김필해(金弼奚)　4권: 198

김해(金海)　2권: 354 / 3권: 333, 336, 357, 358, 380, 381, 391, 396 / 4권: 136

김해경(金海京)　3권: 378, 379

김해부(金海府)　3권: 333, 334, 366, 367, 379, 380, 381

김해소경(金海小京)　3권: 380 / 4권: 136

김헌장(金憲章)　1권: 254

김헌정(金獻貞)　4권: 135

김헌창(金憲昌)　2권: 165 / 3권: 139 / 5권: 199, 238

김훤(金昍)　3권: 380

김훤평(金萱平)　3권: 298

김혼(金昕)　4권: 309, 320

김흠돌(金欽突)　1권: 229

김흠순(金欽純)　2권: 343, 354 / 5권: 158, 168, 170

김흠운(金欽運)　1권: 229 / 3권: 66

김희령(金希寧)　4권: 144

나

나가(奈珂)   1권: 154 / 2권: 128, 209

나가(那伽)   2권: 232

나가라아국(那迦羅阿國)   4권: 331

나카무라 다모쓰(中村完)   5권: 254 / 6권: 73, 95, 126, 164, 181

나가시마 기미치카(永島暉臣愼)   1권: 25

나가통세(那珂通世)   1권: 154

나갈가성(那竭呵城)   4권: 327

나갈국(羅竭國)   4권: 327, 331

나건가라국(那乾訶羅國)   4권: 332

나게라갈국(那揭羅曷國)   4권: 325, 331, 332

나게현전(那揭顯傳)   4권: 331

나기(羅紀)   1권: 28, 49, 62, 72~74, 82~86, 92, 93, 101, 110~121, 130, 138, 146~148, 160~
162, 168, 178~183, 190~193, 199~202, 207, 217~244, 250~258, 262~291 / 2권: 61,
66, 75~77, 90~97, 107, 126, 134, 144, 154, 158~181, 187~195, 205, 209~213, 217~
246, 250, 257~261, 276~281, 287~289, 294~303, 308~317, 324~347, 355, 387~395,
402, 406, 414~422 / 3권: 35~48, 57~60, 68~80, 90~98, 105~115, 125~150, 156~158,
165~185, 201~206, 214~222, 238~254, 281~300, 315, 343, 374~379, 395~401 / 4권:
49~57, 85~87, 92~101, 122, 129, 137, 145, 175~179, 187~192, 200, 205, 232~236,
254, 262, 276~279, 286, 356~363, 388, 396, 409, 410, 420 / 5권: 33, 42~46, 81, 93,
109, 113, 126, 142~144, 168~170, 238, 249, 250 / 6권: 34, 42, 43, 57, 86, 94, 115,
123~128, 162~166, 185~222

나락(奈落)   6권: 208

나란타사(那爛陀寺)   5권: 76, 80

나리사와 가쓰시(成澤勝)   6권: 217

나마(奈麻) 4권: 197, 388 / 5권: 140

나말(奈麻) 5권: 140, 194

나(내)물 이사금(奈勿尼師今) 4권: 92

나(내)물 마립간(奈勿麻立干) 1권: 137

나물왕(奈勿王) 3권: 42, 125~127, 325 / 4권: 50, 63, 85, 331, 411 / 5권: 142 / 6권: 195

나밀왕(那密王) 2권: 266, 273

나발(螺髮) 4권: 203 / 6권: 110

나부(羅府) 3권: 273, 311

나산현(那山縣) 5권: 187

나아리(羅兒里) 2권: 169

나이토 겐기치(内藤乾吉) 3권: 215

나이토 고난(内藤湖南) 1권: 23

나이토 도라지로(内藤虎次郎) 1권: 22

나인(内人) 3권: 276

나전함(螺鈿函) 4권: 245

나정(蘿井) 2권: 150, 156, 170, 174, 175, 180, 193 / 6권: 33

나주(羅州) 2권: 79, 83, 413 / 3권: 148, 285, 311 / 6권: 190

나집문하사철(羅什門下四哲) 5권: 94

나찰귀국(羅刹鬼國) 4권: 314

나찰녀(羅刹女) 4권: 323~325, 329, 330

나찰천(羅刹天) 4권: 330

나카무라 다모쓰(中村完) 5권: 74, 254 / 6권: 73, 95, 97, 126, 164, 181

나카이 신고(中井眞孝) 5권: 121

나파도행군대총관(邏婆道行軍大總管) 3권: 34

나한(羅漢) 3권: 331

나한국(羅漢國) 3권: 342

나한당(羅漢堂) 4권: 351

나한백(羅漢柏) 6권: 163

나해(那解)　1권: 100~101('那'는 '奈'의 잘못)

나해(奈解)　1권: 101, 121 / 4권: 93 / 6권: 183~186

나해이사금(奈解尼師今)　6권: 185('나해니사금'), 186

나[해]이질금(那[解]尼叱今)　1권: 100

나해왕(奈解王)　1권: 121 / 6권: 183

나후(羅睺)(候)　3권: 166

낙(酪)　4권: 316

낙가산(洛迦山)　4권: 312, 436

낙(경)초(樂(景)初)　1권: 105

낙금(駱金)　3권: 148

낙랑공주(樂浪公主)　2권: 75, 77 / 3권: 195, 205

낙랑국(樂浪國)　2권: 74, 78, 80

낙랑군(樂浪君)　1권: 133 / 2권: 39, 48, 49, 52~54, 59, 68, 69, 72~77, 79, 80, 83, 96, 145,
　　　212, 213, 297, 346 / 3권: 333 / 5권: 39

낙랑군개국후(樂浪郡開國侯)　4권: 124

낙랑군왕(樂浪君王)　3권: 199

낙랑동이(樂浪東晱)　2권: 50

낙랑왕(樂浪王)　3권: 197

낙랑채협가(楽浪彩篋家)　2권: 324

낙랑태수(樂浪太守)　1권: 94, 125

낙산(洛山)　4권: 82, 305~308 / 5권: 47

낙산사(洛山寺)　4권: 96, 220, 250, 309, 312, 436 / 5권: 170

낙산이대성(洛山二大聖)　4권: 96, 220, 256, 260, 305, 359, 362

낙수(洛水)　2권: 18, 19 / 3권: 329, 335

낙안군(樂安郡)　3권: 310

낙양(洛陽)　1권: 123 / 2권: 141, 409~411 / 3권: 179, 291, 325, 335 / 4권: 25, 47, 50, 54,
　　　67, 88, 158, 206, 255 / 5권: 39, 171, 202, 204

낙양가람기(洛陽伽藍記)　5권: 91, 154

낙양궁수(洛陽宮守)　5권: 41

낙채(落采)　4권: 264

낙천(樂天)　5권: 249

낙초(樂初)　3권: 238

난경(難經)　3권: 67

난계(蘭契)　6권: 118

난교(蘭交)　6권: 118

난병(亂兵)　3권: 106 / 5권: 22, 151

난상(欄上)　1권: 111

난생(卵生)　1권: 67 / 2권: 125~131, 153, 176, 184, 196, 197, 244 / 3권: 343, 344

난승무투(難勝無鬪)　3권: 354

난신(亂臣)　3권: 278 / 6권: 118

난야(蘭若)　4권: 81, 248, 288 / 5권: 26 / 6권: 84

난타(難陀)　4권: 32, 33, 70

난타벽제(難陀闢濟)　4권: 31, 165, 441

날음(捺音)　6권: 183

남가라(南加羅)　2권: 104 / 3권: 396~398

남가야(南加耶)　3권: 383

남간부인(南澗夫人)　6권: 39

남간사(南澗寺)　4권: 77, 90 / 6권: 28, 33, 42

남경(南京)　4권: 89, 404 / 5권: 23 / 6권: 104

남경(南經)　3권: 341

남광우(南廣祐)　3권: 74

남국(南國)　5권: 35

남궁(南宮)　3권: 277

남기정(南畿停)　2권: 195

남녀(南閭)　2권: 48('남려'일 것이다.)

남대(南臺)　4권: 347, 350, 353, 365, 371

남대방(南帶方) 2권: 79, 82, 83 / 4권: 416

남대방군(南帶方郡) 2권: 82

남명훈(覽冥訓) 6권: 98

남모(南毛) 3권: 68 / 4권: 278

남모랑(南毛娘) 4권: 271

남무(男武) 1권: 95 / 2권: 394 / 3권: 49 / 5권: 138

남무성(南武城) 2권: 394

남방(南方) 1권: 187 / 2권: 48, 53, 125, 133, 159, 164, 206, 234, 314, 358, 413 / 3권: 289, 290, 335, 343, 391, 403 / 4권: 248, 262 / 5권: 116 / 6권: 72, 155

남방나정(南方蘿井) 6권: 42

남백사지(南白寺址) 4권: 296

남백사지마애불좌상(南白寺址磨崖佛坐像) 4권: 296

남백사지삼층석탑(南白寺址三層石塔) 4권: 296

남본열반경(南本涅槃經) 4권: 169

남부여(南扶餘) 1권: 56, 66, 114, 189, 275 / 2권: 60, 134, 396, 402 / 3권: 233, 236, 238 / 4권: 109

남사(南史) 1권: 185~188 / 2권: 314 / 4권: 100, 293

남산(南山) 2권: 151, 161, 165, 301, 333, 343, 389, 390 / 4권: 90, 189, 208, 209, 243, 256, 257, 398, 401 / 5권: 113, 135, 243, 245, 247, 248

남산대사(南山大師) 4권: 257

남산도선율사(南山道宣律師) 4권: 59

남산동(南山洞) 5권: 230 / 6권: 32

남산부(南山部) 2권: 148, 161

남산삼성곡(參星谷) 6권: 84

남산성(南山城) 2권: 161, 167, 389 / 3권: 18, 25, 44, 70, 95, 97, 99, 114, 133, 164, 168, 202

남산신(南山神) 3권: 223

남산신성비(南山新城碑) 2권: 190 / 3권: 44

남산율사(南山律師) 4권: 257

남생(男生)　3권: 33 / 4권: 127, 156

남섬부주(南贍部洲)　6권: 104

남수동(南藪洞)　4권: 287

남시전(南市典)　3권: 42, 67

남악(南嶽)　5권: 175

남악(南岳)　2권: 388 / 3권: 168 / 5권: 160, 176 / 6권: 55, 68, 72, 161, 165, 167, 178, 179

남악화엄사(南嶽華嚴寺)　5권: 175

남양(南梁)　1권: 150 / 3권: 37, 335

남양군(南陽郡)(湖北省)　3권: 335

남역여경(男役女耕)　4권: 129

남연주(南兗州)　5권: 165

남염부제(南閻浮堤)　4권: 173, 178

남염부주(南閻浮州)　6권: 104

남염주(南閻州)　6권: 100

남옥저(南沃沮)　2권: 96

남옹주(南雍州)　4권: 69

남우(南憂)　2권: 113

남원(南原)　2권: 82, 83 / 3권: 148 / 4권: 413

남원도호부(南原都護府)　2권: 83

남원부(南原府)　2권: 83

남원부인(南院夫人)　3권: 263, 283

남원소경(南原小京)　3권: 56 / 4권: 136

남월(南越)　2권: 40 / 4권: 248, 262

남월산(南月山)　4권: 293, 383, 385, 441, 442

남유택(南維宅)　2권: 137

남이(南夷)　3권: 217

남전(藍田)　5권: 25

남전원인(藍田猿人)　5권: 41

남제(南齊)　1권: 151, 169, 170 / 4권: 59, 88, 91

남제서(南齊書)　1권: 49, 150, 169, 173 / 3권: 392

남주(南走)　4권: 178

남창위(南昌衛)　6권: 117

남천(南川)　2권: 49, 243, 244, 319, 356 / 4권: 213 / 5권: 148 / 6권: 86, 101, 116

남촌(南村)　2권: 148

남택(南宅)　2권: 137

남파국(濫波國)　4권: 330

남평양(南平壤)　2권: 296, 298, 316, 317 / 3권: 236

남하(南河)　1권: 172, 187 / 2권: 36, 128, 131, 295 / 3권: 281 / 4권: 114, 258 / 5권: 39

남항사(南巷寺)　6권: 77, 80

남해(南海)　2권: 86 / 3권: 225, 312

남해(南解)　2권: 86, 152, 176, 179, 189, 201~207, 223, 225~228, 236, 249~252, 314

남해거서간(南解居西干)　2권: 202

남해기귀내법전(南海寄歸內法傳)　5권: 77

남해왕(南解王)　1권: 61~63, 71, 72, 178 / 2권: 152, 202~204, 209, 213, 228 / 3권: 401 /
　　　　　5권: 92

남해왕매아로(南海王妹阿老)　2권: 179

남해왕비아루부인(南解王妃阿婁夫人)　2권: 179

남해차차웅(南解次々雄)　1권: 61 / 2권: 152, 183, 204~206, 212

남호(男虎)　1권: 94, 95

남흉수단간씨(南匈收單干氏)　4권: 65

납언(納言)(上言下達, 下言上達)　3권: 334

납전기(納田記)　2권: 98

납정절래(納旌節來)　3권: 176

납지(蠟紙)　5권: 151

낭가사가랑(曩伽呬伽曩)　4권: 344

낭관(郎官)　5권: 62 / 6권: 115

낭군(郎君)　6권: 32, 108~110, 115

낭등(郎等)　3권: 68

낭무(廊廡)　2권: 259 / 3권: 251 / 4권: 212

낭비성(娘臂城)　2권: 388

낭산(狼山)　2권: 164, 192, 287, 334, 339

낭산(浪山)　2권: 192

낭원(良圓)　3권: 158

낭융(朗融)　6권: 40

낭장(郎將)　2권: 378 / 4권: 253

낭장신착(郎將申着)　5권: 62

낭조(郎曹)　3권: 303

낭중(郎中)　2권: 62 / 3권: 97, 220, 221 / 4권: 308, 318 / 5권: 121

낭지(朗智)　4권: 77 / 6권: 133, 134, 138, 141

낭지승운(朗智乘雲)　2권: 167 / 3권: 165 / 4권: 90, 188 / 5권: 177 / 6권: 55, 133

낭지전(朗智傳)　6권: 139, 144, 148

낭패(顚沛)　3권: 84 / 4권: 247

낭평(囊平)　2권: 43

낭평현(曩平縣)　4권: 64

내각문고도서제이부한서목록(內閣文庫圖書第二部漢書目錄)　2권: 97

내경(內經)　4권: 81

내고(內庫)　2권: 328 / 3권: 60, 351 / 4권: 227, 231

내고사(內庫使)　4권: 231

내군(內郡)　2권: 48

내남서탑리자신원평(內南西塔里字神元坪)　2권: 325

내도감(內道監)　5권: 121

내도장(內道場)　4권: 206

내동면(內東面)　2권: 158, 167, 169 / 3권: 158 / 5권: 72, 148, 182

내력(奈歷)　2권: 170, 262, 278

내령군(奈靈郡)　4권: 309, 320

내례부인(內禮夫人)　1권: 100

내례희부인(內禮希夫人)　1권: 147

내리군(奈李郡)　4권: 309

내림(奈林)　2권: 170, 351, 357, 358

내말(乃末)　5권: 133, 140, 194

내명(內明)　5권: 249

내물이사금(奈勿尼師今)　1권: 138('奈'는 '나'라고도 한다. 이하 같다.)

내물마립간(奈勿麻立干)　1권: 137 / 2권: 273

내물설(奈勿說)　2권: 258

내물왕(奈勿王)　1권: 137, 147, 169, 177, 245, 250 / 2권: 152, 209, 219, 266, 272, 274, 276,
　　　　278, 294~296, 298, 307, 308 / 6권: 115, 137, 181

내봉령(內奉令)　3권: 198, 220

내봉시랑(內奉侍郎)　3권: 198

내부(內府)　1권: 103 / 4권: 309, 411 / 6권: 68

내사령(內史令)　3권: 333 / 5권: 201

내사문하성(內史門下省)　3권: 219 / 4권: 402

내사복(內司服)　4권: 411

내사성(內史省)　4권: 402 / 5권: 201

내사시랑(內史侍郎)　4권: 399, 402 / 5권: 191

내사정전(內司正典)　2권: 330

내산국(萊山國)　4권: 419

내성군(奈城郡)　4권: 309, 319

내시령답(內視令畓)　3권: 375

내신좌평(內臣佐平)　2권: 277

내성(內省)　2권: 330

내성(內城)　4권: 152

내성사신(內省私臣)　2권: 388

내시(內侍)   4권: 259 / 5권: 86

내아(乃兒)   2권: 149, 194

내아촌(乃兒村)   2권: 167, 169

내영(來迎)   4권: 394

내외궁(內外宮)   3권: 368

내을(奈乙)   2권: 170, 174, 175, 303, 357

내음(奈音)   6권: 188

내음(捺音)   6권: 188

내의령(內議令)   3권: 198, 218, 219

내의성(內議省)   3권: 218, 219 / 4권: 402

내이군(椋已郡)   4권: 319

내장두(內藏頭)   4권: 393

내정(來征)   2권: 257 / 3권: 40, 196, 217, 306, 335 / 4권: 67, 88, 441 / 6권: 94

내제석(內帝釋)   1권: 284

내제석사(內帝釋寺)   2권: 330

내지왕(內只王)   1권: 147 / 2권: 278

내호아(來護兒)   4권: 125 / 5권: 43

내황전(內黃殿)   3권: 56, 122 / 4권: 231

노관(盧綰)   2권: 39, 44

노례왕(弩禮王)   1권: 61, 62, 72, 73 / 2권: 74~81, 98, 99, 148, 158, 171, 208, 214~220 /
        3권: 301, 401

노례이사금(弩禮尼叱今)   1권: 62

노룡현(盧龍縣)   2권: 34

노무라 요쇼(野村耀昌)   1권: 19, 25 / 4권: 158, 316, 379 / 5권: 48, 57, 74, 82, 91, 113,
        151, 153, 203 / 6권: 143, 151, 157

노반(露盤)   4권: 154, 185 / 6권: 24

노병(老兵)   5권: 64

노복(奴僕)   3권: 63

노비(奴婢)　2권: 32, 223, 224 / 3권: 148, 192, 277, 349, 352 / 4권: 309 / 6권: 62, 133

노성(老城)　2권: 51, 52

노사나(盧舍那)　4권: 344

노외래승(老外來僧)　4권: 89

노자나불(盧遮那佛)　4권: 357

노자상이주(老子想爾注)　4권: 119

노자화호경(老子化胡經)　4권: 91

노종(奴宗)　3권: 373, 395, 396

노주총관(盧州総管)　3권: 224

노지좌(露地坐)　4권: 66

노차(老且)　2권: 370, 392, 393

노철산동(老鉄山東)　2권: 47

노탑(露塔)　5권: 195

노힐부득(努肹夫得)　4권: 220, 285, 286, 293, 298, 363, 391 / 6권: 80, 215

녹야원(鹿野苑)　4권: 265

녹풍(鹿風)　4권: 82

노후(魯侯)　4권: 147

뇌박(雷雹)　2권: 197

녹각승(鹿覺僧)　6권: 158

녹금서당(綠衿誓幢)　3권: 56 / 5권: 147

녹림(綠林)　6권: 179, 181

녹미(鹿尾)　6권: 157, 158

녹봉(祿俸)　2권: 407 / 3권: 195, 333 / 6권: 160

녹봉제(祿俸制)　3권: 333

녹사(錄事)　4권: 144

녹설(鹿舌)　6권: 157

녹순(㖨淳)　3권: 391

녹주(淥州)　2권: 128

녹직전(祿職田)　3권: 375

녹차(鹿車)　6권: 158

논사(論師)　4권: 257 / 5권: 78

논어(論語)　2권: 58 / 5권: 124, 203, 238 / 6권: 167

논어주소(論語注疏)　2권: 58, 64

논장(論藏)　4권: 206 / 5권: 42, 94

논찬(論贊)　2권: 389 / 3권: 230

논형(論衡)　2권: 127, 130, 131 / 6권: 43

논호림(論虎林)　6권: 111

懦(농)(롱)　4권: 36(=憹)(龍+心)(大漢和 4권, 1224쪽)

농가타(農加陀)　4권: 137

농관(隴關)　4권: 24

농무(農務)　5권: 62

농산관(隴山關)　4권: 24

농상(農桑)　3권: 271

농서(隴西)　2권: 419 / 4권: 64, 118

농서임조(隴西臨洮)　3권: 307

농안(農安)　2권: 92, 109

농우(隴右)　2권: 90

뇌모자강(賴母子講)　3권: 335

뇌질주일(惱窒朱日)　3권: 398

뇌질청예(惱窒靑裔)　3권: 398

누각(鏤刻)　2권: 412 / 3권: 97

누각(樓閣)　2권: 339, 412 / 3권: 200 / 4권: 203 / 5권: 181 / 6권: 196

누문(樓門)　2권: 322 / 4권: 438 / 6권: 95

누산(累山)　1권: 55

누상(樓上)　4권: 256 / 5권: 111

누상택(樓上宅)　2권: 138

누선장군(樓舡將軍)　2권: 40, 41, 46, 47

누진통(漏盡通)　4권: 333

눌지(기)마립간(訥祇(祇)麻立干)　1권: 147, 169 / 2권: 277, 293, 298/ 4권: 50, 85

눌지왕(訥祇王)　1권: 161, 177, 181 / 2권: 209, 210, 266, 267, 269, 274, 276, 279, 294, 296,
　　　　302, 303, 308 / 3권: 383 / 4권: 42, 46, 50, 77, 85, 162, 165 / 5권: 44

능가산(楞伽山)　5권: 189

능단금강반약파라밀다경(能斷金剛般若波羅密多經)　4권: 366

능명(陵名)　1권: 96

능묘(陵廟)　1권: 150, 256, 258 / 2권: 359 / 3권: 367

능묘지(陵墓地)　1권: 96

능문(能文)　3권: 291

능비(陵碑)　1권: 150

능애(能哀)　3권: 263

능예남(能乂男)　3권: 276

능원(陵園)　3권: 333, 367

능인(能仁)　3권: 158 / 5권: 161

능준대사(能俊大師)　6권: 93

능현(綾峴)　3권: 352 / 4권: 161

능환(能奐)　3권: 276, 279

니구루타림(尼拘樓陀林)　4권: 331

니니기노미코토(天係瓊瓊杵尊)　3권: 337

니리(泥梨)　6권: 208

니사금(尼師今)　5권: 81 / 6권: 185

니소불(泥塑佛)　4권: 399

니여(泥黎)　6권: 208

니하(泥河)　2권: 87, 95

니하대령책(泥河大嶺柵)　2권: 95

닌도쿠기(仁德紀)　1권: 11

다

단군왕검(壇君王儉; 檀君王儉)　2권: 23, 25, 26 / 6권: 35

단목(檀木)　5권: 198

단비(斷碑)　4권: 90 / 5권: 102, 244

단삼의(但三衣)　4권: 66

단석(斷石)　5권: 148, 189

단속사(斷俗寺)　6권: 161, 166, 167

단수(檀樹)　2권: 24~30

단어(丹籥)　3권: 312

단오(端午)　3권: 27, 28, 49, 364, 372

단옥재(段玉裁)　6권: 143

단우(單于)　3권: 32

단우도호부장사(單于都護府長史)　3권: 32

단월(檀越)　4권: 399, 400, 402 / 5권: 69

단월가(檀越家)　5권: 86

단월니(檀越尼)　5권: 30

달도(怛忉)　2권: 302 / 3권: 404

달도가(怛忉歌)　2권: 304

달라산(達拏山)　6권: 153, 156

달마(達摩)　4권: 46, 60, 77 / 6권: 64

달마급다(達磨笈多)　4권: 366

달마척리(達磨隻履)　6권: 64

달솔(達率)　2권: 375, 400 / 6권: 155

달예노사나(達嚇盧舍那)　4권: 344

달예치구야(達嚇哆佉野)　4권: 344

달제가(怛提伽)　6권: 136

달함(達函)　5권: 25, 41

달홀(達忽)　2권: 282

달홀군(達忽郡)　2권: 282

달홀주(達忽州)　2권: 282 / 3권: 71

담광(曇光)　6권: 157

담내(談㮰)　5권: 133, 147

담덕(談德)　1권: 148

담란(曇鸞)　5권: 116

담마야사(曇摩耶舍)　5권: 192

담무식(曇無讖)　4권: 169 / 5권: 249

담복(薝蔔)　4권: 203, 325, 332

담복화(薝蔔花)　4권: 324

담시(曇始)　4권: 23, 47, 48, 62, 63

담엄(曇嚴)　4권: 18

담엄사(曇嚴寺)　2권: 147, 152, 156 / 4권: 43, 57

담연(湛然)　4권: 288

담연(曇延)　5권: 202

담요(曇曜)　5권: 117

담이(儋耳)　2권: 49

담천(曇遷)　5권: 202

담현(儋縣)　2권: 49

담현(曇顯)　5권: 116

당가(唐家)　2권: 343

당간지주(幢竿支柱)　2권: 325 / 4권: 56, 174 / 5권: 170, 240 / 6권: 33, 80, 97, 226

당간지주도(幢竿支柱道)　2권: 156

당경(唐經)　4권: 297 / 5권: 149

당고승전(唐高僧傳)　1권: 19 / 4권: 59, 178 / 5권: 20, 33, 48, 101, 112, 113, 122, 200 /
　　　6권: 157

당교(唐橋)　2권: 383

당국공(唐國公)　4권: 118

당기(唐紀)　2권: 399, 414 / 4권: 120

당난(唐煖)　3권: 357

당년칭원법(當年稱元法)　1권: 55, 112, 180, 224, 229 / 2권: 189, 207

당요구산붕자연출상연오십(唐遼口山崩自然出像緣五十)　4권: 156

당대종조(唐代宗朝)　5권: 148

당대천복사고사주번경대덕법장이상전(唐大薦福寺故寺主翻經大德法藏利尙傳)　5권: 171

당랑(螳螂)　3권: 306

당래불(當來佛)　4권: 275

당력(唐曆)　6권: 124

당록(唐錄)　6권: 124

당백제국금산사진표(唐百濟國金山寺眞表)　5권: 193

당사(唐史)　1권: 187 / 2권: 374, 383, 399, 408 / 3권: 131 / 4권: 411

당사(堂榭)　4권: 202, 203

당서(唐書)　1권: 49, 210, 249 / 2권: 60, 75, 97, 129~134, 140, 335, 347, 415 / 3권: 20, 31, 33, 128, 148, 179, 240, 242, 325 / 4권: 113, 114, 120, 124, 127, 402 / 5권: 40 / 6권: 157

당서석음(唐書釋音)　4권: 124

당승전(唐僧傳)　4권: 356 / 5권: 112, 134, 141, 190, 200 / 6권: 64, 154

당신라국대승통석자장전(唐新羅國大僧統釋慈藏傳)　4권: 178

당신라국의상전(唐新羅國義湘傳)　4권: 314

당신라국황룡사원효전(唐新羅國黃龍寺元曉傳)　4권: 315

당오(堂奧)　5권: 30

당우(堂宇)　4권: 219, 259, 313 / 5권: 201

당원(唐媛)　3권: 357

당육전(唐六典)　3권: 41 / 4권: 126

당전(幢典)　3권: 63, 67 / 5권: 30, 31, 48, 113, 134

당전(唐傳)　4권: 356

당제(堂弟)　1권: 172, 173, 262

당제(唐帝)　1권: 262 / 2권: 335, 343, 371, 380~393 / 4권: 189, 221, 411

당제(唐制)　2권: 62, 141, 335, 347, 371, 380, 385, 387, 391~393 / 3권: 41, 69, 204 / 4권: 411 / 5권: 109

당착(撞着)　1권: 178

당척(唐尺)　2권: 141, 231 / 3권: 112

당초제사금당(唐招提寺金堂)　4권: 300

당탑(堂塔)　5권: 250

당탑가람(堂塔伽藍)　4권: 175

당평백제비(唐平百濟碑)　2권: 398

당항성(黨項城)　2권: 394 / 4권: 120

당항진(黨項津)　2권: 413 / 3권: 37

당현수(唐賢首)　1권: 25 / 5권: 254

당회요(唐會要)　1권: 244, 256 / 2권: 75 / 4권: 129

대가(大加)　2권: 96

대가락(大駕洛)　3권: 330

대가람(大伽藍)　4권: 196, 290 / 5권: 170, 176 / 6권: 108

대가섭(大迦葉)　6권: 174

대각간(大角干)　1권: 272 / 2권: 392 / 3권: 56, 126 / 4권: 229, 232, 409 / 5권: 115, 120, 121

대각국사문집(大覺國師文集)　4권: 131~133 / 5권: 256

대각국사실록(大覺國師實錄)　5권: 227

대각선사(大覺禪師)　4권: 260

대감(大監)　3권: 148, 376 / 4권: 414 / 5권: 46, 63

대강(大康)　3권: 328, 333, 365, 377

대강(大綱)　5권: 25

대거화상(大炬和尙)　3권: 99, 159

대건(大建)　2권: 319, 325, 328, 330 / 4권: 172, 177, 272, 278

대경(大庚)　3권: 332 / 5권: 159

대경(大經) 6권: 116

대계(大計) 4권: 67

대고교(大鼓橋) 5권: 240

대곡군(大谷郡) 2권: 68

대곡성(大谷城) 2권: 68

대공(大恭) 2권: 255, 354 / 3권: 108, 109, 113, 114

대공망(大公望) 3권: 197

대광내의령겸총한림(大匡內議令兼摠翰林) 3권: 229

대교(大敎) 4권: 43, 59, 79

대구(大丘) 3권: 148, 302, 310 / 4권: 403 / 5권: 238, 239 / 6권: 173

대구(大邱) 2권: 163, 357, 390 / 3권: 94, 148, 294 / 5권: 137, 174, 239 / 6권: 25, 55, 173,
          174

대구화상(大炬和尙) 3권: 156

대국왕(大國王) 5권: 211

대국통(大國統) 4권: 178 / 5권: 103, 108, 109, 115

대군장(大君長) 2권: 96

대궁(大宮) 2권: 195

대금(大金) 4권: 144, 146 / 5권: 53, 63

대기(大器) 2권: 18

대나마(大奈麻) 4권: 92 / 5권: 58, 122, 148 / 5권: 165, 166

대내말(大乃末) 5권: 52

대당대자은사삼장법사전(大唐大慈恩寺三藏法師傳) 4권: 337

대당(大幢)부장군 2권: 392

대당서역구법고승전(大唐西域求法高僧傳) 4권: 158 / 5권: 76, 77

대당(大幢)장군 2권: 393

대당총관(大幢摠管) 2권: 392 / 6권: 24

대대감(隊大監) 5권: 146

대대로(大對盧) 4권: 127, 128

대덕(大德)　3권: 93, 98, 103, 154, 158, 253 / 4권: 173, 290, 378, 379, 400 / 5권: 99, 158,
　　191, 221, 237, 243, 245~247 / 6권: 40, 41, 136

대덕대현(大德大賢)　5권: 246, 247

대덕법해(大德法海)　5권: 245, 246

대도곡(大道曲)　3권: 156

대도관(大道觀)　5권: 201

대도구라(大都仇羅)　4권: 228

대도단묘(大道檀廟)　4권: 69

대도독계림주제군사(大都督鷄林州諸軍事)　2권: 346 / 3권: 156, 165

대도서(大道署)　3권: 97 / 5권: 121

대동(大同)　1권: 180, 185, 186

대동(大東)　4권: 271, 294 / 5권: 36

대동강(大同江)　2권: 44, 47, 52, 53, 74, 76, 297, 409

대동여지도(大東輿地圖)　2권: 167, 338, 357, 395, 396 / 3권: 33, 37, 77, 302 / 4권: 125 /
　　5권: 157

대동운중(大同雲中)　2권: 92

대동지지(大東地志)　4권: 420

대두(擡頭)　3권: 293, 295~297

대등(大等)　3권: 400 / 6권: 162

대등제(大等制)　2권: 344, 347

대량(大良)　4권: 293

대량주(大良州)　3권: 207

대력(大曆)　2권: 255, 260 / 3권: 108, 110, 113, 138, 318 / 4권: 195, 198, 297 / 5권: 212,
　　219 / 6권: 213, 215

대력신(大力神)　6권: 19

대련만(大連灣)　4권: 125

대렴(大廉)　3권: 109, 113

대룡갑사(大龍岬寺)　5권: 65

대룡부인(大龍夫人)　3권: 120

대리경(大理卿)　4권: 221

대마(大磨)　4권: 228

대마목판팔번궁장송판대장경(對馬木坂八幡宮藏宋板大藏經)　4권: 158

대명(大明)　2권: 273 / 4권: 50, 193

대명고승전(大明高僧傳)　4권: 60

대명산(大明山)　4권: 132

대목(大木, 若木)　3권: 295

대목군(大木郡)　3권: 300

대목성(大木城)　3권: 267

대목왕후보씨(大穆王后甫氏)　3권: 214

대목현(大木縣)　3권: 295

대묘(大廟)　2권: 256, 381

대무신왕(大武神王)　1권: 64, 65, 149 / 2권: 74, 76, 113

대무신왕무휼(大武神王無恤)　2권: 213

대무예(大武藝)　2권: 88

대무예왕(大武藝王)　2권: 95

대무제(大武帝)　5권: 117

대문류(大文類)　5권: 160

대반열반경(大般涅槃經)　4권: 367

대방(帶方)　1권: 125 / 2권: 25, 53, 54, 69, 79, 82, 94, 138, 278 / 4권: 152

대방광불화엄경(大方廣佛華嚴經)　4권: 297, 298, 351 / 5권: 112, 149 / 64권: 80, 144

대방광불화엄경입불사의해탈경계보현행원품(大方廣佛華嚴經入不思議解脱境界普賢
　　　行願品)　5권: 150

대방광화엄경(大方廣華嚴經)　4권: 363

대방편불보은경(大方便佛報恩經)　4권: 366

대범천(大梵天)　4권: 333

대범천왕(大梵天王)　6권: 116

대법(大法)　3권: 217

대변재공덕천(大辯才功德天)　6권: 140

대변재천(大辯才天)　6권: 140

대변정광지불공삼장화상(大弁正廣智不空三藏和上)　4권: 207

대보(大輔)　2권: 235

대보(臺輔)　5권: 111

대보(大寶)　6권: 124, 125

대보산(大寶山)　4권: 168, 169

대부(大夫)　3권: 374

대부(大府)　2권: 285 / 3권: 206, 226 / 4권: 407,411, 423

대부도사(大孚圖寺)　6권: 143

대부사(大孚寺)　5권: 112

대불(大佛)　5권: 183 / 6권: 116

대불전(大佛田)　4권: 286

대불전동(大佛田洞)　4권: 295

대비(大悲)　4권: 96, 220, 222, 227, 228, 230, 299, 300, 410

대비관음(大悲觀音)　4권: 300, 313

대비관음보살(大悲觀音菩薩)　4권: 222

대비상(大悲像)　4권: 227, 228

대비주(大悲呪)　4권: 365

대사(大祀)　2권: 170, 194, 328, 358 / 6권: 52, 56

대사(大士)　4권: 301, 315

대사(大舍)　2권: 358 / 4권: 78, 390 / 5권: 121, 122

대사마(大司馬)　2권: 206

대사문(大沙門)　5권: 191

대사승(大史丞)　2권: 419

대산관(大散關)　4권: 24

대산오만진신(臺山五萬眞身)　3권: 132 / 4권: 136, 178, 187, 339, 343, 353, 369~374, 377~

379, 428 / 5권: 107, 128 / 6권: 46, 80

대산오만진신전(臺山五萬眞身傳)   4권: 371

대산월정사오류질중(臺山月精寺五類窰衆)   4권: 179

대상(大相)   3권: 205, 338 / 4권: 337, 352 / 6권: 213

대상원황대학사한림원령평장사(大相元凰大學士翰林院令平章事)   4권: 424

대서발한(大舒發翰)   3권: 129 / 4권: 232

대서성(大書省)   4권: 82, 97 / 5권: 119 / 6권: 43

대서지각간(大西知角干)   1권: 145

대선사(大禪師)   4권: 247, 254, 260, 308

대성(大聖)   4권: 20, 45, 80, 183, 218, 219, 227, 272, 274, 290, 344, 399, 402, 407 / 6권: 78

대성(大姓)   6권: 79, 210

대성(大城)   5권: 48 / 6권: 209~214

대성군(大城郡)   2권: 195, 357

대성자(大成者)   5권: 162, 188, 195

대성효이세부모(大城孝二世父母)   3권: 57 / 5권: 48, 177, 178, 221 / 6권: 210

대세지(大勢至)   4권: 353 / 6권: 196

대세지보살(大勢至菩薩)   4권: 313, 347, 351, 371

대소(帶素)   2권: 113, 118

대소승(大小乘)   4권: 81, 82

대손(大孫)   1권: 101 / 6권: 186

대송정(大松汀)   5권: 105

대송조(大宋朝)   3권: 201

대송통공(對宋通貢)   1권: 163

대송흥국사년무인(大宋興國四年戊寅)   3권: 214

대수구보살(大隨求菩薩)   4권: 364

대숙택(大宿宅)   2권: 136

대순(大順)   1권: 274

대승(大丞)   3권: 205 / 6권: 158

대승(大乗)　3권: 354 / 4권: 168, 364, 367 / 5권: 23, 29, 45, 113, 114, 129, 159, 192, 199,
　　　　236('上乘'을 참조) / 6권: 158

대승경전(大乘經典)　4권: 64, 297 / 5권: 28, 33, 149, 196

대승계(大乘戒)　4권: 364 / 5권: 45, 107, 109, 114, 199, 205

대승기신론(大乘起信論)　5권: 37

대승론(大乘論)　5권: 102

대승보살계(大乘菩薩戒)　5권: 205 / 6권: 116, 118

대승사(大乘寺)　4권: 115, 202, 204, 205

대승율부(大乘律部)　6권: 116

대승의장(大乘義章)　5권: 116

대승의장십삼(大乘義章十三)　5권: 73

대승참(大乘懺)　5권: 191

대승참법(大乘懺法)　5권: 205

대승포살(大乘布薩)　5권: 183

대아(大雅)　5권: 124, 125

대아간(大阿干)　1권: 249, 250 / 3권: 125, 129, 275, 407 / 4권: 409, 410, 423 / 6권: 63

대아라한(大阿羅漢)　3권: 342 / 4권: 347, 371

대아식(大阿食)　5권: 169

대아찬(大阿湌)　1권: 250, 255 / 2권: 169, 260, 393 / 4권: 383, 387, 407, 410, 423

대악서승(大樂署丞)　4권: 123

대안(大安)　4권: 115, 130, 249, 264 / 5권: 125, 152, 153

대업(大業)　2권: 19, 343 / 2권: 66 / 3권: 325

대야(大耶)　3권: 325 / 5권: 142

대야성(大耶城)　2권: 308

대야주(大耶州)　3권: 207 / 5권: 142

대양(大陽)　3권: 30

대양(大梁)　3권: 311

대양왕(大陽王)　2권: 358

대양원군(大良院君)   3권: 207, 405

대양원군 욱(大良院君 郁)   3권: 405

대연(大緣)   6권: 40, 41, 44

대연삼중(大緣三重)   6권: 41

대연진(大淵津)   5권: 212

대연화(大蓮花)   5권: 183

대열반경(大涅槃經)   4권: 168

대오라니(大烏羅尼)   4권: 228

대왕암(大王嵓)   3권: 43

대왕포(大王浦)   3권: 237

대왕흥륜사(大王興輪寺)   4권: 83

대운사(大雲寺)   5권: 174

대원(大元)   1권: 209/ 4권: 23, 32, 35, 63, 115

대원(大原)   4권: 115

대원사(大原寺)   4권: 115

대위(大尉)   3권: 196

대위(大爲)   4권: 124

대위덕왕(大威德王)   6권: 196

대유(大儒)   4권: 437 / 5권: 191, 203

대윤(大尹)   3권: 379

대율사(大律師)   5권: 77

대의(大儀)   2권: 47

대일경(大日經)   6권: 33

대일본속장경(大日本續藏經)   1권: 22

대일여래(大日如來)   4권: 354

대일역법(大一曆法)   4권: 144

대자(大慈)   4권: 220

대자재왕(大自在王)   6권: 196

대작갑(大鵲岬)　5권: 53, 65

대장군계여하(大將軍契如何)　3권: 21

대장보(大藏寶)　2권: 262

대적천원(大磧川源)　6권: 84

대전(臺殿)　2권: 395 / 4권: 203

대절(大節)　3권: 197

대정(大定)　4권: 219, 224, 248, 262, 324, 330 / 5권: 63, 121

대정관(大政官)　3권: 149

대정리(大井里)　5권: 209

대정신수대장본(大正新修大藏本)　4권: 298

대조대왕(大祖大王)　1권: 76

대조왕(大祖王)　1권: 76

대족(大足)　1권: 233

대종(代宗)　3권: 108, 110 / 4권: 198, 203, 204, 207, 296, 297 / 5권: 148 / 6권: 215

대종(戴宗)　3권: 226

대주(大主)　3권: 263

대주류왕(大朱留王)　1권: 65, 149

대중(大中)　4권: 220, 243, 247, 254, 261, 307, 317

대중대부(大中大夫)　3권: 382

대중상부(大中祥符)　4권: 99

대지도론(大智度論)　6권: 81, 87

대진천왕(大秦天王)　4권: 23

대창(大昌)　1권: 198 / 2권: 313 / 3권: 394

대척(大尺)　5권: 146

대천방(大泉坊)　3권: 225

대천복사(大薦福寺)　5권: 171

대청(大淸)　5권: 36

대택(大澤)　2권: 18, 137

대택(隊宅)   2권: 137

대택(大宅)   4권: 197, 415

대통(大通)   4권: 84, 101 / 5권: 34

대통(大統)   4권: 82, 229 / 5권: 103, 116, 117

대통사(大通寺)   4권: 84

대파라문주(大婆羅門主)   3권: 72

대판(大坂)   3권: 158

대포살(大布薩)   5권: 183

대품경(大品經)   6권: 100

대품반야(大品般若)   6권: 103

대하(大夏)   4권: 65, 335

대학감(大學監)   3권: 97

대해송류왕(大解宋留王)   1권: 65

대해원(大海原)   5권: 34

대향화국(大香華國)   4권: 172

대현(大玄)   4권: 229, 230 / 5권: 243~247 / 6권: 179, 180, 215

대현(大賢)   3권: 123, 133 / 5권: 138, 243~247 / 6권: 179, 180, 215

대현(代縣)   2권: 47

대현(大峴)   6권: 179, 180

대현령(大峴嶺)   6권: 178~180

대현법사(大賢法師)   3권: 133 / 5권: 245 / 6권: 215

대혜광(大慧光)   4권: 394

대호(大虎)   1권: 65

대화(大和)   1권: 218

대화강(大和江)   6권: 138, 142

대화루(大和樓)   6권: 142

대화불(大化佛)   4권: 325

대화지(大和池)   6권: 142

대황동경(大荒東經)　3권: 341

대회현(臺懷縣)　4권: 355

대흥군(大興郡)　3권: 273

대흥사(大興寺)　1권: 285 / 5권: 191

대흥선사(大興善寺)　5권: 201

대흥성(大興城)　5권: 201

덕경(德經)　3권: 98

덕기방(德耆坊)　4권: 307

덕령감무(德寧監務)　4권: 316

덕만(德曼)　1권: 216 / 2권: 332, 335 / 6권: 18

덕물(德物)　2권: 400

덕물도(德物島)　2권: 374, 391, 400

덕산현(德山縣)　3권: 309 / 6권: 155

덕솔(德率)　6권: 155

덕수현(德水縣)　3권: 39

덕술(德述)　3권: 278

덕안(德安)　2권: 378, 404, 406 / 3권: 236, 244

덕요산(德遙山)　3권: 24

덕원읍(德源邑)　3권: 45

덕장(德藏)　6권: 196

덕적군도(德積群島)　2권: 400

덕적도(德積島)　2권: 400

덕종(德宗)　2권: 92 / 3권: 129 / 4권: 192, 223, 405 / 5권: 229 / 6권: 117

덕행(德行)　2권: 343 / 3권: 196 / 4권: 81~83, 272, 288, 359 / 5권: 25, 59 / 6권: 18, 78, 192

덕행용훈(德行庸勳)　3권: 229

데라우치 마사타케(寺內正毅)　6권: 214

데쓰겐(鐵眼)　1권: 12

덴리대(天理大)　1권: 11

덴표(天平)   3권: 91

덴표쇼호(天平勝寶)   5권: 126

도경(道鏡)   5권: 195

도관(都官)   3권: 221

도관(道館)   4권: 114

도관(道觀)   4권: 129, 258

도구(都仇)   4권: 228

도금(刀金)   3권: 263

도기야(都祈野)   2권: 249

도나산촌(都那山村)   5권: 209

도녕(道寧)   4권: 45, 46, 59

도노아(都怒我)   3권: 355

도다이본(東大本)   1권: 22 / 2권: 304 / 3권: 131, 299 / 4권: 96

도다이지(東大寺)   6권: 116

도당씨(陶唐氏)   3권: 357

도당씨요제(陶唐氏堯帝)   3권: 340

도당제(都堂祭)   3권: 377

도덕경(道德經)   3권: 94 / 4권: 112

도독(都督)   1권: 255, 265 / 2권: 378, 403, 406, 407 / 3권: 71, 139, 316, 379

도독군주사(都督軍州事)   2권: 406

도독부(都督府)   2권: 79, 378, 399, 406, 407 / 3권: 236, 239

도독제주군사(都督諸州軍事)   2권: 407

도독중외제군사(都督中外諸軍事)   2권: 406

도독행전주자사(都督行全州刺史)   3권: 266

도동(道同)   3권: 202, 292

도두(都頭)   3권: 269, 302

도두촌(渡頭村)   3권: 352

도래(渡來)   2권: 153, 178, 235

도련포(都連浦)　2권: 91

도령(都令)　3권: 220

도령(道寧)　3권: 387 / 4권: 272 / 6권: 115

도록(圖籙)　2권: 18, 19

도리기(道里記)　2권: 47, 92, 400

도리천(忉利天)　2권: 333 / 3권: 59, 404, 406 / 4권: 213, 227, 250, 298, 350, 364 / 5권:
　　　　108, 112 / 6권: 31

도림사(道林寺)　3권: 155, 158

도명존자(道明尊者)　6권: 103

도무제(道武帝)　4권: 65, 67

도문회(都文會)　6권: 22

도법(道法)　5권: 21

도북(道北)　2권: 148

도비천성(刀比川城)　2권: 395

도사(都事)　3권: 229

도사(道士)　4권: 112, 114, 118, 120, 121 / 5권: 88, 116

도사(導師)　4권: 67~69

도사다(覩史多)　5권: 217

도산(塗山)　3권: 352, 356

도산사(都山寺)　5권: 221

도살(道薩)　2권: 310

도살(屠殺)　5권: 116

도살성(道薩城)　2권: 316

도생(道生)　4권: 130

도선(道宣)　4권: 153, 154, 157, 257, 344, 356 / 5권: 20, 32, 107, 109, 113, 116

도선사(道仙寺)　4권: 400, 404

도설왕(道設王)　3권: 398

도성(都城)　2권: 120, 140, 378, 396, 409 / 3권: 155, 201, 321, 354, 355 / 4권: 89 / 5권: 201

／6권: 108

도성(都省)　3권: 218, 220, 229

도성(道成)　6권: 169~176

도성령(都省令)　3권: 218

도세(道世)　2권: 130

도솔가(兜率歌)　2권: 217, 218 / 6권: 91, 94

도솔상생(兜率往生)　5권: 219

도솔천(兜率天)　2권: 217 / 4권: 107, 275 / 5권: 211, 212, 217~219, 236 / 6권: 91, 93, 94, 96

도솔천중(兜率天衆)　5권: 211

도승(度僧)　4권: 34 / 5권: 118

도시샤(同志社)　1권: 7

도신(道身)　5권: 177

도안(道安)　4권: 23, 46, 60, 334

도영전(道榮傳)　4권: 336

도옥(道玉)　6권: 192

도온(道溫)　5권: 118

도위(都尉)　2권: 46, 47, 50, 53 / 4권: 64 / 5권: 39

도위승니(度爲僧尼)　1권: 180

도유나(都維那)　5권: 59, 117, 118

도유내(都維乃)　5권: 103

도융(道融)　3권: 158 / 5권: 161

도음방동(道音方洞)　2권: 164

도의(道義)　4권: 118

도작제일(道綽第一)　5권: 195

도장사(道場寺)　5권: 181, 221

도적(圖籍)　1권: 255, 272 / 2권: 189, 216 / 3권: 34, 104, 172, 265, 280, 306 / 4권: 25, 246, 319 / 5권: 54, 199, 238 / 6권: 178~181, 221

도전장(都田帳)   3권: 382 / 5권: 53, 60

도전장전(都田帳傳)   5권: 53

도제(徒弟)   2권: 141

도종(道宗)   3권: 328 / 4권: 263, 264, 413

도중사(道中寺)   4권: 208

도증(道證)   5권: 247

도차(途次)   2권: 32

도참(圖讖)   2권: 29 / 4권: 244

도참가(圖讖家)   4권: 147

도참서(圖讖書)   4권: 128

도첨의령(都僉議令)   3권: 219

도침(道琛)   2권: 408

도탄(塗炭)   3권: 194, 268

도평의사사(都評議使司)   3권: 219

도품혜정(道品兮停)   2권: 195

도학자류(道學者流)   3권: 224

도행장(導行帳)   3권: 382

도호부(都護府)   2권: 89 / 3권: 334, 366, 380, 381

도홍경(陶弘景)   4권: 118

도화(桃花)   2권: 320

도화(道化)   5권: 23

도화녀(桃花女)   1권: 200 / 2권: 319~321 / 6권: 24

독각승(獨覺乘)   6권: 158

독고경운(獨孤卿雲)   3권: 35

독령(督令)   5권: 62

독로강(禿魯江)   2권: 52

독사방여기요(讀史方輿紀要)   4권: 315

독생독사독거독래(獨生獨死獨去獨来)   1권: 13

독성(獨聖)   6권: 103

돈대봉(敦待封)   3권: 35

돈시(敦詩)   2권: 91

돈화(敦化)   2권: 90

돈황(敦煌)   3권: 227

돌길라(突吉羅)   5권: 129

돌라각(突羅閣)   6권: 36

돌백사(堗白寺)   6권: 40, 41, 45

돌산고허장소벌도리(突山高墟長蘇伐都利)   2권: 186

돌산고허촌(突山高墟村)   2권: 162, 194

돌석(堗石)   3권: 237, 245

돌지계부(突地稽部)   3권: 35

돌처랑(突處郞)   6권: 121

동가강(佟佳江)   2권: 51, 128

동가강반(佟家江畔)   2권: 52

동경(同卿)   3권: 219

동경(東經)   3권: 341

동경(東京)   2권: 65, 88 / 3권: 227, 341, 379, 409 / 4권: 134~136, 193, 206, 253, 317, 399, 404 / 5권: 25, 41, 62

동경고위산천룡사(東京高位山天龍寺)   4권: 136

동경도록주(東京道淥州)   2권: 128

동경명기월(東京明期月)   2권: 85

동경안일호장정효(東京安逸戶長貞孝)   4권: 136

동경용원부(東京龍原府)   2권: 92

동경유수관(東京留守官)   3권: 292

동경유수관경주(東京留守官慶州)   3권: 381

동경유수관경주조(東京留守官慶州條)   4권: 134

동경잡기(東京雜記)   1권: 21 / 2권: 157~166, 184, 259, 330, 338, 358 / 3권: 127, 132 /

4권: 196, 220, 401, 408 / 5권: 151 / 6권: 45, 87

동경장서기(東京掌書記)　5권: 53

동경장서기이선(東京掌書記李僐)　4권: 136

동경중생사(東京衆生寺)　4권: 136

동경흥륜사금당십성(東京興輪寺金堂十聖)　3권: 98 / 4권: 401, 441 / 5권: 177 / 6권: 64,
90, 177, 180 / 6권: 64

동계(東界)　5권: 62

동공이곡(同工異曲)　3권: 157

동관(冬官)　3권: 356

동관아관(東官衙官)　3권: 97

동관한기(東觀漢記)　2권: 71

동광(同光)　3권: 184 / 4권: 254

동광주(東廣州)　5권: 165

동국(東國)　4권: 265

동국이상국집(東國李相國集)　2권: 184

동국통감(東國通鑑)　1권: 211 / 2권: 31

동기(同氣)　5권: 164

동기정(東畿停)　2권: 195

동남도지휘사(東南道指揮使)　4권: 253

동남동녀(童男童女)　6권: 73

동내사(同內史)　4권: 399, 402

동단국(東丹國)　2권: 89

동대본(東大本)　1권: 180, 200, 222, 237, 238 / 3권: 45 / 6권: 65

동도(東屠)　2권: 58

동도(東都)　2권: 65, 398 / 4권: 398, 401 / 5권: 166 / 6권: 101~104, 163

동도성립기(東都成立記)　2권: 65 / 4권: 186

동래(東萊)　4권: 420, 421 / 5권: 48

동래군(東萊郡)　5권: 48 / 6권: 35

동래현(東萊縣)　4권: 419, 420

동량(棟梁)　4권: 330

동례전(同禮殿)　3권: 164

동루(東樓)　3권: 108

동류(東流)　3권: 98

동륜(銅輪)　2권: 313, 330, 388 / 3권: 283

동륜대자(東輪大子)　1권: 201 / 2권: 325

동륜왕(銅輪王)　5권: 200

동리(修利)　2권: 80

동리(僮吏)　4권: 68

동림사(東林寺)　4권: 334, 367

동림사반야대무량수불상(東林寺般若臺無量壽佛像)　4권: 367

동명(東明)　2권: 111, 131, 135, 378, 399 / 3권: 236 / 4권: 131, 151

동명기(東明記)　2권: 86

동명성제(東明聖帝)　2권: 116 / 4권: 151

동명왕(東明王)　1권: 230 / 2권: 133 / 3권: 236 / 4권: 154, 158

동명왕편(東明王篇)　2권: 31, 117 / 3권: 343 / 4권: 132

동명주(東明州)　2권: 400, 405, 406

동모산(東牟山)　2권: 90

동문사(同文寺)　5권: 117

동반제일대식국(東畔第一大食國)　5권: 126

동방(東方)　2권: 26, 27, 42, 53, 58, 133, 231, 395 / 3권: 274, 312 / 4권: 24, 54, 265, 328, 334 / 5권: 203 / 6권: 155

동방동(東方洞)　2권: 164

동방령물부(東方領物部)　2권: 315

동부대인(東部大人)　4권: 127

동부도위(東部都尉)　2권: 46, 50, 51, 53, 68 / 5권: 39

동부도위부(東部都尉府)　2권: 67, 69

동부여(東夫餘)　2권: 109, 111~114, 117, 124

동부예(同府穢)　3권: 97

동산(東山)　2권: 159

동성불혼(同姓不婚)　1권: 279 / 2권: 185 / 3권: 179

동성왕(東城王)　1권: 170~172, 187

동수(桐藪)　3권: 310

동시(東市)　2권: 307

동신성모(東神聖母)　6권: 53, 57

동악(東岳)　1권: 71 / 6권: 55, 135

동악대왕(東岳大王)　1권: 71

동안(東安)　2권: 286 / 3권: 239

동야택(東野宅)　2권: 143, 144

동양(東襄)　1권: 95

동여진(東女眞)　2권: 94, 95

동역전정목록(東域傳灯目錄)　6권: 139

동예(東濊)　4권: 231

동옥저(東沃沮)　2권: 87, 96

동원(東垣)　3권: 90

동원경(東原京)　2권: 65 / 3권: 379 / 4권: 135, 136

동원소경(東原小京)　4권: 136

동위(東魏)　4권: 88 / 5권: 115, 117

동위척(東魏尺)　2권: 141, 231

동유기(東遊記)　3권: 99

동음이훈자(同音訓異字)　2권: 180

동의보감(東醫寶鑑)　4권: 415

동이(東眺)　2권: 63

동이(東夷)　2권: 56, 57

동이야만(東夷野蠻)　4권: 187

동이예군(東夷薉君)　2권: 48

동이현(東暆縣)　2권: 50 / 5권: 39

동잠(桐岑)　2권: 162

동조약사여래상(銅造藥師如來像)　4권: 229

동주(東州)　3권: 289 403

동중대통(同中大通)　1권: 184

동중서문하삼품(同中書門下三品)　4권: 403

동중서문하평장사(同中書門下平章事)　2권: 86

동지(東池)　3권: 133

동지야(桐旨野)　4권: 419

동진(東晉)　1권: 151 / 2권: 288, 296

동진현(東津縣)　3권: 293

동천(東川)　1권: 95, 238 / 2권: 182, 192, 238 / 3권: 335

동천(東泉)　2권: 176, 238

동천사(東泉寺)　2권: 150 / 3권: 122, 131

동천왕(東川王)　1권: 104, 113, 116, 162

동촌(東村)　1권: 161

동축사(東竺寺)　4권: 172, 173

동충(董衝)　4권: 124

동탁(董卓)　3권: 307, 308 / 4권: 25

동파(東坡)　2권: 97

동평군(東平郡)　5권: 30, 48

동평릉현(東平陵縣)　2권: 47

동하삼보감통록(東夏三寶感通錄)　4권: 153

동학(童學)　4권: 32 / 5권: 163

동해통(東海通)　2권: 358 / 3권: 114

동호(東胡)　2권: 124 / 4권: 334

동호노왕(東胡盧王)　2권: 44

다

동화사(桐華寺)　3권: 310

동황성(東黃城)　1권: 162

두건(頭巾)(幞頭)　3권: 119, 120, 127, 155, 158

두계량(杜季良)　5권: 204

두고(竇固)　4권: 91

두내산현(豆乃山縣)　5권: 187, 194

두량미정(豆良弥停)　2권: 195

두루(豆婁)　3권: 39

두모연(頭毛淵)　2권: 192

두발(頭髮)　2권: 155

두서면(斗西面)　2권: 161, 162, 191, 192, 194

두솔천(兜率天)　3권: 253

두순(杜順)　4권: 265, 343 / 5권: 166

두악(頭嶽)　2권: 30

두양잡편(杜陽雜編)　4권: 207

두양잡편서(杜陽雜編序)　4권: 207

두우(杜佑)　2권: 25, 71

두타(頭陀)　4권: 47, 66, 358, 377

두타(頭陁)　4권: 66

두타신의(頭陀信義)　4권: 316, 358, 359, 377

두파(兜婆)　4권: 337

두품제도(頭品制度)　1권: 221

두피(肚皮)　6권: 175

둔유(屯有)　2권: 49

득물(得物)　2권: 400

득물도(得物島)　2권: 400

득안성(得安城)　2권: 403

득예왕인(得濊王印)　2권: 213

라

마

마가마야(磨訶摩耶)　4권: 333

마가반야바라밀경(摩訶般若波羅蜜經)　6권: 103

마가파도파제부인(摩訶波闍波提夫人)　4권: 331

마나사(摩那斯)　4권: 328, 329

마나세 쇼린(曲直瀨正淋)　1권: 21

마납가사(摩衲袈裟)　4권: 228

마니륜왕(摩尼輪王)　5권: 200

마니보주(磨尼寶珠)　5권: 158, 166

마니주(摩尼珠)　5권: 166

마도령(馬道嶺)　2권: 395

마돈(馬敦)　5권: 204

마득아간(馬得阿干)　2권: 371

마등(摩騰)　6권: 143

마등오(麻等烏)　2권: 148, 162 / 4권: 401

마등오(馬等烏)　2권: 162 / 4권: 401

마등오촌(馬等烏村)　4권: 398, 401

마라난타(摩羅難陁)　4권: 32, 33, 48, 70

마려(馬黎)　3권: 235

마령(馬嶺)　4권: 115

마리(摩離)　2권: 127

마리(麻利)　2권: 275

마리성(馬利城)　3권: 273

마리현(馬利縣)　3권: 309

마립간(麻立干)　1권: 177 / 2권: 203, 210, 314

마립간자사(麻立干者四)   1권: 178

마별초(馬別抄)   4권: 319

마성(馬城)   3권: 323

마수간(麻袖干)   2권: 209

마쓰마에 다케시(松前健)   1권: 11

마애불(磨崖佛)   5권: 240 / 6권: 54

마야부인(摩耶夫人)   1권: 201, 216 / 4권: 291, 298 / 5권: 217

마엄(馬嚴)   5권: 204

마에마 교사쿠(前間恭作)   2권: 204 / 3권: 74 / 5권: 62

마왕(摩王)   1권: 177

마운령비(磨雲嶺婢)   1권: 198 / 2권: 313

마원(馬援)   5권: 203, 204

마읍산(馬邑山)   2권: 57, 61, 62, 379

마읍성(馬邑城)   2권: 61, 62

마읍현(馬邑縣)   2권: 61, 62

마이쓰루(舞鶴)   1권: 10

마전(麻田)   3권: 375

마제(麻帝)   1권: 172

마제국(磨帝國)   1권: 82

마진(摩震)   1권: 283 / 3권: 178, 281, 289

마질차(摩叱次)   3권: 125

마파제(摩波提)   3권: 72

마품(麻品)   1권: 127 / 3권: 386, 387

마품왕(麻品王)   1권: 115

마하연(摩訶衍)   5권: 114, 221

마한(馬韓)   1권: 291 / 2권: 56~62, 378, 403 / 3권: 47, 236, 244, 313 / 4권: 182 / 5권: 20

마후라가(摩睺羅迦)   4권: 305 / 5권: 72

막가무(莫哥武)   2권: 315

막기위사기(莫奇委沙奇)　2권: 315

막래(莫來)　1권: 75

막리지(莫離支)　4권: 114, 120, 127, 128

막부(幕府)　4권: 260

막야정(莫耶停)　2권: 195

막하하라지(莫何何羅支)　4권: 128

만경(萬頃)　5권: 187, 195

만경현(萬頃縣)　5권: 187, 194, 216

만교(萬敎)　5권: 101

만녕부인(萬寧夫人)　1권: 201

만노군(萬弩郡)　3권: 374

만다라(曼茶羅)　5권: 198

만등(萬燈)　4권: 347

만만파파식(萬萬波波息)　3권: 55 / 4권: 233

만명(萬明)　3권: 374

만법유일(萬法唯一)　5권: 138

만분계(滿分戒)　6권: 141

만분지계(滿分之戒)　6권: 140

만불산(萬佛山)　4권: 202~204, 207, 442

만선북리(萬善北里)　5권: 180

만선총서(滿鮮叢書)　1권: 24

만송문고본(晚松文庫本)　2권: 23, 115, 145, 146, 201, 264~266, 327, 361, 365 / 3권: 16,
　　　19, 20, 188, 189, 248 / 4권: 40, 106, 160, 170, 171, 182, 304, 305, 339~343, 369, 378,
　　　406 / 5권: 16, 18, 64, 132, 233 / 6권: 99, 106, 131, 146, 169, 203, 209

만수대성(曼殊大聖)　5권: 101

만수시리(滿殊尸利)　5권: 196

만수실리(曼殊室利)　4권: 355 / 6권: 150

만식(滿飾)　2권: 58, 64

만어산(萬魚山)　4권: 323, 328, 329

만월부인(滿月夫人)　1권: 239 / 3권: 80, 103, 105, 106 / 4권: 197

만월산(滿月山)　4권: 347, 353

만월성(滿月城)　4권: 114 / 5권: 43

만월정(滿月町)　4권: 28

만이(蠻夷)　2권: 44

만일미타도량(萬日彌陀道場)　6권: 170

만재산(萬才山)　4권: 258

만주원류고(滿洲源流考)　2권: 126 / 3권: 400

만파식적(萬波息笛)　1권: 224 / 2권: 250, 418 / 3권: 52, 55, 86, 121, 129~131, 166, 402, 406 / 4권: 136, 230, 231, 233, 260, 315, 318, 419, 420 / 6권: 166, 213

만해국기(滿海國記)　2권: 88

만헌(曼憲)　1권: 271

만호(萬呼)　1권: 201

만호후(萬戶侯)　4권: 117

말갈(靺鞨)　2권: 58, 65, 75~77, 85~87, 89, 90, 384, 416, 417 / 3권: 31, 56, 92, 182, 246 / 4권: 184, 186, 188, 231 / 6권: 55

말갈족(靺鞨族)　2권: 77, 87, 89 / 4권: 231

말다왕(末多王)　1권: 172

말방리(末方里)　3권: 134

말살(抹殺)　1권: 50

말시랑(末尸郞)　3권: 157

말제(末帝)　1권: 282 / 3권: 284, 288, 306, 314 / 5권: 66

망고(亡考)　4권: 394, 395

망덕루(望德樓)　3권: 125

망덕사(望德寺)　1권: 232 / 2권: 273 / 3권: 24, 41, 42. 57, 59

망덕사지(望德寺址)　5권: 164 / 6권: 83, 86, 87, 100~102

망덕산(望德山)　3권: 45

망산도(望山島)　　3권: 348, 366

망신참(亡身懺)　　5권: 188

망은루(望恩樓)　　3권: 125

망일(望日)　　5권: 199

망해사(望海寺)　　1권: 270 / 2권: 144 / 3권: 59, 161, 163, 168, 301 / 4권: 135, 136, 279 /
　　　　5권: 253 / 6권: 55, 138, 225

매금(寐錦)　　2권: 208, 295

매부(妹夫)　　1권: 72

매아(埋兒)　　6권: 221

매잠산(梅岑山)　　4권: 314

맥경(脈經)　　3권: 42, 67

맥국(貊國)　　2권: 57, 58, 219

맥부(麥夫)　　1권: 182

맥수가(麥秀歌)　　2권: 32

맥족(貊族)　　2권: 64

맥종(麥宗)　　1권: 182

맹광(孟光)　　6권: 112, 117, 118

맹획(孟獲)　　3권: 217

면류관(冕旒冠)　　3권: 120, 127 / 4권: 82

면지촌(面知村)　　5권: 53

멸망일로(滅亡一路)　　1권: 271

멸죄제거(滅罪除去)　　5권: 201

명경(明經)　　2권: 92 / 4권: 326

명관(明觀)　　4권: 81, 247

명관전(明觀傳)　　4권: 261

명기(銘記)　　1권: 101, 121, 241 / 2권: 313, 383 / 3권: 126, 206, 247 / 4권: 21, 200, 385 /
　　　　5권: 58

명길(明吉)　　3권: 278

명남택(橁南宅)   2권: 138

명년을해(明年乙亥)   4권: 26

명농(明穠)   1권: 188

명단(溟檀)   4권: 42

명당경(明堂經)   3권: 42, 67

명덕(冥德)   3권: 377

명덕(明德)   4권: 116

명덕대왕(明德大王)   1권: 249 / 3권: 129, 134 / 4권: 407

명랑(明朗)   3권: 22, 23, 39, 158 / 5권: 89, 94, 158, 170 / 6권: 31

명랑신인(明朗神印)   3권: 37~39 / 4권: 415 / 5권: 94, 170 / 6권: 36

명리호(明理好)   1권: 169

명림답부(明臨答夫)   1권: 93

명부전(冥府殿)   6권: 103

명상(命相)   3권: 340

명상(名相)   5권: 168

명상(瞑想)   5권: 247

명상기(冥祥記)   4권: 61, 91

명선(明善)   5권: 21

명왕(明王)   1권: 195 / 2권: 315

명원(命元)   1권: 121 / 4권: 93 / 6권: 186

명원제(明元帝)   4권: 67

명제(明帝)   1권: 70 / 2권: 242, 243 / 3권: 32 / 4권: 54, 91, 92, 281 / 5권: 40 / 6권: 143

명종(明宗)   2권: 104, 105 / 3권: 201, 291, 292, 304, 313 / 4권: 87, 217, 219, 222, 262(李嗣源), 324, 328, 330 / 5권: 151, 215, 222 / 6권: 45

명주(溟州)   2권: 63 / 3권: 70 / 4권: 272, 309, 316, 344, 346, 379

명주(明州)   2권: 57, 63 / 3권: 83, 120 / 4권: 231, 272, 316 / 5권: 206

명주녀(明珠女)   6권: 41

명주도(溟洲道)   4권: 308

명주오대산보질도태자전기(溟洲五臺山寶叱徒太子傳記)   4권: 340, 341. 343, 353, 360,
        362, 364, 367, 369, 442 / 6권: 143

명토육도(冥土六道)   6권: 64

명해(明海)   1권: 265

명해(冥海)   5권: 34

명혜(明惠)   5권: 138

명활산(明活山)   2권: 149, 168, 170, 389 / 5권: 43 / 6권: 24

명활산 고야촌(明佸(活)山高耶村)   2권: 166, 193

명활성(明活城)   1권: 160, 161 / 2권: 167 / 5권: 28, 44

명황(明皇)   2권: 85

모각(模刻)   3권: 164

모계(母系)   1권: 280 / 3권: 126, 179 / 4권: 65 / 5권: 110

모니점(牟尼岾)   4권: 349

모대(牟大)   1권: 172, 173

모도(牟都)   1권: 170, 173

모돈(冒頓)   4권: 335

모두(冒頭)   4권: 59

모란(牧丹)   2권: 332

모랑댁(毛郞宅)   4권: 48, 49

모량(慕良)   3권: 349

모량(牟梁)   2권: 163 / 6권: 116, 213

모량(毛良)   2권: 163, 357 / 6권: 116

모량리(牟梁里)   2권: 163

모량리(毛良里)   2권: 163, 164 / 3권: 64, 65 / 4권: 83 / 6권: 210, 211, 220

모량부(牟梁部)   2권: 137, 148, 163, 193, 195, 306, 309 / 3권: 63, 109, 114

모량서ㅁ(牟梁西 ㅁ)   1권: 272

모량천(牟梁川)   2권: 163, 192, 193

모량촌(牟梁村)   2권: 164

모례(毛禮)　2권: 303 / 4권: 42, 51

모로하시(諸橋)　3권: 216

모로하시 데쓰지(諸橋徹次)　5권: 150, 167 / 6권: 103, 207

모록(毛祿)　4권: 42, 45, 51, 58, 100

모리미키 사부로(森三樹三郎)　2권: 323

모리야마시(守山市)　1권: 10

모만불예(侮慢不禮)　1권: 274

모모타로(桃太郎)　3권: 338

모반주복(謀叛誅伏)　1권: 229

모벌군성(毛伐郡城)　1권: 229

모병제(募兵制)　4권: 319

모본(慕本)　1권: 75

모비리(某卑離)　2권: 186

모산주(兒山州)　3권: 288 / 5권: 142

모상(猊床)　4권: 222

모악(母岳)　6권: 31

모악산(母岳山)　3권: 317 / 5권: 195

모용(慕容)　2권: 291 / 5권: 39

모용덕(慕容德)　2권: 124

모용수(慕容垂)　4권: 152

모용씨(慕容氏)　1권: 132 / 2권: 80

모용충(慕容冲)　4권: 23, 24

모의(芼矣)　2권: 42, 315 / 3권: 145, 279

모의천(芼矣川)　5권: 88, 93

모인(毛人)　2권: 194 / 4권: 36(毛人國)

모자(牟子)　4권: 91

모정(慕貞)　3권: 349, 386

모정부인(慕貞夫人)　1권: 115

모주(謀主)　4권: 66

모죽지랑가(慕竹旨郎歌)　3권: 73

모지사(毛只寺)　2권: 260, 353, 359

모지정(毛只停)　2권: 195

모진(募秦)　1권: 179 / 2권: 314 / 4권: 100

모천(牟川)　5권: 148

모혜(芼惠)　5권: 93

모혜현(芼兮縣)　5권: 92, 93

모화(慕華)　2권: 178

모화(毛火)　3권: 91

모화군(毛火郡)　3권: 89

모화리(毛火里)　2권: 164 / 3권: 90 / 6권: 40

모화촌(毛火村)　3권: 90

모후(母后)　2권: 312, 313 / 3권: 349

목관(木官)　3권: 383

목련리(木連理)　3권: 112

목멱(木覓)　2권: 28

목압침(木鴨枕)　5권: 106

목은집(牧隱集)　3권: 404

목제(穆帝)　3권: 390

목조(木彫)　4권: 337, 363

목종(穆宗)　3권: 381 / 4권: 191, 261

목천자전(穆天子傳)　5권: 203

몽골사막(蒙古沙漠)　2권: 83

몽구(蒙求)　6권: 222

묘각(妙覺)　5권: 151

묘각사(妙覺寺)　4권: 250

묘계(妙戒)　5권: 189, 236

묘고산(妙高山)   5권: 250

묘길상(妙吉祥)   4권: 356 / 5권: 196 / 6권: 150

묘덕(妙德)   4권: 356 / 5권: 196 / 6권: 150

묘덕암(妙德菴)   5권: 221

묘락(妙樂)   6권: 150

묘범(妙梵)   3권: 72

묘범산(妙梵山)   4권: 378

묘법(妙法)   4권: 58, 83 / 5권: 160

묘법연화경(妙法蓮華經)   4권: 337, 351, 366 / 6권: 148, 154

묘봉(妙峰)   4권: 419

묘봉암(妙峰菴)   5권: 221

묘사(妙寺)   1권: 285 / 3권: 166

묘에쇼닌(明惠上人)   5권: 163

묘예(苗裔)   2권: 133

묘원(妙願)   4권: 82

묘음(妙音)   4권: 355

묘음인(妙音人)   6권: 140

묘의(妙義)   4권: 169

묘정(妙正)   3권: 123, 133

묘족(妙足)   5권: 217

묘청(妙淸)   4권: 124

묘향산(妙香山)   2권: 24, 30

묘현(畝峴)   5권: 53

묘호(廟號)   2권: 387, 390, 418, 419 / 3권: 333, 335 / 4권: 66, 404 / 5권: 35, 148

명효대왕(明孝大王)   4권: 192

무강(武康)   1권: 213 / 3권: 249, 252

무강록부(武康祿父)   5권: 123

무격(巫覡)   2권: 185, 206, 229 / 5권: 151

무공(懋功)　2권: 415

무관(武關)　2권: 284 / 3권: 220

무관랑(武官郎)　3권: 68

무극(無極)　1권: 17, 18 / 4권: 250, 265, 267, 268 / 5권: 214, 223

무극기(無極記)　1권: 18 / 5권: 223

무극혼구(無極混丘)　1권: 18 / 5권: 223

무극혼구법사(無極混丘法師)　4권: 267

무기(無忌)　2권: 418

무기고(武器庫)　3권: 331

무기교위(戊己校尉)　4권: 91

무녕군(武寧軍)　3권: 148

무녕왕(武寧王)　1권: 173

무덕(武德)　1권: 209 / 2권: 65, 415 / 3권: 35, 395, 396 / 4권: 112, 117, 249, 257, 266, 337 /
　　　　5권: 118, 162

무도(武韜)　3권: 217, 388

무도(茂刀)　3권: 395

무독귀왕(無毒鬼王)　6권: 103

무득(茂得)　2권: 354 / 3권: 395

무득각간(茂得角干)　2권: 354 / 3권: 388

무등곡(無等谷)　4권: 287

무라카미 요시오(村上四男)　1권: 7 / 3권: 373 / 4권: 34, 441 / 6권: 23, 155

무량(無量)　3권: 342 / 4권: 143 / 5권: 241

무량광(無量光)　6권: 195

무량세(無量藏)　4권: 144

무량수(無量壽)　4권: 290 / 6권: 71, 74, 195

무량수경(無量壽經)　4권: 326 / 6권: 72, 74

무량수경술선기(無量壽經述善記)　5권: 177

무량수불(無量壽佛)　4권: 298, 351 / 6권: 73

무량수여래(無量壽如來)   4권: 347, 351, 353, 371

무량의경(無量義經)   6권: 149

무력(武力)   2권: 354 / 3권: 373, 394, 395

무릉(无陵)   2권: 309

무릉도(无陵島)   2권: 306

무릉서(武陵書)   2권: 49, 50

무릉왕국(武陵王國)   4권: 216

무릉왕기열전(武陵王紀列傳)   4권: 221

무림(茂林)   2권: 346 / 5권: 110

무번천(無煩天)   4권: 364

무변신(無邊身)   6권: 196

무부(碔砆)   6권: 25

무산계(武散階)   5권: 64, 65

무산대수촌(茂山大樹村)   2권: 163, 193

무상(無常)   4권: 287 / 5권: 28, 100, 172

무상(無上)   5권: 172

무상화상(無常和尙)   4권: 115, 132

무상정등(無上正等)   4권: 333

무상정진도(無上正眞道)   4권: 333

무상편지(無上遍知)   4권: 333

무색계(無色界)   3권: 404 / 5권: 21, 35

무서(無署)   3권: 215

무속(巫俗)   2권: 30, 36 / 3권: 337

무순(撫順)   2권: 51, 52, 93, 94

무숭훈(武崇訓)   3권: 377

무시(無始)   5권: 152

무시이래(無始以來)   5권: 218

무신(武臣)   3권: 207, 297, 347 / 4권: 152, 164, 252, 260, 361

무악(舞樂)　3권: 166, 167

무애광(無礙光)　5권: 150

무애도(無礙道)　5권: 150

무애인(無礙人)　5권: 136, 150

무애지(無礙智)　5권: 150

무양(武陽)　4권: 114

무양왕(武陽王)　4권: 114

무열(武烈)　4권: 232

무열기(武烈紀)　1권: 188

무열천(無熱天)　4권: 364

무엽산(無葉山)　2권: 23

무예(武藝)　2권: 90

무왕(武王)　2권: 25, 32, 394

무외삼장(無畏三藏)　6권: 28, 31, 33

무용황후(无容皇后)　1권: 263

무우(無憂)　4권: 173

무위(武威)　2권: 343

무위(無爲)　3권: 197

무위무관(無位無冠)　6권: 207

무읍(武邑)　2권: 397

무의(巫儀)　3권: 406

무의(巫醫)　4권: 44

무의자(無衣子)　4권: 242, 254

무인력(戊寅曆)　2권: 419

무자(戊子)　1권: 198, 253

무장사(鍪藏寺)　4권: 407, 408~410

무장사아미타여래조상사적비(鍪藏寺阿彌陀如來造像事蹟碑)　4권: 410

무저(無著)　3권: 354, 394

무정하(無定河)　4권: 65

무제(武帝)　2권: 424 / 3권: 391, 393 / 4권: 281

무제(巫祭)　3권: 378

무조사희(巫祖捨姬)　2권: 197

무조성모전설(巫祖聖母傳說)　3권: 355

무주(武州)　2권: 401 / 3권: 48, 148, 280, 284, 286

무주도독(武州都督)　3권: 48, 276, 316

무지암둔(無智闇鈍)　3권: 87

무진군(茂珍郡)　3권: 48

무진부(茂珍府)　3권: 48

무진연기(無盡緣起)　5권: 159

무진주(武珍州)(武州)　2권: 60 / 3권: 27~29, 48, 56, 265, 284

무진주도독(武珍州都督)　3권: 48

무착(無着)　5권: 249

무태(武泰)　1권: 283 / 3권: 289

무황제태시(武皇帝泰始)　1권: 113

무휼(撫恤)　1권: 64 / 2권: 74, 76, 213

무휼왕(無恤王)　2권: 74, 112

묵서(墨書)　1권: 101, 112, 224 / 3권: 293 / 4권: 144, 152

묵선(墨線)　1권: 111, 119, 122

묵염의(墨染衣)　5권: 130

묵자(墨子)　3권: 354

묵호자(墨胡子)　4권: 42, 46, 50, 60

묵화상(墨和尙)　4권: 248, 252, 263

문객(門客)　5권: 61

문경(文慶)　3권: 121, 130, 282 / 4권: 51

문공(文公)　4권: 94

문관(文官)　1권: 280 / 3권: 218, 379

문관해간(文官海干) 1권: 278

문교(文敎) 4권: 128

문군곡(問群曲) 3권: 156

문근왕(文斤王) 1권: 171

문노(文努) 3권: 157

문덕(文德) 2권: 418 / 3권: 121

문도(文韜) 3권: 217

문도(文度) 2권: 404, 408

문두루(文豆婁) 3권: 23 / 6권: 31, 36

문명부인(文明夫人) 1권: 222 / 2권: 350, 391, 392

문명왕후(文明王后) 1권: 221, 222 / 2권: 350 / 3권: 29 / 5권: 158

문명황후(文明皇后) 2권: 368 / 3권: 363

문목왕후(文穆王后) 1권: 262

문무왕(文武王) 1권: 56, 223, 224, 245 / 2권: 32, 60~66, 83, 93, 93, 160, 170, 234, 258,
      281, 337~339, 345, 346, 354, 355, 387, 390~393, 404~415 / 3권: 20~48, 52, 56~59,
      66~72, 80, 109, 283, 310, 364, 373~379, 383, 384 / 4권: 43, 57, 122, 129, 220, 232,
      249~251, 266, 362, 368, 389, 396, 402 / 5권: 134, 141, 143, 162, 168~170 / 6권: 34,
      39, 42, 43, 68, 76, 102, 124, 135, 141, 166, 193

문무왕비(文武王碑) 3권: 222

문무왕릉비(文武王陵碑) 1권: 224 / 2권: 200

문사(文史) 2권: 413

문사(文士) 5권: 237

문산계(文散階) 3권: 207, 381 / 5권: 64, 65

문상(文箱) 3권: 305

문선(文宣) 6권: 192

문선(文善) 6권: 135

문선제(文宣帝) 5권: 97, 115, 116, 118

문성왕(文聖王) 1권: 265, 267 / 3권: 136, 139, 140, 147~150, 156 / 4권: 243, 254, 261, 317

문소(文疏)　4권: 224

문소군(聞韶郡)　3권: 296

문수(文殊)　1권: 285 / 4권: 354, 365, 368, 379 / 5권: 108, 112, 128, 196

문수갑사(文殊岬寺)　4권: 352

문수대성(文殊大聖)　4권: 354 / 5권: 101, 105, 112 / 6권: 147

문수사(文殊寺)　6권: 78

문수사리(文殊師利)　5권: 198 / 6권: 150

문수예참(文殊禮懺)　4권: 351, 365

문수원기(文殊院記)　4권: 123

문수점(文殊岾)　6권: 138, 146, 147, 227

문수지주(文殊止住)　5권: 112

문수회과경(文殊悔過經)　4권: 368

문숙(文叔)　3권: 335

문언(文言)　5권: 23

문열공(文烈公)　4권: 122

문영락(文永樂)　2권: 127

문옥(文玉)　4권: 23

문왕(文王)　2권: 370, 387 / 3권: 216, 223

문원(文元)　1권: 278, 280

문원영화(文苑英華)　4권: 99

문원이간(文元伊干)　1권: 278

문위둔병(門衛屯兵)　2권: 409

문의왕비(文懿王妃)　1권: 267

문잉림(文仍林)　4권: 173 / 6권: 29, 34

문자명왕(文咨明王)　1권: 151, 169, 170

문자왕(文姿王)　1권: 96

문자왕(文咨王)　2권: 114

문자왕후(文咨王后)　3권: 178, 273

문자황후(文資皇后) 1권: 266, 270

문전정(門前町) 4권: 355

문정(文貞) 2권: 418

문정대후(文貞大后) 1권: 222

문정태후(文貞太后) 1권: 222 / 2권: 368

문제(文帝) 3권: 391 / 4권: 25, 54, 106 / 5권: 43, 191

문조(文祖) 5권: 116

문종(文宗) 1권: 219 / 2권: 77 / 3권: 49, 333, 377, 380~382 / 4권: 130, 186, 192, 223, 261,
        267, 316, 402

문종대(文宗代) 3권: 328, 333 / 4권: 402 / 5권: 64

문종장성(文宗章聖) 3권: 333

문종조(文宗朝) 3권: 207, 219, 221

문종태화(文宗太和) 1권: 219

문죄(問罪) 3권: 35

문주(文州) 1권: 170

문주왕(文周王) 1권: 171 / 4권: 51

문주원(文珠院) 4권: 123

문지(文趾) 5권: 203

문진(文眞) 4권: 126

문진태후(文眞太后) 1권: 221, 222

문집(文集) 2권: 60, 211

문창좌상동각란대삼품(文昌左相同閣鸞臺三品) 2권: 414

문천(蚊川) 2권: 155, 193 / 5권: 135

문천(文川) 2권: 192 / 5권: 148

문천교(蚊川橋) 5권: 135

문충(文忠) 3권: 225

문하(門下) 2권: 60 / 4권: 128, 257

문하부(門下府) 3권: 205, 219

문하성(門下省) 4권: 127, 402, 403

문하수시중(門下守侍中) 4권: 222

문하시랑(門下侍郞) 3권: 229 / 4권: 127

문하시중(門下侍中) 3권: 219

문하평장사주국(門下平章事柱國) 4권: 399

문헌통고(文獻通考) 3권: 112, 113

문호(文豪) 3권: 225

문호대왕(文虎大王) 2권: 334

문호왕(文虎王) 1권: 228 / 2권: 32, 379, 387 / 3권: 29

문화경역(文化境域) 1권: 8

문화유적총람(文化遺蹟総覽) 4권: 296 / 6권: 24, 33, 34

문희(文熙) 1권: 221 / 2권: 350

문희(文姫) 2권: 355, 368, 389 / 3권: 405 / 5권: 158

문희현(聞喜縣) 2권: 33

물계자(勿稽子) 6권: 183~185, 190

물길(勿吉) 2권: 64, 87, 95

물불천론(物不遷論) 5권: 94

물이(物異) 3권: 113

물이(勿伊) 2권: 171

물이촌(勿伊村) 2권: 149

물천리(勿川里) 2권: 171

미가미 쓰기오(三上次男) 2권: 43

미간(未刊) 1권: 12

미도부인(美道夫人) 1권: 261, 262

미래아미타(未米阿彌陀) 5권: 73

미류(味留) 1권: 64, 65

미륵대원동령(彌勒大院東嶺) 1권: 91

미륵불(彌勒佛) 1권: 285 / 3권: 97, 289 / 4권: 275, 280, 288, 386 / 5권: 188

미륵사(彌勒寺)   3권: 251, 253 / 4권: 107, 109

미륵삼존(彌勒三尊)   3권: 251

미륵상명(彌勒像銘)   4권: 387

미륵상생경(彌勒上生經)   5권: 219

미륵선화(彌勒仙花)   3권: 72 / 4권: 272~276, 280, 281, 379, 442 / 5권: 91 / 6권: 56, 225

미륵세존(彌勒世尊)   3권: 95, 99 / 4권: 280

미륵장육상(彌勒丈六像)   5권: 212, 219

미륵정토변(彌勒淨土變)   5권: 219

미륵존상(彌勒尊像)   2권: 393 / 4권: 290, 291 / 5권: 169 / 6권: 20

미륵존상화광후기(彌勒尊像火光後記)   4권: 383

미륵지전(彌勒之殿)   4권: 291

미륵하생경(彌勒下生經)   3권: 72

미리사(美利寺)   3권: 269, 302

미사여구(美辭麗句)   5권: 109

미산(眉山)   3권: 225

미서(微緒)   5권: 23

미소(未炤)   1권: 110, 111

미소(未召)   1권: 110

미소왕(未召王)   1권: 137

미승(味勝)   4권: 286

미시(未尸)   4권: 274~276, 280

미시나 아키히데(三品彰英)   2권: 28, 64 / 3권: 223 / 4권: 231

미시랑(未尸郞)   3권: 67, 157 / 4권: 280, 379

미야다 마로(宮田麻呂)   3권: 149

미야자키 미치사부로(宮崎道三郎)   2권: 244

미야케(三宅)   1권: 10

미와야마(三倫山)   3권: 284 / 5권: 247

미음천(美音天)   6권: 140

미조(未祖)　1권: 110, 111

미질기지파진간기(微叱己知波珍干岐)　1권: 74

미질희각간(未叱希角干)　1권: 160

미천(美川)　1권: 95

미천도안(彌天道安)　4권: 60

미천왕(美川王)　1권: 123, 124, 132, 133

미추이사금(味鄒尼師今)　1권: 49, 111, 112, 146 / 2권: 254, 257

미추이질금(未鄒尼叱今)　1권: 110

미추왕(未鄒王)　2권: 152, 254 / 4권: 57

미추왕(味鄒王)　1권: 138 / 3권: 403

미추홀(彌趨忽)　3권: 235, 236, 243

미타(彌陀)　4권: 293, 313, 366, 408 / 6권: 72

미타경(彌陀經)　5권: 196

미타고전(彌陁古殿)　4권: 407

미타도장(彌陀道場)　3권: 24 / 6권: 174

미타불화광후기(彌陁佛火光後記)　4권: 384

미타사(彌陁寺)　6권: 59, 61, 63

미타삼존(彌陀三尊)　4권: 213

미타상광배명(彌陀像光背銘)　4권: 387

미타예참(彌陁禮懺)　4권: 351

미탄사(味呑寺)　2권: 148

미황산(未黃山)　1권: 272

미흔각간(未欣角干)　1권: 168

민간전승(民間傳承)　2권: 288

민공(旻公)　5권: 20

민국(民國)　2권: 411 / 5권: 201

민독(閔瀆)　1권: 17

민부상서(民部尚書)　5권: 40

민속환강(民俗歡康)　2권: 217

민애왕(閔哀王)　1권: 263~266, 271 / 2권: 158, 161 / 3권: 80, 140, 142, 148, 150

민육(旻育)　5권: 53, 65

민장사(敏藏寺)　4권: 234, 235, 442 / 6권: 198, 199

민정(民政)　3권: 71

민제(愍帝)　4권: 25

민조(民曹)　3권: 303

민주면(閔周冕)　1권: 21

민중왕전기(閔中王前紀)　1권: 65

민지(閔漬)　1권: 17

밀단법(密壇法)　5권: 158

밀본법사(密本法師)　5권: 169

밀본최사(密本摧邪)　6권: 19, 31

밀부(密部)　4권: 204

밀성(密城)　3권: 380

밀성군(密城郡)　2권: 107

밀양부(密陽府)　3권: 69 / 5권: 66

밀직사(密直司)　4권: 260

바가바(婆伽婆)　4권: 326

바라문(婆羅門)　4권: 325

바리공주(鉢里公主)　3권: 355

박거물(朴居勿)　6권: 80, 81, 128

박곡리(朴谷里)　2권: 163, 164

박곡촌(朴谷村)　2권: 148, 163, 164

박노레이질금(朴弩禮尼叱今)　2권: 214

박릉국(博陵國)　4권: 67

박문준(朴文俊)　3권: 40

박병채(朴柄采)　3권: 74

박사람(朴娑覽)　2권: 266, 277

박산(博山)　4권: 327, 336

박숙청(朴夙淸)　3권: 53, 58

박술희(朴述熙)　3권: 320

박씨지도(朴氏知道)　2권: 387

박원도(朴元道)　3권: 387

박윤웅(朴允雄)　3권: 293

박의(駁議)　2권: 75

박이종(朴伊宗)　2권: 307

박참법(撲懺法)　5권: 190

반가(反歌)　3권: 100

반계수록(磻溪隨錄)　3권: 112

반고사(磻高寺)　6권: 135, 138

반고씨(盤古氏)　4권: 144

반금색(半金色)　4권: 297

반도(蟠桃)　3권: 350

반룡사(盤龍寺)　4권: 113, 116, 121

반사(槃師)　6권: 171, 175

반상서(班尙書)　3권: 269, 270, 302

반야(般若)　5권: 32, 149, 196

반야경(般若經)　4권: 350 / 5권: 22, 35, 114 / 6권: 103

반야다라(邪若多羅)　5권: 192

반야무지론(般若無知論)　5권: 94

반야바라밀다경(般若波羅蜜多經)　5권: 35 / 6권: 103

반야발마(般若跋摩)　5권: 80

반어피(班魚皮)　2권: 50

반유순(半由旬)　4권: 327

반절(反切)　2권: 205

반초(班超)　4권: 91

반파가야(伴跛加耶)　2권: 105

반파국(伴跛國)　2권: 191

반포(頒布)　2권: 314, 419

반향사(反香寺)　2권: 137

반호(槃瓠)　4권: 146

발기(發歧)　1권: 102

발라(發羅)　6권: 190

발라군(發羅郡)　2권: 79 / 3권: 311

발라주(發羅州)　3권: 48

발라타도(跋囉惰闍)　5권: 229 / 6권: 36

발마(跋摩)　5권: 76

발쇄(拔刷)　1권: 26

발수(渤水)　2권: 113

발연사(鉢淵寺)　5권: 190, 215, 221

발연사진표율사장골탑비(鉢淵寺眞表律師藏骨塔碑)　5권: 215, 218

발연수(鉢淵藪)　5권: 213, 214

발지론(發智論)　5권: 114

발지촌(發智村)　5권: 133

발천(撥川)　2권: 151, 155, 238

발해(渤海)　2권: 27, 40, 77, 85 / 3권: 92 / 6권: 34, 55

발해만(渤海灣)　2권: 47

발해전니하(渤海傳泥河)　2권: 95

밥계무진연기(法界無盡緣起)　5권: 172('법계무진연기' 참조)

방동선(龐同善)　3권: 21, 35

방등경(方等經)　4권: 131

방령(方嶺)　2권: 315 / 6권: 155

방생(傍生)　3권: 87

방석(方石)　4권: 331

방성(方城)　6권: 155

방술(方術)　5권: 116

방어군(防禦郡)　3권: 381

방어사(防禦使)　3권: 380, 381 / 4권: 316

방원(邦媛)　1권: 173

방음(方音)　4권: 85

방이(方夷)　2권: 64

방장(方丈)　4권: 113, 115, 116, 287

방정(坊正)　3권: 69

방조(芳朝)　4권: 53

방포(方袍)　5권: 105

방행(傍行)　3권: 87

방효공(龐孝公)　2권: 374

방효태(龐孝泰)　2권: 399 / 3권: 33

배구(裵矩)　2권: 25, 33, 34

배구전(裵矩傳)　2권: 25

배도(陪都)　4권: 89

배동(拜洞)　6권: 32

배반동(排盤洞)　5권: 164 / 6권: 32, 86, 97

배반리(排盤里)　5권: 72, 164

배벌(背伐)　3권: 397

배부(裵賦)　2권: 169 / 3권: 78

배불파(排佛派)　4권: 93

배불훼석(拜佛毀釋)　4권: 67

배상(賠償)　3권: 354

배신(陪臣)　4권: 151

배씨(裵氏)　2권: 149, 169

배안사(排岸使)　3권: 366, 380

배안시(裵安時)　2권: 28

배향(配享)　3권: 363

배현경(裵玄慶)　2권: 169

배훤백(裵萱伯)　2권: 169

백가(百家)　4권: 67

백강(白江)　2권: 372, 376, 396

백강구(白江口)　2권: 396, 401

백개(伯個)　1권: 94

백거이(白居易)　5권: 244, 249

백고좌(百高座)　5권: 46

백골관(白骨觀)　5권: 107

백관공복(百官公服)　2권: 314

백관이(百官二)　4권: 253

백관지(百官志)　3권: 220, 303 / 4권: 402 / 5권: 117

백구(伯句)　1권: 94

백금서당(白衿誓幢)　3권: 56

백단(白檀)　5권: 198

백대(栢臺)　4권: 245

백돌(伯咄)　2권: 87

백두산(白頭山)　2권: 90 / 4권: 350, 372

백란(伯鸞)　6권: 117

백련사(白蓮寺)　4권: 262, 334, 351, 353, 366, 367

백료(百僚)　3권: 301

백률사(栢栗寺)　2권: 167 / 3권: 49

백률사석당기(栢栗寺石幢記)　1권: 180

백마(白馬)　2권: 175, 379, 411 / 5권: 81 / 6권: 52, 56

백마사(白馬寺)　5권: 34

백모(白毛)　5권: 203

백반(百般)　3권: 312

백방(白方)　3권: 373

백부(伯父)　2권: 285 / 3권: 196, 206 / 4권: 24, 271, 277

백사갈마(白四羯磨)　6권: 140

백산(白山)　2권: 87

백산사(百山寺)　3권: 317

백상왕(白象王)　6권: 196

백석(白石)　2권: 350~353

백성사길상탑중납법채기(百城寺吉祥塔中納法眿記)　5권: 147

백수(柏樹)　4권: 222, 259 / 6권: 163

백아(伯牙)　5권: 153

백악(白岳)　2권: 23, 29

백악궁(白岳宮)　2권: 23

백암사(栢岩寺)   4권: 414 / 6권: 171, 175

백암수(白嵒藪)   4권: 413

백엄선사(伯嚴禪寺)   4권: 413

백연(伯淵)   4권: 67

백우(白牛)   6권: 171

백운(白雲)   3권: 68

백월산남사(白月山南寺)   4권: 391

백월산양성성도기(白月山兩聖成道記)   4권: 285, 295

백은함(白銀函)   4권: 245

백의보살(觀衣菩薩)   4권: 305

백이(伯夷)   2권: 34, 64 / 3권: 216

백작(白雀)   3권: 113

백전암(柏田菴)   5권: 221

백정(白浄)   1권: 201

백정(伯淨)   1권: 202

백정왕(白淨王)   3권: 130 / 4권: 333

백제(白帝)   2권: 20

백제(伯濟)   2권: 76, 80 / 3권: 240

백제(百濟)   1권: 55, 56, 121, 122, 151, 187, 188, 211, 226, 255, 272 / 2권: 18, 20, 27, 56~
        62, 74~86, 93, 94, 105, 128, 132~140, 157, 165, 173, 185~190, 200, 219, 229, 277,
        288~291, 295, 298, 310~317, 330~338, 345, 350~355, 371~414, 420~422 / 3권: 21,
        33~38, 47, 56, 72, 77, 137, 173, 191, 199, 222, 233~253, 264~266, 279, 281, 284, 288,
        296, 310, 313, 317, 323, 336, 340, 391, 396 / 4권: 22, 32~36, 46, 51, 60, 63, 98, 107,
        108, 120, 153, 165, 184, 205, 232, 411, 436 / 5권: 28, 46, 119, 139, 142, 158, 168,
        187, 193, 195 / 6권: 19, 23~25, 39, 43, 79, 124, 125, 153~155, 183, 192, 216, 221, 222

백제고기(百濟古記)   2권: 383

백제국금산사진표전(百濟國金山寺眞表傳)   5권: 48

백제국전(百濟國傳)   1권: 211

백제단비(百濟斷碑)   1권: 24

백제본기(百濟本紀)   1권: 28, / 2권: 61, 133, 135, 187, 362, 363 / 3권: 15, 231, 242, 390 /
          4권: 31, 35, 106

백제부여융묘지(百濟扶餘隆墓誌)   2권: 411

백제신찬(百濟新撰)   1권: 188

백제왕력(百濟王曆)   1권: 9

백제전(百濟傳)   1권: 211~213 / 2권: 364, 411

백제지리지(百濟地理志)   3권: 234, 240

백족화상(白足和尙)   4권: 47

백좌(百座, 百高座會)   3권: 184, 185

백좌고회(百座高會)   5권: 46

백좌도량(百座道場)   5권: 30

백좌도장(百座道場)   3권: 79

백좌통설(百座通說)   3권: 185

백좌회(百座會)   3권: 79

백주(白州)   2권: 23, 29 / 3권: 314

백주(白洲)   3권: 314

백주(柏舟)   3권: 358

백천(百川)   4권: 326

백호(白虎)   6권: 23

백흔(伯欣)   4권: 417

번각(飜刻)   2권: 19

번개(幡蓋)   3권: 273, 365 / 4권: 203, 323

번경대덕(翻經大德)   5권: 202

번당(幡幢)   5권: 102

번신(藩臣)   3권: 266

번예(樊濊)   2권: 138

번완(繁完)   4권: 229

벌지(伐知)   2권: 287

벌지지(伐知旨)   2권: 273

벌한(伐旱)   2권: 277

벌휴(伐休)   1권: 91, 100, 101 / 6권: 186

벌휴니사금비지진내례부인(伐休尼師今妃只珍內禮夫人)   2권: 179

벌휴왕(伐休王)   2권: 168, 270

벌휴이질금(伐休尼叱今)   1권: 92 / 6권: 186

범게(梵偈)   5권: 187

범계(犯戒)   5권: 104

범교(範敎)   3권: 158

범교사(範敎師)   3권: 153, 154, 157

범덕(梵德)   4권: 145

범덕파라문(梵德婆羅門)   4권: 356

범려(范蠡)   2권: 281

범마(梵摩)   4권: 286

범망경(梵網經)   5권: 45, 183, 199 / 6권: 110, 116

범망경려사나불설보살심지법문품(梵網經慮舍那佛說菩薩心地法門品)   6권: 116

범망계(梵網戒)   5권: 199

범망보살계경(梵網菩薩戒經)   6권: 116

범문(梵文)   1권: 255 / 3권: 126, 139 / 5권: 199

범보천(梵輔天)   4권: 333

범성(梵聲)   6권: 91

범승(梵僧)   3권: 132

범양(范陽)   4권: 68

범양군(汜陽郡)   5권: 39

범어(梵魚)   2권: 28, 232 / 3권: 354, 400, 404 / 4권: 150, 154, 155, 206, 275, 297, 314 /
        5권: 113, 128

범엽(范曄)   2권: 70, 71 / 4권: 91

법왕(梵王) 4권: 326, 333 / 6권: 73

법일(梵日) 4권: 308, 312, 316, 345, 377

법중천(梵衆天) 4권: 333

법지(梵志) 4권: 325, 332

법창(梵唱) 4권: 329

법천(梵天) 4권: 213, 329, 333 / 5권: 112 / 6권: 140

법천왕(梵天王) 4권: 184, 326, 329, 334

법체(梵體) 5권: 177

법행(梵行) 5권: 40

법계도서인(法界圖書印) 5권: 160

법계무진연기(法界無盡緣起) 5권: 172('밥계무진연기'는 잘못)

법계무차별론소(法界無差別論疏) 5권: 226

법계약소(法界略疏) 5권: 110

법공(法空) 4권: 98

법기(法器) 6권: 28

법난(法難) 4권: 67, 68

법념(法念) 5권: 138

법당(法幢) 4권: 81, 218, 219, 227 / 5권: 47, 102 / 6권: 60

법등(法燈) 4권: 229 / 5권: 229, 237

법려(法礪) 4권: 257

법류(法流) 1권: 179, 200 / 2권: 314 / 4권: 99

법류사(法流寺) 1권: 238 / 6권: 19, 24

법륜(法輪) 4권: 84, 337 / 5권: 22, 159

법륜사(法輪社) 4권: 366

법림(法琳) 4권: 158 / 5권: 69

법림사(法林寺) 5권: 69, 72

법무(法務) 5권: 230

법민(法敏) 1권: 223 / 2권: 370, 387, 391~393 / 3권: 286 / 4권: 384 / 5권: 396

법상(法像)　3권: 251

법상(法上)　5권: 103, 115~117

법상(法常)　5권: 116, 166 / 6권: 150, 192

법상(法相)　5권: 231

법상법사(法上法師)　5권: 103

법상종(法相宗)　3권: 97 / 5권: 192, 243~245, 249

법석(法席)　3권: 123

법선(法宣)　3권: 125

법성종(法性宗)　5권: 138, 192, 205

법성파(法性派)　4권: 196

법속(法俗)　6권: 207

법순전(法順傳)　5권: 166

법승랑(法乘娘)　6권: 39

법시(法施)　5권: 189

법신불(法身佛)　4권: 355

법신비로차나불(法身毘盧遮那佛)　5권: 200

법심(法深)　4권: 18

법왕(法王)　1권: 212, 284 / 3권: 252, 317 / 4권: 107, 108 / 5권: 195, 222

법왕효원(法王孝園)　4권: 90

법운(法雲)　2권: 313 / 4권: 83, 98, 99, 277

법운지(法雲地)　6권: 136, 137, 143

법원주림(法苑珠林)　2권: 130 / 4권: 61, 64, 91

법자재왕(法自在王)　6권: 196

법장(法藏)　5권: 159, 170, 228

법장보살(法藏比丘)　6권: 195

법장진적척독(法藏眞跡尺牘)　5권: 163

변재(弁才)　6권: 134

변재천녀(辯才天女)　5권: 134, 140, 147

법적방(法積房)　　4권: 286

법정동(法精洞)　　4권: 287

법종곡(法宗谷)　　4권: 286

법주(法主)　　4권: 82 / 5권: 118

법척(法惕)　　6권: 18

법천(法天)　　4권: 404

변촌(邊村)　　6권: 222

법해(法海)　　3권: 124, 133 / 5권: 110, 245, 246, 250

법해진량(法海津梁)　　5권: 100

법현(法現)　　4권: 327, 335, 336

법현서역전(法顯西域傳)　　4권: 336

법현전(法顯傳)　　4권: 332, 336

법화삼부경(法華三部經)　　6권: 149

법화영험전(法華靈驗傳)　　4권: 235

법회(法會)　　3권: 23, 79, 253 / 4권: 189, 367, 368 / 5권: 46, 47, 118, 163 / 6권: 81, 211, 214

법흥(法興)　　2권: 310, 312, 330, 335 / 3권: 393 / 4권: 82, 84

법흥대왕(法興大王)　　4권: 45, 77

법흥왕(法興王)　　2권: 153, 167, 211, 258, 303, 312~314, 326, 354 / 3권: 127, 220, 375, 394~
　　　　397 / 4권: 46, 49, 55, 58, 59 / 5권: 115, 135

벽골군(碧骨郡)　　5권: 209

벽골제(碧骨堤)　　1권: 130

벽금서당(碧衿誓幢)　　3권: 56

벽사진경(辟邪進慶)　　3권: 165~167

벽안호(碧眼胡)　　4권: 50

벽암(碧巖)　　5권: 176

벽연타(薛延陀)　　2권: 415

벽진군(碧珍郡)　　2권: 106 / 3권: 302

벽찬(薛瓚)　　2권: 45

변교론(弁敎論) 5권: 202

변군(邊郡) 2권: 48

변나산(卞那山) 2권: 133, 135

변도(辯道) 4권: 256

변방(邊防) 2권: 33, 412 / 5권: 156

변방전(邊防典) 2권: 64

변산(卞山) 2권: 133, 135

변산(邊山) 5권: 197

변산노승전(邊山老僧傳) 6권: 115

변신(變身) 4권: 243

변재천녀(辯才天女) 6권: 134, 140, 147

변주(汴州) 2권: 413

변진미오사마국(弁辰弥烏邪馬國) 3권: 357

변한백제(卞韓百濟) 4권: 108

변화신(變化身) 4권: 178, 254

변희(边(邊)希) 3권: 88

별교택(別敎宅) 2권: 137

별기(別記) 2권: 335 / 4권: 179

별당(別當) 5권: 59

별록(別錄) 1권: 27

별성(別省) 5권: 25

별초군(別抄軍) 4권: 319

별포(別浦) 3권: 348, 349

별호(別號) 3권: 195, 312 / 5권: 171

병부(兵部) 2권: 62, 314 / 3권: 49, 97, 204, 220, 221

병부경(兵部卿) 3권: 220

병부령(兵部令) 1권: 255 / 2권: 310, 391 / 3권: 138, 220 / 4권: 410

병부로(兵俘虜) 4권: 119

병부사병(兵部司兵)   3권: 97

병부상서(兵部尙書)   4권: 127

병부어사(兵部御事)   4권: 119

병산(瓶山)   3권: 267

병조(兵曹)   3권: 49, 220

병주도독(幷州都督)   2권: 413

병지(兵志)   3권: 220

병천(兵川)   2권: 382

보각국존(普覺國尊)   1권: 17 / 2권: 28

보각국존비명병서(普覺國尊碑銘幷序)   1권: 17 / 6권: 21

보각국존일연(普覺國尊一然)   1권: 17 / 2권: 28 / 6권: 231

보개(寶蓋)   4권: 82

보개(寶開)   3권: 263 / 4권: 234

보국대장군(輔國大將軍)   2권: 411

보국대장군상주국임해군개국공우림군장군(輔國大將軍上柱國臨海郡開國公羽林軍將
        軍)   3권: 43

보국장군본국왕(輔國將軍本國王)   3권: 392

보금(寶金)   2권: 294

보녕향(保寧鄕)   6권: 187

보달락가(補怛洛迦)   4권: 314

보덕(普德)   4권: 131, 132, 167, 168

보덕굴(普德窟)   5권: 221

보덕사(普德師)   4권: 132

보덕성(報德城)   3권: 56

보덕왕(報德王)   2권: 60, 405 / 3권: 46

보덕이암(普德移庵)   2권: 358 / 4권: 112, 168, 169, 264, 441 / 5권: 43

보도부인(保刀夫人)   2권: 314 / 4권: 101

보동랑(寶同郎)   6권: 121

보력(寶曆)   3권: 141, 142

보라(保羅)   6권: 187, 190

보라국(保羅國)   6권: 183

보리달마(菩提達磨)   4권: 50, 88

보리등(菩提登)   5권: 191, 198, 201, 202

보리사(菩提寺)   4권: 385 / 5권: 240 / 6권: 61, 65, 214

보림(寶林)   4권: 324, 328, 330

보림사(寶林寺)   5권: 330

보망(寶網)   5권: 172

보명(普明)   4권: 116

보문암(普門菴)   5권: 221

보문품(普門品)   4권: 314, 366

보산군공(浦山郡公)   3권: 325

보살(菩薩)   4권: 64, 81, 82, 222, 224, 275, 300, 308, 313, 333, 362 / 5권: 45, 107, 109, 114,
        129, 151, 197, 199, 210, 222 / 6권: 20, 54, 143, 194

보살계(菩薩戒)   4권: 349 / 5권: 29, 189, 205

보살계본(菩薩戒本)   5권: 102, 108, 114

보살대사(菩薩大士)   6권: 140

보살도(菩薩道)   4권: 93 / 5권: 114

보살승(菩薩乘)   6권: 158

보살주거품(菩薩住處品)   4권: 356

보살행(菩薩行)   4권: 289

보살형(菩薩形)   4권: 289, 362

보성(寶城)   2권: 401

보술(普述)   2권: 128

보신불(報身佛)   4권: 354

보신석가모니불(報身釋迦牟尼佛)   5권: 200

보안현(保安縣)   5권: 210, 217

보양(寶壤)　2권: 99 / 5권: 31, 48

보양법사(寶壤法師)　5권: 31

보양이목(寶壤梨木)　2권: 99 / 3권: 49, 383 / 4권: 136 / 5권: 31, 52, 54~57, 59, 66, 67, 93

보양이본(寶攘梨本)　4권: 415

보양화상(寶壤和尙)　5권: 53

보연(寶延)　1권: 185

보영(寶迎)　1권: 184, 185

보옥(寶玉)　3권: 133

보요(普耀)　4권: 228

보요선사(普耀禪師)　4권: 247, 248, 252, 261, 262

보은(報恩)　2권: 396, 408 / 3권: 282, 296

보은사(報恩寺)　3권: 125

보응(普膺)　1권: 284

보응(寶應)　5권: 219

보장(寶藏)　3권: 30

보장왕(寶藏王)　2권: 61, 352, 368, 409 / 3권: 30, 46, 72 / 4권: 111, 112

보전(寶典)　2권: 256 / 6권: 101

보정(保定)　3권: 388, 393, 394, 396

보정(輔政)　5권: 111

보제원(菩提院)　6권: 33('보리원'이라고도)

보조선사영탑비(普照禪師靈塔碑)　5권: 58

보조장구(寶祚長久)　5권: 219

보종(寶宗)　5권: 190

보주(寶珠)　3권: 133 / 4권: 308, 309, 347 / 5권: 166

보주화염(寶珠火焰)　5권: 250

보진(輔眞)　4권: 69

보질도(寶叱徒)　4권: 353, 370, 372

보천(寶川)　4권: 360, 372

보천암(寶川庵) 4권: 347, 351

보타굴(補陀窟) 4권: 313

보타낙가산(寶陁洛伽山) 4권: 305, 314

보타락산(補陀洛山) 4권: 315

보타산(普陀山) 4권: 314, 315, 355 / 6권: 142

보통(普通) 5권: 144

보한집(補閑集) 6권: 115

보해(寶海) 2권: 267~269, 272, 279, 281

보현(普賢) 5권: 160 / 6권: 54, 55, 135, 139, 146, 196

보현권발품(普賢勸發品) 6권: 140

보현보살(普賢菩薩) 4권: 176, 212, 213, 356 / 5권: 173, 196 / 6권: 133, 134, 139, 141, 150

보현보살권발품(普賢菩薩勸發品) 6권: 149

보현사(普賢寺) 2권: 30 / 6권: 133

보현수(普賢樹) 3권: 165 / 4권: 90, 188 / 5권: 177

보현암(普賢菴) 5권: 221

보현원(普賢院) 4권: 123

보현장경(普賢章經) 6권: 78

보현행원품(普賢行願品) 5권: 150

보협인다라니(寶篋印陀羅尼) 3권: 303

보협인탑(寶篋印塔) 3권: 225

보희(寶姬) 2권: 289 / 3권: 405

복건(服虔) 2권: 323

복두(幞頭) 3권: 158 / 5권: 192

복리(福利) 4권: 47 / 5권: 102

복발형(覆鉢型) 4권: 154

복법(卜法) 3권: 336

복사(僕射) 3권: 303

복선(福善) 5권: 118

복수(福壽)　　3권: 387

복안(福安)　　5권: 221 / 6권: 210, 211

복양(濮陽)　　5권: 123

복은(復恩)　　3권: 163

복전(福田)　　4권: 365

복전론(福田論)　　5권: 202

복점(卜占)　　3권: 336

복파(伏波)　　5권: 203

복함(覆函)　　4권: 158

복호(卜好)　　2권: 278

복회(福會)　　6권: 115

복희(伏羲)　　2권: 18, 19

본각(本覺)　　5권: 136, 152, 211, 218

본생담(本生譚)　　6권: 81

본유종자(本有種子)　　5권: 211, 218

본전(本傳)　　3권: 263 / 4권: 113, 115, 116, 167, 307, 313 / 5권: 161 / 6권: 52, 70, 72

본조사략(本朝史略)　　2권: 101

본초(本初)　　1권: 87

본초(本草)　　4권: 162

본초경(本草經)　　3권: 42, 67

본초원년(本初元年)　　1권: 77

본피부(本彼部)　　2권: 142, 148, 165, 210 / 4권: 195 / 6권: 207

본피택(本披宅)　　2권: 137

본피현(本彼縣)　　2권: 105, 165

봉건(封建)　　3권: 20 / 5권: 123

봉덕사(奉德寺)　　2권: 339 / 3권: 77, 79, 113 / 4권: 195, 196, 200

봉덕사종(奉德寺鐘)　　3권: 79 / 4권: 174, 195, 300, 442 / 6권: 71

봉동면(鳳東面)　　4권: 319

봉래궁(蓬萊宮)　5권: 126

봉래산(蓬萊山)　5권: 34

봉록(俸祿)　2권: 271 / 6권: 112

봉밀지칭(峯巒之稱)　3권: 336

봉사이십팔조(封事二十八條)　4권: 223

봉산군(鳳山郡)　2권: 54

봉상(峰上)　1권: 95

봉상왕(烽上王)　1권: 123

봉서산(鳳棲山)　5권: 45

봉선서(封禪書)　4권: 190

봉성사(奉聖寺)　3권: 108, 177 / 4권: 200, 232 / 5권: 55, 56, 66 / 6권: 36, 166

봉엄사(鳳嚴寺)　4권: 416

봉엄사비문(鳳嚴寺碑文)　2권: 211

봉은사(奉恩寺)　3권: 125

봉의찬(奉宜撰)　1권: 18 / 4권: 267

봉전두(縫殿頭)　4권: 393

봉책(封冊)　2권: 33 / 4권: 387, 411

봉칙(奉勅)　4권: 99 / 6권: 116

봉토(封土)　3권: 195~198 / 6권: 34

봉행(奉行)　3권: 198, 199

부개(夫蓋)　권: 91

부개사(夫蓋寺)　5권: 88

부건(苻健)　4권: 23~25

부견(苻堅)　2권: 314 / 4권: 18, 24, 25, 61, 63, 65, 69

부계(父系)　1권: 280 / 3권: 179

부고(府庫)　3권: 200

부고허갈(府庫虛竭)　1권: 272

부곡성(缶谷城)　3권: 267, 296

부곡성주(缶谷城主) 2권: 170

부군(副君) 4권: 371

부궤화상(負簣和尙) 5권: 88

부내현 5권: 39

부달(富達) 3권: 279

부덕(婦德) 3권: 356

부덕(不德) 6권: 217

부도(浮圖) 3권: 356, 357 / 4권: 154, 337 / 5권: 48, 87, 125

부도(浮屠) 6권: 24

부도(婦道) 3권: 356, 357

부도계(不盜戒) 5권: 45

부도위(部都尉) 2권: 46

부도호(副都護) 3권: 33, 34

부동명왕상(不動明王像) 4권: 351

부동명토(不動明土) 4권: 368

부동존(不動尊) 4권: 368

부라모지(富羅母智) 2권: 277

부례랑(夫禮郎) 5권: 120

부로(俘虜) 3권: 21

부루(夫婁) 2권: 108, 110, 112, 117, 124

부마(駙馬) 3권: 217

부마도위(駙馬都尉) 3권: 217

부명(符命) 2권: 19

부모기일보(父母忌日寶) 6권: 46

부부(扶夫)(余) 3권: 241

부사(副使) 5권: 126

부사의방(不思議房) 5권: 210

부산(富山) 2권: 338

부산(浮山)　3권: 237, 245

부산성(富山城)　2권: 338 / 3권: 25, 65

부상수(扶桑樹)　4권: 91

부색인급고문헌십삼종(附索引及古文獻十三種)　1권: 24

부석본비(浮石本碑)　5권: 162~165

부석사(浮石寺)　6권: 61

부소산(扶蘇山)　2권: 415 / 3권: 239

부수(副帥)　3권: 66

부신(符信)　3권: 301

부씨(扶氏)　3권: 234

부씨(符氏)　4권: 24

부아악(負兒岳)　3권: 235

부악(父岳)　5권: 238 / 6권: 51

부악(父嶽)　5권: 239 / 6권: 55

부여군(扶餘郡)　3권: 233, 234, 236, 238, 239

부여도총관(扶餘道摠管)　3권: 21

부여융(扶餘隆)　1권: 188

부여주(扶餘州)　3권: 235

부역(賦役)　2권: 68 / 3권: 367 / 4권: 115 / 6권: 207

부예랑(夫禮郎)　3권: 60

부왕(副王)　3권: 185

부운촌(浮雲村)　6권: 210

부웅(符雄)　4권: 23

부유(鳧臾)　2권: 65

부윤(府尹)　4권: 197

부이(鳧伊)　3권: 173

부이강(富爾江)　2권: 52

부자사(部刺史)　2권: 407 / 5권: 62

부자찬훼타계(不自讚毁他戒)[참고: 불자찬훼타계]   5권: 45

부작여식(不作餘食)   4권: 66

부장(部將)   1권: 285 / 2권: 47 / 4권: 98

부조예군(夫租薉君)   2권: 213

부준(不準)[참고: 불준]   5권: 203

부진계(不瞋戒)[참고: 불진계]   5권: 45

부진공론(不眞空論)[참고: 불진공론]   5권: 94

부차(副車)   3권: 217

부처(副妻)   3권: 354

부춘(富春)   5권: 34

부파불교(部派佛敎)   5권: 114

부호(鳧好)   3권: 173 / 4권: 331

부호장(副戶長)   5권: 53, 63

북계(北界)   5권: 62

북궁(北宮)   3권: 108

북대(北臺)   4권: 347, 354, 365, 371 / 5권: 105, 113, 127

북대방(北帶方)   2권: 25, 34, 75, 78~80

북동(北洞)   2권: 353 / 4권: 404 / 6권: 157

북량(北涼)   4권: 169

북망청선리(北芒淸善里)   2권: 411

북면천(北面川)   3권: 45

북명(北溟)   4권: 227, 231

북방(北方)   6권: 155

북본열반경(北本涅槃經)   4권: 169

북부여(北扶餘)   2권: 108~113, 117, 124, 129, 414 / 3권: 233~235, 238 / 4권: 22, 109

북사(北史)   2권: 131

북송판본(北宋版本)   2권: 45

북숭산(北崇山)   4권: 243, 255

북숭산신광사(北崇山神光寺)　4권: 255

북악(北岳)　5권: 170, 176, 184

북안설(北岸說)　6권: 42

북야정(北耶停)　2권: 195

북연(北燕)　2권: 278

북열홀주(北列忽州)　3권: 394

북요통(北傜通)　3권: 114

북원(北原)　1권: 274 / 3권: 265, 288 / 4권: 70

북원(北園)　4권: 48

북원경(北原京)　3권: 27, 47, 176

북원소경(北原小京)　3권: 56 / 4권: 136

북위(北魏)　2권: 124 / 4권: 65 / 5권: 112

북유택(北維宅)　2권: 137

북저족문(北猪足門)　5권: 53

북적(北狄)　2권: 31, 34, 57

북제서(北齊書)　1권: 182 / 2권: 418 / 5권: 97, 115

북조계사료(北朝系史料)　1권: 212

북주(北周)　2권: 407 / 3권: 224 / 4권: 25 / 5권: 115~117, 201

북증산(北甑山)　2권: 90

북천(北川)　2권: 154, 182, 238, 319 / 3권: 77, 127, 128

북천축(北天竺)　4권: 324

북촌(北村)　3권: 263

북택(北宅)　4권: 415

북택청(北宅廳)　4권: 413

북한산(北漢山)　1권: 140 / 2권: 298, 417 / 3권: 394

북한성(北漢城)　3권: 236

북해(北海)　2권: 268

북해통(北海通)　2권: 282 / 3권: 114

분게이(文慶)　3권: 56

분로쿠(文祿)　1권: 21

분서(汾西)　1권: 134

분서왕(汾西王)　1권: 126

분소의(糞掃衣)　4권: 66

분수(焚修)　2권: 302

분음후(汾陰侯)　2권: 285

분장(扮裝)　3권: 353

분절(芬節)　4권: 217

분질수이질(分叱水尒叱)　3권: 388

분황사(芬皇寺)　4권: 82, 96 / 6권: 71

분황사약사(芬皇寺藥師)　3권: 79, 132 / 4권: 174, 195, 300 / 6권: 71

분황종(芬皇宗)　5권: 138

불간계(不慳戒)　5권: 45

불고주계(不酤酒戒)　5권: 45

불골간자(佛骨簡子)　5권: 234, 235

불공(佛工)　4권: 67, 206, 207, 233

불공(不空)　3권: 80 / 4권: 349, 365

불공금강(不空金剛)　4권: 207

불공삼장(不空三藏)　6권: 143

불과(佛果)　5권: 228

불광사(佛光寺)　5권: 112

불광산(佛光山)　4권: 132

불교사상(佛敎史上)　2권: 86 / 4권: 131, 351 / 5권: 103 / 6권: 40, 72

불교승단(佛敎僧團)　3권: 133

불교전적사상(佛敎典籍史上)　4권: 131

불구(佛具)　4권: 343 / 6권: 96

불구내왕(弗矩內王)　2권: 150, 153

불국기(佛國記)　4권: 327

불국사(佛國寺)　2권: 234 / 3권: 57, 109 / 4권: 384, 436 / 5권: 161, 250 / 6권: 212~214

불국사역대기(佛國寺歷代記)　3권: 286

불내(不耐)　2권: 50, 63, 96, 219 / 5권: 24

불내예(不耐濊)　2권: 63

불내예후(不耐濊侯)　2권: 50

불농봉(佛隴峰)　6권: 157

불도(佛圖)　3권: 27, 47 / 4권: 47, 66, 67, 154, 178, 358, 399 / 5권: 78, 107

불도징(佛圖澄)　4권: 60, 64

불등을촌(佛等乙村)　5권: 133

불리(佛理)　4권: 20

불리(佛狸)　4권: 66

불망어(不妄語)　4권: 324 / 5권: 111, 196

불망어계(不妄語戒)　4권: 330 / 5권: 45

불모대공작명왕경(佛母大孔雀明王經)　2권: 232

불무사(佛無寺)　6권: 84, 87

불문(佛門)　2권: 313 / 5권: 78, 162 / 6권: 53, 85, 88

불방삼보계(不謗三寶戒)　5권: 45

불법(佛法)　1권: 151 / 3권: 194 / 4권: 377

불보은경(佛報恩經)　4권: 351

불사(佛寺)　1권: 151 / 4권: 271, 277, 353

불사(佛事)　4권: 246, 259, 358

불사리(佛舍利)　2권: 258 / 4권: 55, 96, 159, 241, 337, 357, 414

불사의암(不思議菴)　5권: 188

불사음(不邪婬)　4권: 324 / 5권: 196

불사음계(不邪淫戒)　4권: 330

불살계(不殺戒)　4권: 328 / 5권: 45 / 6권: 30

불살생(不殺生)　4권: 324 / 5권: 111, 196

불살생계(不殺生戒)　4권: 330 / 6권: 35

불설(佛說)　2권: 231 / 4권: 316

불설과죄계(不說過罪戒)　5권: 45

불설인왕경반야바라밀경(佛說仁王經般若波羅密經)　4권: 365

불성(佛性)　5권: 45, 138

불성계(佛性戒)　4권: 364 / 5권: 199

불성론(佛性論)　5권: 37, 116

불수기사(佛授記寺)　5권: 171

불식(不識)　5권: 66

불신리(不薪里)　2권: 164

불신상주(佛身常住)　4권: 367

불아(佛牙)　4권: 251, 252, 256

불아전(佛牙殿)　4권: 246

불열(拂涅)　2권: 87

불영(佛影)　4권: 331, 332

불영굴(佛影窟)　4권: 331, 336

불음계(不婬戒)　5권: 45

불음주(不飲酒)　4권: 324

불음주계(不飲酒戒)　4권: 330

불의(不義)　2권: 302 / 3권: 193

불이성(不而城)　1권: 63, 64

불이현(不而縣)　2권: 53

불적(佛跡)　4권: 335, 436

불전(佛典)　2권: 231, 334, 422 / 3권: 342, 343, 401

불전(佛殿)　4권: 391 / 6권: 50

불정골(佛頂骨)　5권: 124

불제(祓除)　2권: 174, 417 / 3권: 98

불조사(佛祖師)　3권: 354

불지촌(佛地村)   2권: 287 / 5권: 137

불추(拂箒)   5권: 192

불타(佛陀)   5권: 48 / 6권: 84

불타발라(佛陀跋羅)   5권: 229

불타발타라(佛陀跋陀羅)   4권: 297 / 5권: 112, 149

불탑(佛塔)   4권: 150, 153~155, 212

불퇴아라한(不退阿羅漢)   5권: 240

불퇴위(不退位)   5권: 236

불투도(不偸盜)   5권: 111, 196

불투도계(不偸盜戒)   4권: 330

불파부제(弗婆浮提)   4권: 325

불화(佛畵)   5권: 73

불화동류(佛化東流)   5권: 116

불환과(不還果)   4권: 364

비각(碑閣)   2권: 390

비구(比丘)   4권: 58, 352 / 5권: 59, 114

비구니(比丘尼)   4권: 58, 83, 101

비구형(比丘形)   4권: 362

비금서당(緋衿誓幢)   3권: 56, 67

비기(祕記)   3권: 303

비녕자전(丕寧子傳)   2권: 162

비다쓰(敏達)   2권: 330

비담(毗曇)   2권: 167

비래방장(飛來方丈)   4권: 113, 115

비례(非禮)   5권: 88

비로봉(毗盧峯)   4권: 378 / 5권: 200, 220

비로사나(毘盧舍那)   4권: 357('비여사나'는 잘못)

비로사나불(毗盧舍那佛)   4권: 357 / 5권: 173

비로차나(毘盧遮那)   5권: 183

비로차나불(毘盧遮那佛)   4권: 362

비류(比流)   1권: 117, 126, 136, 140

비류(沸流)   1권: 55, 103, 124 / 2권: 116, 120, 128, 129 / 3권: 232, 242, 243

비류국(沸流國)   2권: 128, 129

비류부(沸流部)   2권: 129

비류수(沸流水)   2권: 119, 128, 155

비류왕(沸流王)   2권: 120, 128, 129

비류왕(比流王)   1권: 126 / 4권: 34

비류천(沸流川)   2권: 128

비례홀주(比列忽州)   2권: 282

비리국(卑離國)   2권: 72

비마라사(毗摩羅寺)   5권: 160, 174

비마진체(毗摩眞諦)   4권: 137

비법(秘法)   2권: 356 / 3권: 22, 23 / 6권: 31, 38, 39, 41, 44

비빈(妃嬪)   3권: 200

비사벌(比斯伐)   2권: 106 / 4권: 122 / 5권: 142

비사벌산(比斯伐山)   5권: 174

비사벌정(比斯伐停)   5권: 193

비사성(卑奢城)   4권: 125

비상위(非常位)   3권: 129

비상위(非上位)   4권: 232

비서성(秘書省)   3권: 221

비수(淝水)   4권: 23, 24

비수(毘首)   4권: 105

비슬산(毗瑟山)   4권: 403 / 5권: 174

비여사나(毘盧舍那)   4권: 357 ('비로사나' 참조)

비열홀주(比列忽州)   3권: 71

비와호(琵琶湖) 1권: 10

비왕(裨王)   2권: 46

비유왕(毘有王) 1권: 164

비익(裨益) 1권: 26

비자벌(比自伐) 5권: 174

비자벌(比子伐) 2권: 107 / 4권: 122

비자화(比自火) 2권: 106, 107

비장(裨將) 3권: 264, 265

비장산(臂長山) 5권: 28

비적(秘籍) 4권: 263

비조부(比助夫) 2권: 314 / 3권: 397

비준(比準) 3권: 381, 383

비지(費智) 3권: 397

비처(毘處) 2권: 302, 303 / 4권: 51

비처왕(毗處王) 2권: 302 / 4권: 42, 45

비처마립간(毘處麻立干) 1권: 160 / 4권: 52

비첩(婢妾) 2권: 96 / 3권: 192

비허사(備虛師) 5권: 56

비허전(毗虛傳) 5권: 56

비혈택(鼻穴宅) 2권: 137

비형(鼻荊) 2권: 321, 323

비형랑(鼻荊郎) 1권: 200 / 2권: 319, 321~323

비호(庇護) 2권: 339 / 3권: 204

비호(比呼) 6권: 195

비화(非火) 2권: 101

비화양(比火壤) 1권: 256

빈관(賓館) 3권: 352

빈궁(殯宮) 3권: 353

빈녀양모(貧女養母) 6권: 224

빈도라발라타도(賓度羅跋囉惰闍) 6권: 36

빈두려(賓頭廬) 3권: 39

빈두로(賓頭盧) 6권: 36

빈지택(賓支宅) 2권: 137

빈첩(嬪妾) 3권: 192

빙산사(冰山寺) 4권: 247, 261

빙의(憑依) 3권: 337

빙익만년(馮翊萬年) 4권: 69

사

사(士)(訴獄)　3권: 334

사가(司稼)　2권: 411

사가정경(司稼正卿)　2권: 411

사간(斯干)　3권: 357

사간(沙干)　3권: 388 / 4권: 390 / 6권: 39

사겁(四劫)　4권: 146

사결후정도만(思結侯仃都曼)　2권: 398

사계표(四界標)　5권: 58

사공(思恭)　2권: 415

사공(司空)(總理)　3권: 334

사공형주도독(司空荊州都督)　5권: 41

사관(史官)　3권: 65, 91

사구(司寇)　6권: 30

사구게(四句偈)　5권: 101

사금갑(射琴匣)　1권: 168 / 2권: 301 / 3권: 404

사기(史記)　2권: 26, 37~40, 55

사기정의(史記正義)　4권: 155

사기편자(史記編者)　1권: 251

사나(舍那)　1권: 284

사나굴다(闍那堀多)　5권: 249

사내(思內)　2권: 142, 218

사내(寺內)　2권: 259

사내곡택(思內曲宅)　2권: 144

사녀(士女)　5권: 101

사농경(司農卿)　3권: 387

사농정경(司農正卿)　2권: 380

사뇌(詞腦)　2권: 218

사뇌가(詞腦歌)　2권: 142

사뇌조(詞腦調)　2권: 217

사다함(斯多含)　3권: 68

사달기(四達記)　2권: 92

사대(四大)　4권: 132

사대사상(事大思想)　2권: 31 / 3권: 49

사도(思刀)　3권: 263, 283

사도(司徒)(교육)　3권: 334

사도부인(思道夫人)　2권: 313

사독(四瀆)　3권: 180

사돌간(沙咄干)　4권: 390

사동(蛇童)　4권: 137 / 5권: 182

사두국(邪頭國)　2권: 63

사두매(邪頭昧)　2권: 50

사두품(四頭品)　5권: 140

사등천(史等川)　2권: 164

사등이천(史等伊川)　2권: 192, 325 / 5권: 148

사등천이천(史等川伊川)　2권: 194

사라(斯羅)　2권: 151, 186, 187 / 3권: 393

사라(裟羅)　5권: 134, 140

사라수(裟羅樹)　5권: 133, 140, 181

사라쌍수(沙羅雙樹)　4권: 265 / 5권: 133, 223

사량(沙梁)　2권: 137

사량궁(沙梁宮)　2권: 195

사량락(沙梁落)　2권: 196

사량리(沙梁里) 2권: 150, 161, 194

사량벌국(沙梁伐國) 2권: 191

사량부(沙梁部) 2권: 137, 145, 157, 160, 195, 245, 325

사량부인(沙梁夫人) 3권: 103, 105 / 4권: 197 / 5권: 145

사량택(沙梁宅) 2권: 137

사려국(斯廬國) 5권: 109

사령산(四靈山) 6권: 40

사령서(辭令書) 3권: 215, 227

사령수(謝靈需) 권: 169

사령자(司靈者) 2권: 179 / 3권: 337

사로(斯盧) 1권: 48 / 2권: 80, 149, 192

사론(史論) 2권: 210

사루왕(巳婁王) 1권: 78

사료(史料) 1권: 93, 122, 182 / 2권: 27 / 3권: 41, 156 / 4권: 100, 165, 179, 356 / 5권: 119,
         194

사륙집(四六集) 2권: 60

사륜왕(舍輪王) 2권: 319, 324

사리(沙里) 2권: 164

사리(使吏) 3권: 64

사리(師利) 4권: 356

사리걸걸중상(舍利乞々仲象) 2권: 88

사리불문경(舍利佛問經) 5권: 192

사리불아비담론(舍利弗阿毘曇論) 5권: 205

사리탑(舍利塔) 3권: 132 / 4권: 154 / 5권: 125, 175, 195, 202

사마(欺摩) 1권: 187, 188

사마(司馬) 4권: 54

사마곽의(司馬郭誼) 5권: 201

사마염(司馬炎) 4권: 54

사마의(司馬懿)　4권: 54

사마천(司馬遷)　4권: 118

사마표(司馬彪)　2권: 71

사면불(四面佛)　4권: 204~206

사명(詞命)　3권: 40

사명산(四明山)　4권: 316

사목곡(沙木谷)　4권: 413

사묘(祠廟)　5권: 78

사무(師巫)　4권: 67

사무량심(四無量心)　5권: 241

사무색정(四無色定)　5권: 35

사문(沙門)　4권: 67 / 6권: 127

사문가귀(沙門可歸)　5권: 229

사문묵호자(沙門墨胡子)　2권: 303

사문융천(沙門融天)　6권: 123

사문조(沙門曹)　5권: 117

사문통(沙門統)　5권: 117, 118, 230

사물국(史勿國)　6권: 183

사미(沙彌)　3권: 133 / 5권: 122

사미계법(沙彌戒法)　5권: 210

사미승(沙彌僧)　3권: 174

사민(士民)　3권: 272

사반(沙泮)　3권: 246

사반왕(沙伴王)　1권: 105, 3권: 246

사방불(四方佛)　4권: 204

사벌(沙伐)　2권: 165 / 5권: 144

사벌국(沙伐國)　2권: 165, 416

사벌주(沙伐州)　3권: 56

사범(四梵)   5권: 236

사범행(四梵行)   5권: 240

사병(私兵)   4권: 319 / 5권: 61

사복(蛇卜)   4권: 137

사복(蛇伏)   4권: 137 / 5권: 182

사본기(史本記)   3권: 242

사부(祠部)   3권: 41

사분율(四分律)   5권: 114

사분율갈마사기(四分律羯磨私記)   5권: 108

사불(沙弗)   3권: 283

사불산(四佛山)   2권: 167 / 3권: 263 / 4권: 202, 205, 442

사불성(沙弗城)   3권: 263

사비(泗沘)   2권: 372, 400

사비성(泗沘城)   2권: 392, 415 / 4권: 108

사비천도(泗沘遷都)   1권: 188

사비하(泗沘河)   3권: 237, 239

사사명(史思明)   6권: 83

사사무애(事事無礙)   5권: 171

사산비문(四山碑文)   3권: 134

사상택(寺上宅)   2권: 138

사새(四塞)   4권: 24

사서(史書)   2권: 42, 70 / 3권: 106

사선(四仙)   4권: 233

사선(四禪)   5권: 35

사선전설(四仙傳說)   4권: 231

사성(巳成)   2권: 172, 190

사성문(四城門)   2권: 170

사성문제(四城門祭)   2권: 194

사성산(四聖山)　6권: 45

사소(娑蘇)　6권: 51, 52

사소부인(四召夫人)　1권: 245

사수(蛇水)　2권: 284 / 3권: 33

사수(虵水)　권: 4권: 121

사수군(泗水郡)　2권: 284

사수현(泗水縣)　3권: 225

사승(使僧)　4권: 42

사신(史臣)　4권: 78

사실성(史實性)　3권: 334

사실적(史實的)　2권: 130, 138, 191

사십화엄(四十華嚴)　4권: 297 / 5권: 150

사액(賜額)　4권: 83

사양(斜陽)　4권: 80

사여수(似如樹)　4권: 275, 280

사원용(寺院用)　5권: 58

사유(斯由)　1권: 131

사원(士元)　2권: 408

사원(寺院)　2권: 166, 261, 336, 339 / 3권: 80, 158, 383 / 4권: 26, 55, 94, 95, 129, 200, 213,
　　　258, 262, 352, 360, 399, 416, 436 / 5권: 26, 47, 52~59, 73~79, 116, 121, 147, 197,
　　　239, 250 / 6권: 22, 43, 45, 54, 64, 71, 81, 88, 114, 116, 166, 198

사원(使員)　5권: 62

사위국(舍衛國)　4권: 356

사은사(謝恩使)　3권: 156

사이(四夷)　2권: 57, 62

사이술(四夷述)　2권: 92

사이왕(沙伊王)　3권: 238

사인(思仁)　3권: 42 / 4권: 78

사자(獅子)   4권: 356 / 6권: 139

사자도(獅子島)   4권: 314

사자보좌(師子寶座)   5권: 106

사자사(師子寺)   3권: 251, 253

사자암(獅子菴)   4권: 285, 287 / 5권: 221

사자좌(獅子座)   4권: 217, 222

사자후(師子吼)   6권: 196

사작연표(私作年表)   1권: 47

사적(史籍)   1권: 172, 254 / 4권: 436

사적(事績)   1권: 18, 200 / 4권: 48, 50, 137, 261, 276, 308, 367, 416 / 5권: 56, 91, 139, 148,
        214

사전(史傳)   4권: 272, 391, 419

사전(寺典)   5권: 121

사전부(史傳部)   1권: 22, 25, 26

사정리(沙井里)   2권: 194

사정리자흥륜사평(沙正里字興輪寺坪)   2권: 259

사정부(司正府)   3권: 97 / 6권: 35

사정부령(司正府令)   6권: 35

사제(祠祭)   3권: 41

사제자(司祭者)   2권: 179, 180, 183, 186, 229, 250 / 3권: 335

사졸(士卒)   3권: 264, 271

사죄사(謝罪使)   5권: 168

사주(寺主)   3권: 383 / 4권: 179, 223 / 5권: 103, 209 / 6권: 150

사주(泗州)   4권: 178, 179, 223

사중(社衆)   4권: 400

사중고기(寺中古記)   4권: 186

사중기(寺中記)   3권: 58 / 4권: 184

사중아찬(四重阿湌)   4권: 383

사지(舍知)   3권: 64, 159 / 4권: 383, 389, 390

사지절개부의동삼사검교대위대도독(使持節開府儀同三司檢校大尉大都督)   3권: 165

사지총서본(史誌叢書本)   1권: 21

사찬(沙湌)   4권: 383, 390

사척간(沙尺干)   2권: 229

사천(蚰川)   1권: 55, 56

사천(沙川)   3권: 31 / 5권: 135, 148

사천(泗川)   6권: 187

사천군(泗川郡)   6권: 187

사천대박사(司天大博士)   2권: 260

사천미(沙川尾)   4권: 43, 46

사천왕사(四天王寺)   2권: 334, 339 / 3권: 23, 39~41, 59, 113. 181 / 4권: 57, 200 / 5권: 72,
　　　　164 / 6권: 93

사천왕사성전(四天王寺成典)   2권: 339

사천왕사지(四天王寺阯)   2권: 287 / 5권: 164

사천왕상(四天王像)   5권: 72, 125

사천왕석등(四天王石灯)   5권: 200

사천왕천(四天王天)   2권: 334 / 3권: 404

사천읍(泗川邑)   6권: 187

사천현(泗川縣)   6권: 187

사체산(師彘山)   6권: 185

사초부인(史肖夫人)   1권: 73, 82

사타돌궐(沙陀突厥)   4권: 254

사타부(沙陀部)   3권: 291

사탁(沙涿)   2권: 137

사파(蛇巴)   5권: 182

사팔혜(沙八兮)   4권: 415

사포(絲浦)   4권: 176

사표문(謝表文)　3권: 42

사풍(土風)　3권: 335

사하택(寺下宅)　2권: 137

사학(私學)　5권: 240

사함(四含)　5권: 21, 32

사해(思解)　5권: 22

사헌대(司憲臺)　4권: 259

사헌부(司憲府)　4권: 259

사현(師賢)　2권: 399 / 5권: 117

사훼(沙喙)　2권: 190

삭발(削髮)　1권: 183

삭방군(朔方郡)　4권: 64

삭윤표(朔閏表)　3권: 218

삭정군(朔庭郡)　3권: 70

삭주(朔州)　2권: 57 / 3권: 70

삭주도독사(朔州都督使)　2권: 346 / 3권: 65

산관(散關)　4권: 24

산관(散官)　5권: 40

산동(山東)　2권: 47, 286 / 3권: 305, 325, 378 / 4권: 158 / 5권: 190, 201

산동성(山東省)　2권: 47, 418 / 4권: 336 / 5권: 123, 201 / 6권: 72

산령(山靈)　3권: 168

산령(山嶺)　3권: 165

산령각(山靈閣)　5권: 175

산릉(山陵)　5권: 248 / 6권: 29, 34

산문(山門)　5권: 175, 190

산반해(散半奚)　4권: 415

산방(山房)　4권: 167

산부(山部)　3권: 130

산상(山上) 4권: 157

산상왕(山上王) 1권: 64, 103, 113

산서성(山西省) 2권: 33 / 4권: 65, 334, 335, 355, 377 / 5권: 111, 196 / 6권: 136, 142

산신(山神) 2권: 25~30, 152, 178, 228, 234, 238, 239 3권: 164~169, 338, 340, 398 / 4권: 279 / 5권: 244 / 6권: 23, 54, 103, 114, 170

산양현(山陽縣) 3권: 266

산탕(産湯) 3권: 131

산해경(山海經) 2권: 182

산해혜(山海慧) 6권: 196

산호(珊瑚) 3권: 87

산화가(散花歌) 6권: 91, 92

산화공덕(散花功德) 6권: 90

살라살벌저(薩羅薩伐底) 6권: 140

살리(室利) 6권: 150

살수(薩水) 2권: 76

살중업(薩仲業) 5권: 149

살찬(薩湌) 4권: 230, 389

살해(殺奚) 2권: 138

삼각삼천불명경(三却三千佛名經) 5권: 73

삼강(三綱) 3권: 53 / 5권: 216

삼강(三剛) 3권: 383

삼강전(三剛典) 5권: 53

삼강전주인(三剛典主人) 5권: 59

삼걸왕(三乞王) 1권: 171

삼계(三界) 3권: 404 / 4권: 291

삼공(三公) 4권: 98 / 5권: 111

삼공조(三公曹) 3권: 303

삼국본사(三國本史) 4권: 45, 187, 344, 356

삼국사(三國史)　2권: 57, 86, 89, 202 / 3권: 218, 252, 263, 281, 343, 355, 388 / 4권: 27, 28, 42, 44, 132 / 5권: 27, 28, 42, 44, 161 / 6권: 161

삼국사기(三國史記)　1권: 5, 8, 21, 28 / 2권: 37, 55, 57, 73, 74, 117, 132, 133, 214, 221, 253, 288, 300, 318, 341, 342~364 / 3권: 15~18, 170, 199, 230~235, 333, 336, 373, 397 / 4권: 86 / 6권: 187, 231, 232

삼국사절요(三國史節要)　3권: 68

삼국속악(三國俗樂)　3권: 58

삼국유사(三國遺事)　1권: 5~29, 41~43, 50, 95, / 2권: 22, 56, 178, 215, 244, 288, / 3권: 69, 131, 132, 323, 358, 402, 407~411 / 4권: 19, 132, 144, 260~265, 329, 378, 414~419, 429~433/ 5권: 29, 32, 57, 60, 71, 202, 252~257 / 6권: 23, 45, 156, 227~233

삼국유사고증(三國遺事考證)　1권: 5, 6, 9, 12, 13 / 3권: 230, 402 / 6권: 23, 227, 232

삼국지(三國志)　1권: 161 / 2권: 27, 45, 55, 56, 85 / 3권: 240, 407 / 4권: 97, 158

삼군도총제부(三軍都摠制府)　3권: 219

삼귀계(三歸戒)　4권: 333

삼귀의(三歸依)　4권: 333

삼근왕((三斤王)　1권: 172 / 3권: 246

삼기산(三岐山)　5권: 26, 27, 30, 48 / 6권: 20

삼대목(三代目)　3권: 73

삼대봉(三臺峰)　6권: 45

삼라군태수(歃羅郡太守)　4권: 331

삼랑사(三郎寺)　6권: 76, 80, 81, 127

삼략(三略)　3권: 197, 217

삼령오신(三令五申)　3권: 217

삼론종(三論宗)　6권: 155

삼마제(三摩提)　5권: 152

삼마제(三摩帝)　5권: 152

삼마지(三摩地)　5권: 152

삼만다발타라(三曼多跋陀羅)　6권: 139

삼망(三網)　5권: 59, 60, 93

삼망전주인(三網典主人)　5권: 93

삼매경(三昧境)　4권: 260 / 5권: 137

삼매경소(三昧經疏)　5권: 136

삼매야형(三昧耶形)　5권: 198

삼매왕(三昧王)　6권: 196

삼맥종(彡麥宗)　1권: 181, 182 / 4권: 271, 276

삼명(三明)　4권: 206

삼모부인(三毛夫人)　1권: 239, 240 / 3권: 105 / 4권: 197

삼무성론(三無性論)　5권: 37

삼무일종(三武一宗)　4권: 68

삼별초(三別抄)　3권: 380 / 4권: 252, 261, 319

삼보(三輔)　2권: 48, 329 / 4권: 42, 91, 333 / 5권: 99, 110, 116

삼보(三寶)　4권: 47, 96, 185 / 5권: 213

삼보감통록(三寶感通錄)　4권: 150, 156

삼보도위(三輔都尉)　4권: 64

삼사(三司)　4권: 403

삼사(三師)　4권: 272, 278

삼사칠증(三師七證)　6권: 140

삼삭(三朔)　3권: 114, 115 / 4권: 222

삼산(三山)　3권: 98 / 4권: 285, 294

삼상(三像)　6권: 51

삼성(三省)　4권: 128

삼성각(三聖閣)　6권: 103

삼소(三蘇)　2권: 29

삼소관음(三所觀音)　2권: 29, 165, 416 / 4권: 136, 214~220, 230, 294, 402, 442

삼시(三施)　5권: 198

삼십부여진(三十部女眞)　2권: 94

삼십삼천(三十三天)　3권: 53, 404. 406 / 4권: 230

삼십이천(三十二天)　3권: 404 / 4권: 230

삼악도(三惡道)　3권: 87 / 6권: 64

삼오력기(三五歷紀)　2권: 207

삼원신인법(三員訊因法)　3권: 333

삼월계락지일(三月禊洛之日)　2권: 173

삼위산(三危山)　2권: 30

삼위태백(三危太伯)　2권: 24

삼장(三藏)　3권: 342 / 5권: 94, 128, 196 / 6권: 28, 80, 87

삼장불공(三藏不空)　4권: 204

삼장사(三藏寺)　5권: 221

삼장십이부경(三藏十二部經)　5권: 219

삼전(三箭)　3권: 35

삼존(三尊)　4권: 173, 351 / 5권: 71

삼존불(三尊佛)　4권: 172, 209, 437

삼종정계(三種浄戒)　5권: 129

삼중당간본(三中堂刊本)　1권: 24

삼중대광(三重大匡)　3권: 218

삼중석탑(三重石塔)　5권: 230

삼중아찬(三重阿湌)　3권: 46 / 4권: 383, 387

삼차일차(三車一車)　6권: 158

삼천기(三川歧)　4권: 43, 44, 58

삼천당(三千幢)　6권: 192

삼천당주(三千幢主)　5권: 146

삼천불명경(三千佛名經)　4권: 145

삼취계(三聚戒)　5권: 129

삼취정계(三聚淨戒)　4권: 364 / 5권: 199

삼학(三學)　5권: 128

삼한공신(三韓功臣) 4권: 422, 425

삼헌(三獻) 3권: 365

삼현십성(三賢十聖) 5권: 200

삼화령(三花嶺) 2권: 165 / 3권: 95, 97~99 / 4권: 209

삼화봉(三花峰) 3권: 98

삼화산(三花山) 4권: 294

삼화상전(三和尙傳) 6권: 161

삼화술(三花述) 3권: 95 / 6권: 224

삼환(三桓) 5권: 123

삼황본기(三皇本紀) 2권: 19

삼황오제(三皇五帝) 2권: 343 / 3권: 382

삼회(三會) 3권: 251 / 4권: 275 / 6권: 81

삼회기법요(三回忌法要) 1권: 14

삽관(鍤觀) 6권: 70

삽라(歃羅) 2권: 186, 279, 280

삽라군(歃羅郡) 6권: 138, 195

삽량(歃良) 2권: 191, 279~281 / 5권: 141, 142 / 6권: 133

삽량성(歃良城) 1권: 161

삽량주(歃良州) 1권: 161 / 2권: 280 / 4권: 90 / 5권: 134, 142 / 6권: 133, 137, 193, 195

삽량주간(歃良州干) 2권: 280

상감(象嵌) 5권: 125

상걸식(常乞食) 4권: 66

상경(上京) 2권: 92

상고(上古) 2권: 193, 307 / 3권: 239

상곡(上谷) 2권: 43

상공(湘公) 2권: 377 / 4권: 266

상과(上科) 6권: 22

상관(尙冠) 4권: 393

상교(像敎) 4권: 262

상국(相國) 3권: 216, 307

상국(上國) 3권: 274, 313

상군(湘君) 2권: 41

쌍권경(雙卷經) 6권: 72

상귀(相貴) 3권: 313

상규(常規) 4권: 414

상근(上根) 6권: 81

상대등(上大等) 2권: 256 / 5권: 238

상략(上略) 3권: 217

상률사(廂律師) 4권: 173

상문가(相聞歌)(塗山歌) 3권: 357

상문사(詳文師) 3권: 40

상방(上坊) 2권: 137 / 4권: 107, 260 / 5권: 251

상번(上番) 4권: 259

상번(上蕃) 5권: 105

상벌(尙伐) 3권: 285 / 4권: 67

상벌주(尙伐州) 2권: 416

상보(尙父) 3권: 196('상부' 참조)

상보도성령(尙父都省令) 3권: 198

상봉(尙逢) 3권: 275

상부(相夫) 1권: 122

상부(尙父) 3권: 276('상보' 참조)

상부도성령(尙父都省令) 3권: 199

상부인(湘夫人) 3권: 353

상부종(相部宗) 4권: 257

상사(上巳) 3권: 335, 336

상사(尙舍) 4권: 394

상사국(尙舍局)　3권: 221

상사봉어(尙舍奉御)　4권: 393

상산왕(常山王)　3권: 311

상사일(上巳日)　3권: 335

상서(祥瑞)　3권: 41, 47, 112, 113, 138, 139, 164, 303, 305 / 4권: 80, 128, 188, 229 / 5권:
　　　37, 62, 106 / 6권: 117

상서(上書)　5권: 37

상서(尙書)　3권: 303 / 4권: 128

상서도성(尙書都省)　3권: 221, 229

상서동(上西洞)　2권: 169

상서령(尙書令)　2권: 419 / 3권: 219, 303

상서문(上書文)　4권: 223

상서복사(尙書僕射)　3권: 303

상서봉어(尙書奉御)　4권: 393

상서부(祥瑞部)　3권: 112, 113

상서부성(尙書部省)　3권: 221

상서사부원외랑(尙書司部員外郎)　4권: 220

상서성(尙書省)　3권: 41, 49, 204, 219, 220, 221, 229 / 4권: 126

상서재이(祥瑞災異)　3권: 113

상서좌복사(尙書左僕射)　2권: 415

상서좌승(尙書左丞)　3권: 229

상서태(尙書台)　3권: 303

상석자(上席者)　5권: 46

상선(商船)　4권: 336 / 5권: 162

상성군(商城郡)　2권: 195

상성기단신부(上成基檀身部)　5권: 230

상손(上孫)　3권: 388, 395

상수(上守)　3권: 28

상수위(上首位)　3권: 356

상승(尙乘)　4권: 394 / 5권: 114

상승국(尙乘局)　3권: 221

상시조(常侍曹)　3권: 303

상식(尙食)　4권: 394

상식국(尙食局)　3권: 221

상신(上臣)　2권: 261 / 4권: 92

상심(祥審)　3권: 164

상악(尙樂)　4권: 394

상안(常安)　4권: 25

상앵택(上櫻宅)　2권: 137

상염무(霜髥舞)　3권: 164

상왕고덕(相王高德)　4권: 20

상왕산(象王山)　4권: 373

상왕산(相王山)　4권: 373

상원(上元)　2권: 93, 173

상원(相源)　5권: 176

상원(上元)　5권: 210, 217

상원(上院)　4권: 347

상원부인(上院夫人)　3권: 263, 275, 284, 316

상원사(上院寺)　4권: 352, 363, 377, 378

상위(象緯)　1권: 220 / 2권: 218 / 5권: 109

상의(尙衣)　4권: 394

상의국(尙衣局)　3권: 221 / 4권: 393

상의봉어(尙衣奉御)　4권: 393

상인기(狀人紀)　2권: 75

상장(霜仗)　4권: 79

상장군(上將軍)　2권: 42 / 4권: 242, 246, 253

상전(湘傳)　2권: 65

상재(上宰)　3권: 119, 120

상재(上梓)　1권: 9

상제(上帝)　2권: 108 / 3권: 103, 369 / 4권: 115, 244

상좌(上座)　3권: 383 / 4권: 257, 413, 415 / 5권: 137

상좌불와(常坐不臥)　4권: 66

상좌평(上佐平)　1권: 153

상주(尙州)　2권: 104, 383, 416 / 5권: 134, 141, 144, 146, 227

상주(上州)　2권: 416 / 5권: 144

상주(上奏)　2권: 34

상주국(上柱國)　3권: 197, 199, 217, 224

상주국임해군(上柱國臨海郡)　4권: 43

상석자(上席者)　5권: 46

상즉상입(相卽相入)　5권: 172

상통(相通)　2권: 21, 42, 227, 233

상표(上表)　3권: 24, 305 / 5권: 37

상표문(上表文)　1권: 163, 187 / 2권: 386 / 5권: 23, 43

상필(尙筆)　4권: 394

상하서지(上下西知)　2권: 166, 194

상하신리(上下薪里)　2권: 166

상호장(上戶長)　5권: 53, 65

상호형색(相好形色)　4권: 332

새신(賽神)　3권: 377

색계(色界)　3권: 404 / 4권: 333, 364 / 5권: 21, 35

색공(色空)　4권: 394

색구경천(色究竟天)　4권: 364

색복(色服)　3권: 127, 246

색은(索隱)　3권: 340

색조부인(色刁夫人)　　1권: 199

색주(色朱)　　1권: 65

생사유전(生死流傳)　　3권: 404

생수(生酥)　　4권: 316

생여진(生女眞)　　2권: 94

생육(生肉)　　6권: 81

생의(生義)　　4권: 208, 209

생의사(生義寺)　　4권: 209

생의사석미륵(生義寺石彌勒)　　2권: 164 / 3권: 97, 99 / 4권: 208

생호(生乎)　　1권: 111

서거방(西去房)　　6권: 68

서경(書經)　　2권: 284, 396

서경(西經)　　3권: 341

서경유수관평양부(西京留守官平壤府)　　3권: 294

서경유수내사대랑동내사문하평장사(西京留守內史待郞同內史門下平章事)　　4권: 402

서경유수내사대랑평장사(西京留守內史待郞平章事)　　4권: 402

서국(西國)　　1권: 224 / 5권: 226

서기(書紀)　　2권: 123 / 3권: 355

서기정(西畿停)　　2권: 195

서나벌(徐那伐)　　4권: 385

서당(誓幢)　　5권: 145~147 / 6권: 72

서당(西堂)　　5권: 145

서당화상(誓幢和上)　　5권: 148

서당화상비문(誓幢和上碑文)　　5권: 146

서도(西都)　　5권: 166

서도전집(書道全集)　　3권: 215

서동(薯童)　　3권: 249~252

서동(西洞)　　3권: 125

서동요(薯童謠)　3권: 73

서라벌(徐羅伐)　1권: 47 / 2권: 151, 186 / 4권: 385

서령(西嶺)　4권: 379 / 6권: 138

서령사(書令史)　3권: 221

서루(西樓)　4권: 226, 229

서리(胥吏)　3권: 102, 105, 366

서리리(黍離離)　3권: 201, 226

서명(署名)　2권: 23 / 4권: 99, 177, 293 / 5권: 172

서명사(西明寺)　4권: 257 / 5권: 33 / 6권: 33

서박(鼠璞)　2권: 323

서반(序班)　3권: 205

서반제이토번(西畔第二吐蕃)　5권: 126

서발한(舒發翰)　2권: 277 / 4권: 346 / 6권: 32

서방(西方)　2권: 18, 20, 27, 30, 133, 244, 338, 358, 400 / 4권: 229, 335 / 5권: 81, 156 /
　　　　6권: 56, 59

서방변상도(西方變相圖)　5권: 195

서번(西蕃)　4권: 164

서벌(徐伐)　1권: 47 / 2권: 120, 159, 165, 185, 186, 188, 218, 238, 244

서보총출토(瑞寶塚出土)　1권: 181

서북매현(西北買峴)　5권: 53

서불감(舒弗邯)　1권: 240 / 2권: 277 / 3권: 114

서불감진복(舒弗邯眞福)　4권: 420

서사(書寫)　1권: 28

서산(西山)　2권: 353 / 6권: 108

서산대병(西山大兵)　4권: 145

서산사(西山寺)　5권: 34

서상(瑞祥)　2권: 151 / 3권: 173

서서원학사(瑞書院學士)　4권: 424

서술산(西述山)　2권: 150, 179, 389 / 6권: 54

서술성모(西述聖母)　2권: 150, 178, 179, 183

서시전(西市典)　3권: 42, 67

서악(西嶽)　2권: 30, 368, 387 / 3권: 94, 168 / 6권: 55

서악리(西岳里)　2권: 359 / 5권: 71

서안(西安)　4권: 24, 63

서야벌(徐耶伐)　4권: 385

서양(西壤)　1권: 95

서양잡조(西陽雜俎)　6권: 157

서언고사(書言故事)　3권: 67

서여(胥餘)　2권: 32

서여(薯蕷)　4권: 107

서역(西域)　2권: 92, 231 / 3권: 289 / 4권: 23, 33, 82, 91, 151, 161, 164 / 5권: 112, 170, 202, 250 / 6권: 87

서역기(西域記)　3권: 354 / 4권: 327, 332

서역도기(西域圖記)　2권: 33

서역도호(西域都護)　4권: 91

서역승(西域僧)　4권: 50

서역전(西域傳)　4권: 91, 164, 327

서연(西燕)　4권: 23, 24

서연산(西鳶山)　2권: 389 / 6권: 51, 53, 54

서예(書藝)　5권: 71

서왕모(西王母)　2권: 206 / 6권: 98

서운(庶云)　2권: 350 / 3권: 363

서원경(西原京)　3권: 375

서원소경(西原小京)　3권: 56 / 4권: 136

서위(西魏)　3권: 325 / 4권: 25 / 5권: 117

서융(西戎)　2권: 57 / 4권: 164

서응도(瑞應圖)   3권: 112

서이(西夷)   4권: 164

서자(庶子)   2권: 392 / 4권: 115

서정(徐整)   4권: 146

서재극(徐在克)   3권: 74

서주(西周)   6권: 156

서진(西晉)   2권: 53, 138 / 3권: 390 / 4권: 91

서진혜제(西晉惠帝)   1권: 122

서천(西川)   2권: 319 / 4권: 401 / 6권: 101

서천왕(西川王)   1권: 113

서천축(西天竺)   4권: 42, 77, 176, 249 / 5권: 36

서청전(婿請田)   4권: 57

서초(西楚)   2권: 286 / 3권: 312

서촌(西村)   2권: 148

서축(西竺)   4권: 176 / 6권: 136

서출지(書出池)   2권: 300, 302, 304

서학(西學)   3권: 22

서한(西漢)   2권: 70, 97 / 4권: 151, 158, 164

서해도(西海道)   2권: 29 / 5권: 62

서현(舒玄)   2권: 354, 388 / 3권: 373, 374

서현각간(舒玄角干)   5권: 168

서형(庶兄)   4권: 389

서형산(西兄山)   2권: 160, 389 / 6권: 54

서화(書畫)   4권: 258 / 5권: 69

석가만일도량(釋迦萬日道場)   4권: 399

석가문(釋迦文)   4권: 325

석가불(釋迦佛)   4권: 143, 275, 351 / 5권: 183 / 6권: 51

석가사(釋迦寺)   6권: 84

석가여래금상(釋迦如來金像)　6권: 84

석가탑(釋迦塔)　6권: 214

석각(石刻)　5권: 175

석감(石龕)　4권: 81 / 5권: 200

석경당(石敬塘)　3권: 291

석경당(石敬瑭)　5권: 66

석교록(釋敎錄)　5권: 192, 205

석구덕(釋丘德)　4권: 251

석굴사(石崛寺)　5권: 56, 67

석귀은(釋歸隱)　3권: 286

석균여전(釋均如傳)　1권: 23

석남사(石南寺)　5권: 128

석남원(石南院)　4권: 358 / 5권: 105, 128

석노지(釋老志)　5권: 118

석단(石壇)　2권: 234 / 5권: 125

석담시(釋曇始)　4권: 61, 62

석당(石幢)　4권: 226

석도선(釋道宣)　5권: 33

석등(石灯)　5권: 170, 175, 200 / 6권: 44

석등총(石燈寵)　3권: 132

석련지(石蓮池)　5권: 200

석론(釋論)　5권: 21

석륵(石勒)　4권: 23

석리정전(釋利貞傳)　2권: 104, 211 / 3권: 397, 398

석림연어(石林燕語)　4권: 58

석마라난타전(釋摩羅難陀傳)　4권: 33, 35, 36

석명관(釋明觀)　4권: 251

석미륵(石彌勒)　4권: 209

석미타(石彌阤)   4권: 384

석법공(釋法空)   4권: 94, 95, 98

석법운(釋法雲)   4권: 96, 99

석보덕(釋普德)   4권: 167

석보양전(釋寶壤傳)   5권: 52

석불사(石佛寺)   6권: 212

석순응전(釋順應傳)   2권: 104 / 3권: 397

석승민(釋僧旻)   5권: 34

석씨(昔氏)   2권: 195, 226, 237 / 3권: 199, 222 / 4권: 93 / 5권: 81 / 6권: 71, 92, 100, 109,
        118, 119, 121, 146

석아리나(釋阿離那)   5권: 76

석양절(昔楊節)   2권: 199

석우로(昔于老)   2권: 276

석원사림(釋苑詞林)   4권: 131

석원승(釋圓勝)   5권: 106, 128

석의연(釋義淵)   4권: 20

석자장(釋慈藏)   4권: 187, 189

석장(石葬)   2권: 234 / 4권: 168 / 5권: 69~71, 188 / 6권: 18

석장(錫杖)   4권: 350, 362 / 5권: 71, 217 / 6권: 18, 84

석장사(錫杖寺)   5권: 69

석조(石槽)   6권: 33

석조사리탑(石造舍利塔)   5권: 175

석조아미타여래상(石造阿彌陀如來像)   4권: 391

석지(釋地)   2권: 64

석지해(釋智海)   3권: 123

석진표(釋眞表)   5권: 47, 187

석충(釋忠)   5권: 190

석충(釋沖)   5권: 237

석탈(昔脫)   2권: 227, 237

석탈해(昔脫解)   2권: 237

석토(昔吐)   2권: 227

석퇴(石堆)   2권: 234

석해(石海)   5권: 246, 251

석현본(釋玄本)   6권: 78

석현유(釋玄遊)   5권: 80

석혜숙(釋惠宿)   3권: 157

선강대왕(宣康大王)   1권: 263, 266

선강왕(宣康王)   3권: 156

선거(選擧)   2권: 25, 71

선거지(選擧志)   3권: 294 / 4권: 262

선견천(善見天)   4권: 364

선경(仙境)   6권: 53

선계산(仙溪山)   5권: 206, 234

선관(禪觀)   4권: 64, 257

선교(禪敎)   3권: 185

선덕(宣德)   2권: 211, 212, 334, 339, 387

선덕대왕(善德大王)   4권: 189

선덕여왕(善德女王)   1권: 216 / 2권: 313, 335, 344, 388 / 3권: 131, 178 / 4권: 190, 343 /
        5권: 76, 89 / 6권: 31, 39, 225

선덕왕(宣德王)   1권: 245 / 3권: 120, 125, 128

선덕왕(善德王)   1권: 139, 217, 218 / 2권: 68, 166, 167, 258, 331~340, 369, 388, 389 / 3권:
        38~44, 71, 72, 80, 106, 180~183, 379, 383, 404 / 4권: 43, 55~57, 173~200, 208, 209,
        241, 251, 252, 261, 317, 344, 355~358, 364, 377 / 5권: 38, 69, 71, 89~93, 102, 108,
        111~113, 124, 142, 175 / 6권: 18, 23, 43, 181

선덕왕지기삼사(善德王知幾三事)   1권: 139, 217 / 2권: 332 / 4권: 56, 57, 209, 252, 356,
        364 / 6권: 23

선도(善導)　5권: 195, 196

선도산(仙桃山)　2권: 160, 388 / 6권: 54, 56

선도산신모(仙桃山神母)　6권: 54

선도삼장(善道三藏)　5권: 188, 195

선도성모(仙桃聖母)　2권: 150, 389 / 6권: 53

선도성모수회불사(仙桃聖母隨喜佛事)　2권: 152, 160, 177, 183, 389 / 5권: 48 / 6권: 50, 54

선묘(善妙)　5권: 163, 170

선무외(善無畏)　5권: 217

선법(禪法)　4권: 88

선봉행(宣奉行)　3권: 219, 229

선부(膳部)　3권: 41

선부(船府)　3권: 97

선부동주(船府同舟)　3권: 97

선비(鮮碑)　4권: 65

선비부(鮮卑部)　1권: 132

선비족(鮮卑族)　5권: 39

선사(禪師)　2권: 126

선산(善山)　1권: 273 / 3권: 285, 310, 321 / 4권: 51, 57

선산도호부(善山都護府)　3권: 285 / 4권: 51

선상기인법(選上其人法)　3권: 33

선선황사대각국사비(僊僊凰寺大覺國師碑)　4권: 131

선성대왕(宣成大王)　1권: 278

선승(禪僧)　4권: 358

선신(善神)　4권: 213 / 6권: 23

선악과보(善惡果報)　5권: 236

선양사상(禪讓思想)　2권: 258

선왕영(先王映)　1권: 163

선원(禪院)　　4권: 260, 415 / 5권: 53, 59, 60, 116

선율(善律)　　6권: 102

선의왕후(宣懿王后)　　1권: 263

선재동자(善財童子)　　4권: 298, 314 / 5권: 172, 173

선적(禪寂)　　4권: 123

선정(禪定)　　4권: 260 / 5권: 21

선제(宣帝)　　2권: 409 / 4권: 272 / 5권: 35, 116

선종(宣宗)　　2권: 77 / 4권: 220, 223, 247, 249, 254, 260~264, 267

선종(善宗)　　1권: 274 / 3권: 287　4권: 319

선종(禪宗)　　4권: 88, 260 / 5권: 53, 59 / 6권: 22

선종랑(善宗郎)　　4권: 178 / 5권: 100

선주(宣州)　　2권: 92

선주(善州)　　3권: 285

선주암(善住菴)　　5권: 221

선지식(善知識)　　4권: 291, 298 / 5권: 173

선천(先天)　　1권: 237 / 5권: 171

선천촌(仙川村)　　4권: 286

선품(善品)　　3권: 29, 56, 263

선품해간(善品海干)　　1권: 223

선필(善弼)　　3권: 298

선하령(仙霞嶺)　　6권: 157

선현천(善現天)　　4권: 364

선형식륜(船型埴輪)　　2권: 250

선화(善花)　　3권: 249

선화(宣和)　　4권: 124, 243, 256~258

선화(仙花)　　4권: 276

선회(善會)　　6권: 41

설계두(薛罽頭)　　2권: 170

설다도로국(設多圖盧國) 4권: 330

설리라(設利羅) 4권: 357

설방(薛邦) 3권: 38 / 6권: 43

설병(舌餅) 3권: 63

설부(薛夫) 2권: 170

설부루(屑夫婁) 2권: 186

설산동자(雪山童子) 5권: 222

설신(薛伸) 4권: 245

설씨(薛氏) 2권: 170, 171 / 5권: 137, 139

설오유(薛烏儒) 2권: 170

설원(說苑) 4권: 94, 272

설원랑(薛原郎) 2권: 170 / 4권: 272

설인귀(薛仁貴) 3권: 21, 30, 35~38/ 4권: 151, 156, 157/ 6권: 43

설정규(薛廷珪) 4권: 424

설중업(薛仲業) 5권: 145

설지(薛支) 2권: 170

설총(薛聰) 2권: 208 / 4권: 425 / 5권: 135, 137~139, 145, 149, 153

섬부주(贍部洲) 6권: 104

섭대승론(攝大乘論) 5권: 23, 36, 37, 108, 114

섭돈(攝緊) 4권: 26, 87

섭론(攝論) 5권: 23

섭론종(攝論宗) 5권: 23, 36, 37

섭률의계(攝律儀戒) 5권: 129

섭마등축란전(攝摩騰竺蘭傳) 5권: 91

섭선법계(攝善法戒) 5권: 129

섭시중(攝侍中) 3권: 205

섭정(攝政) 1권: 59 / 2권: 68, 311, 313 / 3권: 109 / 4권: 257, 404 / 5권: 127

섭중생계(攝衆生戒) 5권: 129

섭하(涉何) 2권: 40, 46

섭화(攝化) 4권: 291

성거산(聖居山) 2권: 68

성겁(成劫) 4권: 143, 146

성골(聖骨) 1권: 216, 217, 219, 220 / 2권: 224, 232, 324, 344, 388 / 4권: 419 / 5권: 110

성공(聖公) 2권: 216

성교(聖敎) 5권: 78

성국공주(成國公主) 4권: 44

성국궁주(成國宮主) 4권: 58

성기(成己) 2권: 42

성덕(聖德) 2권: 386

성덕대(聖德代) 4권: 20

성덕대왕(聖德大王) 1권: 264 / 3권: 147 / 4권: 195

성덕대왕신종지명(聖德大王神鍾之銘) 4권: 195

성덕왕(聖德王) 1권: 237~245 / 2권: 86, 90~95, 169, 194, 208, 260, 296, 297, 337, 346 /
     3권: 76~92, 106, 143 / 4권: 186, 191~198, 266, 288, 295, 346, 359~361, 388, 394 /
     5권: 189, 199, 200 / 6권: 83, 163

성덕종(聖德鍾) 4권: 195

성도(成都) 4권: 337

성도기별(成道記莂) 4권: 350

성등잉산(省等仍山) 1권: 281, 282

성력(聖曆) 4권: 191

성론(成論) 5권: 32

성림신강(聖林神降) 2권: 28

성망(聲望) 1권: 285

성명(聖明) 2권: 185, 418, 419 / 3권: 285 / 4권: 257 / 5권: 249

성명왕(聖明王) 1권: 56, 211, 212 / 2권: 172, 229, 317, 396, 405 / 3권: 394 / 6권: 125

성목(聖穆) 4권: 510

성목대후(聖穆大后)　1권: 251

성목대(태)후(聖穆大(太)后)　1권: 252

성문(省門)　2권: 243, 378 / 4권: 196 / 5권: 78

성문(聲門)　4권: 64

성문사(省門寺)　4권: 27

성문승(聲聞乘)　5권: 240 / 6권: 158

성문연각(聲聞緣覺)　5권: 114

성범(成梵)　6권: 170, 171, 174

성별(聖莂)　5권: 101

성부산(星浮山)　2권: 384 / 3권: 28

성불암(成佛菴)　5권: 220

성사(聖師)　5권: 133 / 6권: 173

성산(星山)　2권: 101 / 3권: 269, 320

성산가야(星山伽倻)　3권: 341

성산군(星山郡)　2권: 105, 106, 165 / 3권: 295, 321

성새(城塞)　4권: 27

성수산(聖壽山)　4권: 133

성숙(星宿)　2권: 33

성승(聖僧)　5권: 236

성신(星辰)　2권: 355

성신(聖臣)　2권: 386

성신감정(星辰感精)　6권: 43

성실(成實)　5권: 21

성실론(成實論)　5권: 22, 114

성심(成尋)　2권: 266 / 6권: 157

성업(聖業)　5권: 37

성오평(省烏坪)　4권: 346, 370, 376, 379

성왕(聖王)　2권: 132, 354 / 4권: 106, 150, 153 / 5권: 119

성왕(成王) 5권: 123

성유식론(成唯識論) 5권: 249

성의사(性義寺) 4권: 209

성자(聖者) 4권: 81

성전(成典) 2권: 337 / 3권: 49, 57, 113, 200 / 4권: 200

성전(聖典) 2권: 339 / 5권: 78

성전(聖殿) 4권: 306, 308

성정왕후(成貞王后) 1권: 238

성제(成帝) 4권: 151

성조(聖朝) 6권: 236

성조황고(聖祖皇姑) 2권: 335

성종(成宗) 2권: 31, 77, 103, 106, 257 / 3권: 48, 71, 166, 214, 218, 219~226, 239 / 4권:
      135, 222, 372, 402~404, 414/ 5권: 62~64 / 6권: 45(太宗의 잘못), 63, 174

성종(聖宗) 3권: 239 / 4권: 404

성주(成州) 2권: 105, 116, 165 / 3권: 302 / 5권: 229

성주(城主) 2권: 170 / 3권: 48, 267, 289, 297, 355, 376 / 4권: 333

성주(聖主) 4권: 79

성주(星州) 2권: 105, 165 / 3권: 302, 321, 341 / 5권: 229

성주목사(星州牧使) 1권: 18

성주사랑혜화상백월보광탑비(聖住寺朗慧和尙白月葆光塔碑) 3권: 204 / 4권: 426

성주장군(城主將軍) 3권: 364

성즉리(性卽理) 5권: 40

성책(聖冊) 3권: 289

성천자(聖天子) 4권: 147

성충(成忠) 2권: 371, 376, 377, 401

성취길상(成就吉祥) 5권: 205

성태(性泰) 4권: 218

성한설(星漢說) 2권: 258

성함(星函) 4권: 158

성현(成俔) 3권: 165

성현(聖賢) 3권: 199, 340, 356 / 6권: 79

성호대왕(成虎大王) 1권: 278

성황사(城隍祠) 6권: 174

성희대왕(聖僖大王) 1권: 281, 282

세가(世家) 2권: 400 / 3권: 188, 189 / 4권: 317, 414

세계(世系) 4권: 420 / 5권: 241

세계표(世系表) 3권: 410 / 4권: 389

세달사(世達寺) 4권: 309,319

세동방(歲東方) 2권: 232

세류(細柳) 3권: 309

세리지왕(世里智王) 1권: 118

세민(世民) 4권: 128

세선(世禪) 5권: 236

세속오계(世俗五戒) 5권: 33, 119

세숙겁(世宿劫) 4권: 145

세순(世詢) 4권: 221

세시기(歲時記) 2권: 323

세오(細烏) 2권: 248, 249

세오녀(細烏女) 1권: 92 / 2권: 206, 248, 250, 421 / 3권: 130, 402, 403 / 5권: 92

세위묘당(勢威廟堂) 4권: 67

세자재왕불(世自在王佛) 6권: 74

세적(世勣) 2권: 415

세제(稅制) 3권: 226 / 4권: 192

세조(世祖) 3권: 335 / 4권: 61, 163

세조본기(世祖本紀) 1권: 182 / 5권: 37

세종(世宗) 3권: 373 / 4권: 324

세종기영평(世宗紀永平)　2권: 231

세지(勢至)　4권: 362

세친(世親)　5권: 176

세헌(世獻)　4권: 346, 370

소가(素家)　2권: 58

소감(小監)　5권: 46

소개(小蓋)　3권: 263

소경(小京)　2권: 83 / 3권: 47, 56, 114, 378, 379~384, 394~396

소경(小卿)　6권: 62, 65

소경(小經)　6권: 116

소고(素古)　1권: 97

소공석(召公奭)　2권: 42

소관(蕭關)　4권: 24

소금강(小金剛)　5권: 200

소기(小器)　4권: 221

소년감전(少年監典)　3권: 97

소덕(炤德)　1권: 237

소덕대후(炤德大后)　1권: 238, 239

소덕왕비(炤德王妃)　3권: 80

소도론(笑道論)　4권: 91

소동파(蘇東坡)　3권: 342

소랑(蕭郞)　5권: 40

소량(蕭梁)　4권: 59

소량부(沙梁部)　6권: 207

소룡부인(小龍夫人)　3권: 120

소명서당(小名誓幢)　5권: 146

소명왕후(昭明王后)　1권: 265

소명현(昭明縣)　2권: 53

소문(疏文)   4권: 219

소문경(素問經)   3권: 42

소문왕후(昭文王后)   1권: 249

소백산(小伯山)   6권: 64

소백화(小白華)   4권: 305, 315

소백화산(小白華山)   4권: 314

소벌도리(蘇伐都利)   2권: 148, 159

소보갑(所寶岬)   5권: 53

소부(小府)   3권: 303

소부감(少府監)   4권: 393

소부리(所夫里)   2권: 165, 415 / 3권: 233, 234

소부리군(所夫里郡)   3권: 233, 234, 238

소부리주(所夫里州)   2권: 93, 405 / 3권: 239 / 6권: 79

소불전(小佛田)   4권: 286

소불전동(小佛田洞)   4권: 295

소비(燒臂)   4권: 246

소비공양(燒臂供養)   5권: 177

소사(召史)   3권: 354

소사(小舍)   4권: 78, 383, 389, 390 / 6권: 217

소사(小祠)   6권: 52

소사(小祀)   2권: 159, 160, 179 / 6권: 56

소사업(蕭嗣業)   3권: 21, 32, 33

소상(塑像)   2권: 226, 227 / 3권: 109 / 4권: 363 / 5권: 112

소상불(塑像佛)   4권: 213

소서성(小書省)   5권: 103

소성(昭聖)   1권: 251, 252, 256 / 4권: 407, 410 / 6권: 62

소성(紹聖)   4권: 262

소성(昭成)   4권: 407

소성거사(小姓居士) 5권: 135, 138

소성왕(昭聖王) 1권: 252~254, 279, 280 / 3권: 126, 129, 138, 142 / 4권: 410 / 5권: 229, 238

소성제(昭成帝) 2권: 278

소수림(小獸林) 1권: 95 / 4권: 60

소수림왕(小獸林王) 1권: 139 / 4권: 18, 22, 25, 26, 45, 50, 60, 165

소슬산(所瑟山) 6권: 169, 173

소승포살(小乘布薩) 5권: 183

소식(蘇軾) 2권: 97

소신(小臣) 3권: 146, 286

소아(小兒) 2권: 245

소아(小雅) 2권: 242, 244 / 4권: 254 / 5권: 124 / 6권: 163

소악(蘇鶚) 4권: 207

소연(蕭衍) 3권: 373

소영홍(蘇英弘) 4권: 114

소왕(昭王) 2권: 43, 114, 248

소요(逍遙) 4권: 394

소우(蕭瑀) 5권: 25

소원보(小元甫) 3권: 276

소자첨(蘇子瞻) 3권: 200

소자효공왕(小子孝恭王) 1권: 272

소작갑(小鵲岬) 5권: 53

소정(疏井) 1권: 71 / 2권: 410

소정방(蘇定方) 2권: 374, 397

소제(昭帝) 2권: 52, 67

소졸탑파(小卒塔婆) 4권: 338

소종(昭宗) 3권: 179, 264, 284, 285, 286, 288

소주(蘇州) 5권: 35

소중화사상(小中華思想)　2권: 207

소지(昭知)　2권: 302

소지(炤智)　2권: 302 / 4권: 52

소지마립간(炤知麻立干)　2권: 95

소지왕(炤智王)　2권: 307 / 5권: 240

소천(疏川)　2권: 238

소판(蘇判)　2권: 354 / 3권: 121, 172

소하(蕭何)　3권: 197, 216

소해주류(小解朱留)　1권: 95

소향(燒香)　4권: 223

소현대통법상(昭玄大統法上)　5권: 116

소현사(昭玄寺)　5권: 117

소현사문도통(昭玄沙門都統)　5권: 117

소현조(昭玄曹)　5권: 103, 118

소호(小昊)　2권: 18, 20

소화리(小花里)　6권: 161

속고승전(續高僧傳)　4권: 60, 265

속림(續林)　4권: 44

속말(粟末)　2권: 87

속말말갈(粟末靺鞨)　2권: 85, 88, 89

속문고(俗文攷)　4권: 415 / 5권: 58

속석전(束晢傳)　5권: 203

속일본기(續日本記)　2권: 277 / 3권: 91, 148 / 5권: 149

속일본후기(續日本後紀)　3권: 149

속자고(俗字攷)　4권: 415 / 5권: 58

속장경(續藏經)　1권: 203 / 4권: 131

속전(俗傳)　3권: 105 / 4권: 398

속한서(續漢書)　2권: 71

속현(屬縣)　4권: 428 / 5권: 143

손권(孫權)　2권: 400

손량(孫梁)　2권: 372

손숙통(孫叔通)　3권: 356

손순(孫順)　6권: 225

손씨(孫氏)　5권: 34

손작전(孫綽傳)　3권: 197

손재면역법(損災免役法)　3권: 333

손호(孫皓)　2권: 379, 409

손휴(孫休)　2권: 409

솔도파(窣堵婆)　4권: 327

솔우공(率友公)　3권: 363

송경(松京)　4권: 28, 29

송고승전(宋高僧傳)　4권: 60, 153, 207, 257, 314~317 / 5권: 32, 48, 134, 138~141, 151,
　　　　152, 162~165, 171, 177, 193~195, 241 / 6권: 72, 151, 157

송교(松橋)　4권: 43

송국공(宋國公)　5권: 40, 41

송기(宋祁)　2권: 74, 75

송라암(松蘿菴)　5권: 221

송사(宋史)　4권: 52

송서(宋書)　1권: 150, 154

송석하(宋錫夏)　1권: 20, 26, 42

송악(松岳)　1권: 284, 285 / 3권: 281, 289

송악군(松岳郡)　1권: 274, 284 / 3권: 289 / 4권: 28

송악군(松嶽郡)　3권: 289

송악지양(松岳之陽)　4권: 28

송양(松讓)　2권: 129

송운기행(宋雲行紀)　4권: 336

송전(宋傳)　5권: 237

송화강(松花江)　2권: 109

송화방(松花房)　2권: 353

쇼도구간본(正德刊本)　4권: 19, 63

쇼소인(正倉院)　3권: 342, 375

쇼소인몬죠(正倉院文書)　1권: 24

쇼와(昭和)　1권: 198 / 2권: 80, 230

수결(授訣)　4권: 69, 337 / 6권: 29, 34

수경(水鏡)　4권: 78

수경주(水經注)　2권: 45

수계(受戒)　4권: 253 / 5권: 47 / 6권: 141

수계작법(受戒作法)　5권: 239

수공(垂拱)　5권: 77, 153

수관(水官)　4권: 188

수광현공(壽光縣公)　3권: 224

수구다라니(隨求陁羅尼)　4권: 349

수구다라니경(隨求陁羅尼經)　4권: 364

수국사(修國史)　3권: 219 / 5권: 227

수기(隋紀)　2권: 88 / 4권: 337

수기(授記)　4권: 338, 365 / 5권: 210

수기품(授記品)　4권: 337

수나라(須那羅)　3권: 200, 397 / 4권: 113, 151, 383 / 5권: 22, 23, 29~31

수다사(水多寺)　4권: 178, 358, 359 / 5권: 105

수답(酬答)　3권: 197

수덕만세(水德萬歲)　1권: 284 / 3권: 289

수덕사(修德寺)　6권: 153~155

수도태나(首圖馱那)　4권: 333

수동(水同)　3권: 321

수두단(輸頭檀)   4권: 333

수라(修羅)   5권: 236

수령왕(首靈王)   3권: 398

수령행제소(守令行祭所)   2권: 159

수로(首露)   2권: 174, 176 / 3권: 330, 340

수로왕(首露王)   1권: 67, 106, 190 / 2권: 100, 125, 223, 228, 229 / 3권: 328, 333, 334, 337, 340, 344, 347, 363, 364, 366~368, 371, 373, 374, 383, 386, 388 / 4권: 161~163, 165, 323, 329

수로장군(水路將軍)   3권: 21, 36, 37, 83

수류(首留)   2권: 246

수릉(首陵)   3권: 330

수릉왕묘(首陵王廟)   3권: 353

수리관개(水利灌漑)   4권: 24

수림(樹林)   2권: 185, 186, 244

수망택(水望宅)   2권: 137

수문(水文)   2권: 268 / 5권: 52

수미산(須彌山)   5권: 246, 250

수범(修梵)   4권: 286

수법(修法)   5권: 46

수법행(隨法行)   3권: 343

수복(綏服)   3권: 156

수봉(修奉)   5권: 102

수서(隋書)   2권: 187, 418

수선(修善)   4권: 364 / 5권: 199

수선암(修善菴)   5권: 221 / 6권: 194

수성(遂成)   1권: 87, 94

수성군(守城郡)   6권: 170

수시력(授時曆)   4권: 146

수신행(隨信行)　3권: 343

수약주(首若州)　2권: 64

수양산(首陽山)　2권: 34

수업(修業)　2권: 356 / 4권: 350, 358 / 5권: 107, 188, 216 / 6권: 22

수역군(壽域郡)　6권: 170

수영강(水營江)　4권: 420

수영봉성사사원(修営奉聖寺使院)　4권: 200

수영○○사사원(修營○○寺使院)　4권: 200

수영영묘사사원(修営靈廟寺使院)　4권: 200

수예(手羿)　6권: 98

수오(隨晤)　3권: 273

수용신(受用身)　4권: 178

수원사(水源寺)　4권: 279

수원성(綏遠省)　4권: 64

수유비(秀游碑)　2권: 65

수이전(殊異傳)　5권: 25, 33, 41, 42

수인(燧人)　2권: 207 / 3권: 382

수장(繡帳)　3권: 234

수장보(繡帳寶)　2권: 262

수적(讎敵)　4권: 68

수적설(垂迹說)　4권: 279

수정(水淨)　6권: 92, 96

수정사(水精社)　4권: 351, 353, 366

수종(秀宗)　1권: 278 / 3권: 179

수좌(首座)　3권: 219

수좌(隋坐)　4권: 66

수주토요(隋主討遼)　4권: 156

수지(受持)　4권: 183 / 5권: 45, 129

수진(崇神)　3권: 355

수창군(壽昌郡)　6권: 170

수척(水尺)　2권: 229

수천(秀天)　6권: 20, 21

수철비(秀澈碑)　4권: 135

수축(修築)　3권: 25 / 5권: 44 / 6권: 22

수하좌(樹下坐)　4권: 66

수현소(搜玄疏)　5권: 159, 171

수호(守護)　2권: 195, 232 / 3권: 25, 400, 404 / 4권: 213, 305, 315, 414 / 5권: 72, 173

수화(綏和)　1권: 53

수화구년재명전(水和九年在銘塼)　2권: 80

수흥사(水興寺)　2권: 339

수힐매(首肹買)　4권: 383

숙명(宿明)　4권: 411 / 6권: 31

숙명공(夙明公)　1권: 252

숙명통(宿命通)　4권: 333

숙보(叔寶)　2권: 379

숙수(熟酥)　4권: 316

숙씨(淑氏)　1권: 252 / 2권: 199 / 4권: 410, 411

숙신(肅愼)　2권: 87

숙여진(熟女眞)　2권: 94

숙위(宿衛)　3권: 223

숙정부인(淑貞夫人)　1권: 250

숙제(叔齊)　2권: 34 / 3권: 216

숙종(肅宗)　2권: 77 / 3권: 123, 186, 192, 195, 197, 206, 207, 255, 263, 267, 296 / 5권: 150, 217, 219, 230, 240

숙종랑(叔宗郎)　3권: 155

숙직자(宿直者)　4권: 259

숙흘종(肅訖宗)　2권: 354 / 3권: 374

순군부(徇軍部)　3권: 220

순금합(純金合)　4권: 245

순도(順道)　4권: 18, 29

순성(順城)　3권: 268

순성대후(順成大后)　1권: 261

순신(純臣)　2권: 415

순안(順安)　6권: 59

순안현(順安縣)　6권: 63

순영(順英)　5권: 52

순원각간(順元角干)　1권: 237

순응(順應)　3권: 204

순자(荀子)　5권: 167

순전(舜典)　2권: 284 / 4권: 188

순정(順貞)　1권: 240 / 3권: 105

순정공(純貞公)　3권: 83, 84

순제(舜帝)　3권: 330, 340 / 5권: 210

순제(順帝)　4권: 64

순제(順濟)　5권: 210

순제법사(順濟法師)　5권: 210

순종(順宗)　2권: 92 / 4권: 267

순주(順州)　3권: 299

순주성(順州城)　3권: 267, 269, 299

순주안집대사(淳州安集大使)　2권: 398

순지(順知)　4권: 420

순천군(順天郡)　4권: 152

순천도호부(順天都護府)　4권: 264

순체(荀彘)　2권: 40, 41, 47

순행(巡行)　2권: 343 / 3권: 27, 156, 265, 355 / 4권: 150

순홍각간(順弘角干)　1권: 278

순화(淳化)　3권: 197

술례부인(述禮夫人)　1권: 110

술사(術士)　3권: 275

술수칠가(術數七家)　4권: 147

술이기(述異記)　4권: 146

술종(述宗)　3권: 72

숭례전(崇禮殿)　3권: 42

숭복사(崇福寺)　1권: 250 / 3권: 125, 134 / 5권: 159

숭복사비문(崇福寺碑文)　2권: 211

숭불(崇佛)　4권: 263

숭산(嵩山)　4권: 69 / 6권: 54

숭산(崇山)　4권: 88

숭선군(嵩善君)　3권: 285 / 5권: 93

숭정(崇禎)　4권: 99

숭제법사(崇濟法師)　5권: 187, 188, 195

숭현서(崇玄署)　5권: 117

스도 요시유키(周藤吉之)　5권: 62

스에마쓰 야스카즈(末松保和)　1권: 19, 26, 43, 110, 178, 238, 241, 252, 254, 256, 257 /
　　　2권: 49, 198, 357 / 4권: 21, 50, 411 / 6권: 186

습보(習寶)　1권: 169 / 4권: 78, 92

습보갈문왕(習寶葛文王)　1권: 169 / 2권: 307 / 4권: 78

습비문(習比門)　2권: 170, 194

습비부(習比部)　2권: 149, 170, 191, 194, 195, 357

습유기(拾遺記)　2권: 20, 21

승가람마(僧伽藍摩)　4권: 54

승강(僧綱)　5권: 230

승강소(僧綱所)　5권: 230

승강직(僧綱職)　4권: 257

승경(承慶)　1권: 238 / 6권: 163

승과(僧科)　6권: 22

승관편(僧官編)　5권: 202

승광별원(勝光別院)　5권: 101

승근(僧瑾)　5권: 118

승니(僧尼)　2권: 313 / 4권: 277 / 5권: 103, 109, 114~116, 118, 121, 216, 230

승단(僧團)　5권: 46

승당(僧堂)　6권: 141

승도(僧都)　3권: 124 / 4권: 204, 246 / 5권: 103, 216, 230

승도촌(僧道村)　4권: 286

승람(勝覽)　1권: 28, 256, 258, 275 / 2권: 29, 60~63, 76, 79, 92, 102, 104, 120, 135, 154, 159~169, 174, 178~184, 206, 211, 229, 236, 244, 279, 287, 303, 304, 316, 325, 326, 330, 337~340, 356~359, 395, 401, 405~409, 416, 417 / 3권: 39, 56~60, 68, 71, 79, 90, 110, 127, 150, 165~168, 176, 180, 202, 204~207, 239, 243~245, 253, 282, 290~302, 310~323, 333~336, 357, 383, 397 / 4권: 27~29, 55, 56, 90, 122, 132, 133, 165~169, 176, 196~200, 205, 220, 255, 259~267, 293, 294, 318~320, 328, 352, 373, 379, 403~410, 419, 428 / 5권: 45~48, 57, 61, 72, 91~93, 127, 128, 140~151, 174, 193~197, 216~220, 229, 238, 239 / 6권: 63, 71, 138~142, 149, 155, 166, 173, 179, 187~190, 195, 217, 218, 225, 226

승랑(丞郎)　4권: 403

승로(丞魯)　4권: 222

승로(承魯)　4권: 222

승록사(僧錄司)　6권: 104

승만(勝曼)　1권: 218 / 2권: 344

승만경(勝鬘經)　5권: 34

승만부인(僧滿夫人)　1권: 201

승방(僧房)   3권: 132

승부(乘府)   3권: 97

승부사목(乘府司牧)   3권: 97

승사(僧司)   6권: 10, 102

승상(丞相)   5권: 168

승상(承相)   5권: 168 / 6권: 19

승상사(丞相史)   6권: 19

승선(承宣)   6권: 65

승성(承聖)   2권: 312, 315

승신주(勝身州)   5권: 72

승심(勝心)   5권: 25

승영(昇英)   1권: 281

승잔(僧殘)   5권: 129

승적(僧籍)   5권: 164, 238

승전(勝詮)   4권: 18, 20 / 5권: 160, 172, 224~229, 255

승전(僧傳)   2권: 65 / 3권: 408 / 4권: 21, 317 / 5권: 38, 67

승전촉루(勝詮髑髏)   5권: 93, 172, 225, 255, 256

승점(乘岾)   3권: 348, 366

승정(僧正)   5권: 103, 118, 216, 230

승조(僧肇)   5권: 89, 94

승조(僧稠)   5권: 116

승주(僧主)   5권: 118, 230

승통(僧統)   4권: 131 / 5권: 103, 115, 230

승하(昇遐)   2권: 189 / 4권: 107, 151, 158, 172

승학덕전(僧學德傳)   4권: 261

승현(僧顯)   5권: 117

승화(承和)   3권: 149, 150

시가현(滋賀県)   1권: 10

시각(始覺) 5권: 152, 218

시건국(始建國) 1권: 60 / 2권: 120, 213

시경(詩經) 3권: 201

시뇌(詩腦) 2권: 218

시독겸한림학사(侍讀兼翰林學士) 2권: 211

시두말성(翅頭末城) 3권: 72

시라도리 구라기치(白鳥庫吉) 2권: 33, 50

시라이시 시즈오(白石靜男) 1권: 16 / 4권: 443

시라이시 요시아키(白石義明) 1권: 14 / 4권: 443

시랑(侍郎) 2권: 344, 347 / 3권: 23, 41, 194, 198, 204, 220, 267 / 4권: 216, 242, 253, 388,
    424 / 5권: 62

시랑(豺狼) 6권: 32

시림(始林) 2권: 185, 189, 235, 241

시립(侍立) 4권: 246

시마다(島田好) 4권: 28

시말(始末) 5권: 62, 134

시무십여조(時務十餘條) 2권: 211

시문(詩文) 3권: 303 / 4권: 221

시문(時文) 5권: 40

시문(市門) 6권: 117

시부(詩賦) 5권: 40

시부이손(詩賦伊飱) 4권: 137

시비왕(尸毗王) 4권: 78, 105 / 6권: 81

시사(市肆) 2권: 169, 176, 184 / 3권: 100, 338, 378, 397

시서(詩書) 5권: 202, 228

시서발총(詩書發塚) 5권: 191

시송(詩頌) 6권: 93

시신(侍臣) 4권: 150

시어사(侍御史)　3권: 49

시오노미사키(潮岬)　1권: 11, 15

시위(侍衛)　2권: 371

시자(侍者)　4권: 42 / 5권: 159

시적(示寂)　5권: 33

시정(市井)　4권: 222 / 5권: 57

시정환오(市井歡娛)　1권: 270, 272

시조당(始祖堂)　2권: 254

시조모(始祖母)　3권: 368

시조온조왕조(始祖溫祚王條)　1권: 56

시종(時宗)　2권: 46, 380 / 6권: 196

시중(侍中)　3권: 77, 81, 126, 128, 137 / 4권: 114, 126

시중최충(侍中崔沖)　3권: 333

시파촌(柴巴村)　2권: 164

시호(諡號)　1권: 177 / 2권: 306, 313, 314, 319, 328, 332, 370, 379, 387, 398, 415, 418 /
　　　　3권: 106, 126, 129, 154, 191, 195, 196, 206, 225, 263, 283, 330, 333, 364 / 4권: 36,
　　　　65, 107, 123, 124, 130, 177, 191~193, 197, 207, 222, 264, 267, 413, 420 / 6권: 23

시황본기(始皇本紀)　6권: 196

식건전(式乾殿)　5권: 103

식도부인(息道夫人)　1권: 181, 182

식부랑(食部郎)　4권: 393

식실봉(食實封)　4권: 124

식읍(食邑)　2권: 392 / 3권: 149, 266, 395

식자(識者)　2권: 178

식향(食香)　6권: 126

식혜곡(識慧谷)　6권: 42

식화(食貨)　2권: 25, 71

식화지(食貨志)　2권: 261 / 3권: 382

신강(信康)　3권: 277

신개하(新開河)　2권: 52

신검(神劒)　1권: 54 / 2권: 377 / 3권: 316

신격(神格)　3권: 337

신계리(薪溪里)　2권: 164, 166 / 4권: 384

신계천(神溪川)　2권: 282

신고양본대교(新古兩本對校)　1권: 26

신골(身骨)　4권: 357 / 5권: 94

신공(身空)　3권: 121

신관(神官)　3권: 334

신광(神光)　4권: 255 / 6권: 19

신광면(新光面)　2권: 213

신광사(神光寺)　4권: 243, 255

신광천(神光川)　3권: 180

신구(神龜)　2권: 18, 19

신구도행군(神丘道行軍)　2권: 398

신구도행군대총관(神丘道行軍大總管)　2권: 399, 400

신구도행책총관(神丘道行策摠管)　2권: 374

신구양당서(新舊兩唐書)　1권: 251

신구현(神丘縣)　2권: 399, 400

신궁(神宮)　2권: 156, 307

신귀(神鬼)　3권: 351

신귀간(神鬼干)　3권: 334, 348, 366

신농(神農)　2권: 18, 34, 207 / 3권: 382

신농(神農)(尙書大傳)　3권: 382

신단(神檀)　6권: 126

신답평(新畓坪)　3권: 331

신당(新幢)　5권: 145

신당서(新唐書)　　1권: 244, 255~257 / 2권: 33, 43, 66, 74, 75, 87~93, 362, 364, 398~403, 408, 411, 418 / 3권: 15, 32~37, 92, 113, 114, 128, 234, 377, 399 / 4권: 124~130, 410 / 6권: 79, 124

신대왕(新大王)　　1권: 93, 94, 96 / 2권: 129

신덕(神德)　　1권: 257 / 2권: 259

신덕왕(神德王)　　3권: 301

신도(神道)　　3권: 36

신도징(申屠澄)　　6권: 111, 112, 119

신동(神童)　　2권: 236 / 4권: 280

신라고기(新羅古記)　　2권: 86, 90

신라고전(新羅古典)　　4권: 216

신라문죄(新羅問罪)　　3권: 38

신라별기(新羅別記)　　2권: 379

신라복유법사인(新羅復有法師人)　　5권: 80

신라본기(新羅本紀)　　2권: 73, 78, 85, 214, 221, 253, 353, 318

신라사정사(新羅使正使)　　5권: 148

신라수이전(新羅殊異傳)　　3권: 403 / 5권: 26, 56

신라아리나발마법사(新羅阿離那跋摩法師)　　5권: 78

신라왕보국대장군행좌표도위대장군(新羅王輔國大將軍行左豹韜尉大將軍)　　3권: 42

신라왕좌리지(新羅王佐利遲)　　1권: 179

신라이전(新羅異傳)　　5권: 56

신라장적영간(新羅帳籍零簡)　　1권: 24

신라촌적(新羅村籍)　　3권: 342

신라현각법사(新羅玄恪法師)　　5권: 80

신란공주(神鸞公主)　　3권: 195

신려주(信廬州)　　5권: 72

신련(臣連)　　1권: 150

신령(神嶺)　　2권: 126, 177

신론(新論)　2권: 131

신룡(神龍)　4권: 248, 349, 372 / 5권: 174

신림(神琳)　5권: 161 / 6권: 212

신림사(神琳寺)　5권: 221

신모(神母)　2권: 152, 180, 187 / 6권: 51

신목왕후(神穆王后)　1권: 228, 229, 232 / 3권: 42, 66

신무왕(神武王)　1권: 264, 265 / 3권: 129, 140, 147~149, 156

신무대왕(神武大王)　1권: 264 / 3권: 145

신문대(神文代)　6권: 210

신문대왕(神文大王)　3권: 52, 57

신문왕(神文王)　1권: 161, 222, 223, 228~233 / 2권: 60, 83, 161, 163, 200, 258, 287, 385,
　　　405, 416 / 3권: 41~43, 48, 52, 57, 66, 97, 112, 130, 285, 323, 375, 378, 379 / 4권:
　　　122, 232, 317, 345, 346~349, 359, 363, 419, 420 / 5권: 48, 120, 148, 178, 193, 221 /
　　　6권: 29~35, 76, 86, 102, 161, 166, 213

신민(臣民)　1권: 126 / 5권: 126

신방(信芳)　5권: 190

신방사(新房寺)　3권: 163

신병(神兵)　4권: 243 / 6권: 29

신보(申輔)　3권: 349, 352, 386

신사의례(神事儀禮)　2권: 188

신서(神瑞)　4권: 69, 399

신성(新城)　2권: 89 / 3권: 31, 34, 44, 109, 114 / 4권: 125/ 5권: 123. 124

신성(神聖)　2권: 151, 155~159, 174, 182, 234, 339, 371 / 3권: 31, 34 / 4권: 42, 77, 206,
　　　313, 349, 372, 404 / 5권: 237, 248

신성(神成)　3권: 196, 205~207, 226, 230

신성(申省)　3권: 382

신성(新聲)　5권: 123, 124

신성굴(神聖窟)　4권: 349

신성왕태후(神成王太后)　3권: 206

신성왕후(神成王后)　3권: 196, 206, 230

신성효장황제(神聖孝章皇帝)　4권: 404

신수(神秀)　4권: 260

신술각간(神述角干)　1권: 250

신숭겸(申崇謙)　3권: 267, 294

신승(信僧)　6권: 23, 91

신시(神市)　2권: 24

신실(新室)　1권: 60

신씨(申氏)　1권: 251 / 2권: 199

신안태수(新安太守)　3권: 224

신안현(新安縣)　2권: 105, 165 / 3권: 295

신업(身業)　5권: 196

신역화(新譯華)　5권: 229

신열(辛熱)　2권: 218

신영대왕(神英大王)　3권: 125

신와카우라(新和歌浦)　1권: 10

신왕(新王)　1권: 93 / 2권: 129, 261 / 4권: 330

신우(辛禑)　5권: 125

신원사(神元寺)　2권: 322

신원선사(信元禪師)　5권: 125

신원평(神元坪)　2권: 326

신월성(新月城)　2권: 167 / 4권: 114

신유림(神遊林)　3권: 22, 39 / 4권: 57 / 6권: 31

신유혁명(辛酉革命)　1권: 283

신읍장(新邑長)　4권: 390

신의(信義)　2권: 155, 347 / 4권: 377

신의군(神義軍)　4권: 319

신의군공(新義郡公)   3권: 224

신의두타(信義頭陁)   4권: 377

신의발동(神意發動)   3권: 338

신이(神異)   2권: 18 / 5권: 153 / 6권: 139

신인(神人)   2권: 28 / 4권: 69, 115, 168, 183, 185, 352 / 6권: 31

신인(神印)   6권: 41

신인종(神印宗)   6권: 31

신작(神爵)   2권: 230

신장(宸仗)   6권: 18

신적(辛勣)   2권: 129

신적(神笛)   3권: 56, 59 / 4권: 233

신전촌(新田村)   3권: 341

신정삼국유사(新訂三國遺事)   1권: 50, 95

신조(申照)   4권: 192

신조(晨朝)   5권: 41

신족통(神足通)   4권: 333

신종(神宗)   3권: 377 / 4권: 147, 257, 264 / 5권: 215, 218

신종(神鐘)   3권: 79 / 4권: 200, 264 / 5권: 215, 218

신주(神呪)   1권: 19

신주(新州)   1권: 56 / 2권: 317 / 3권: 47

신중(神衆)   4권: 407 / 5권: 46

신중원神衆院)   1권: 285

신증(身證)   3권: 343

신증동국여지승람(新增東國輿地勝覽)   2권: 24, 55, 56, 145, 300 / 4권: 398, 404 / 5권: 68

신지(臣智)   2권: 58, 138

신지(神誌)   4권: 114, 128 / 6권: 64

신지(愼之)   4권: 424

신지명민(神智明敏)　5권: 94

신지비사(神誌秘詞)　4권: 114, 128

신직(神職)　3권: 356

신집(新集)　4권: 126

신찬(臣瓚)　2권: 45

신찬성씨록(新撰性氏錄)　1권: 50

신채염려(神采艶麗)　3권: 224

신천(神天)　3권: 351

신천간(神天干)　3권: 328

신천사도(新天師道)　4권: 69, 117

신체부(辛替否)　3권: 366

신충(信忠)　3권: 78, 97 / 6권: 31, 35, 36, 160~162, 165, 166

신충괘관(信忠掛冠)　2권: 157 / 5권: 253 / 6권: 35, 160

신충봉성사(信忠奉聖寺)　6권: 31, 161

신탁화상(神卓和尙)　4권: 413

신통(神通)　4권: 347 / 5권: 236

신통보(神通普)　4권: 118

신파부인(神巴夫人)　1권: 244

신편제종교장총록(新編諸宗敎藏總錄)　4권: 131

신해(信解)　1권: 127 / 3권: 343, 387

신해혁명(辛亥革命)　4권: 89

신행비(神行碑)　2권: 65 / 4권: 135

신호왕(神虎王)　1권: 264

신화엄(新華嚴)　5권: 149

신효거사(信孝居士)　4권: 376

신홍(信弘)　3권: 165

신화학(神話學)　1권: 11

신황제(新皇帝)　1권: 60

신회(神會) 3권: 201

신효사(神孝寺) 4권: 245

신훈종자(新熏種子) 5권: 211

신흥(新興) 3권: 296, 297 / 4권: 335 / 5권: 240

신흥대왕(神興大王) 1권: 289 / 3권: 196, 206

신흥왕(新興王) 4권: 177

실금(實金) 2권: 294

실단(悉壇) 5권: 205

실담장(悉曇章) 5권: 205

실리라다(室利邏多) 3권: 354

실리불서(室利佛逝) 5권: 77

실성(實聖) 2권: 288, 289, 290, 291

실성마립간(實聖麻立干) 1권: 145

실성왕(實聖王) 1권: 161 / 2권: 274, 276, 279, 293, 294 / 4권: 85 / 5권: 44

실유불성(悉有佛性) 4권: 367

실제사(實際寺) 4권: 277 / 6권: 191, 192

실주(實主) 1권: 146 / 2권: 294

실주왕(實主王) 1권: 145

실지라솔도(悉地羅窣覩) 5권: 205

실직곡국(悉直谷國) 2권: 229

실직주(悉直州) 2권: 307, 310

실차난타(實叉難陀) 5권: 149, 171

실처랑(實處郎) 6권: 121

심감(心鑑) 4권: 247

심내부인(深乃夫人) 1권: 261

심대성(心大星) 6권: 122, 123

심國종명(부)(深麥宗名(夫) 1권: 181

심사(審使) 5권: 52

심성(心星) 6권: 123

심원(心源) 5권: 152

심원사수철화상릉가보월탑비(深源寺秀澈和尙楞伽寶月塔碑) 4권: 135

심원장(心源章) 5권: 227

심정(心正) 3권: 224 / 4권: 115 / 5권: 23

심즉리(心卽理) 5권: 40

심지계조(心地繼祖) 5권: 218, 234 / 6권: 24

심창부범(審昌敷汎) 4권: 123

심학(心學) 5권: 25, 40

심호(沈湖) 4권: 81

십계(十戒) 3권: 133 / 4권: 189 / 6권: 140

십구응신(十九應身) 6권: 70

십대덕(十大德) 5권: 118

십방현위(什邡縣尉) 6권: 111

십붕(十朋) 3권: 329, 336

십붕지구(十朋之龜) 3권: 336

십선계(十善戒) 5권: 199

십성(十聖) 4권: 136 / 5권: 161

십송률목차기(十誦律木叉記) 5권: 108

십신(十信) 5권: 151, 200

십왕생경(十往生經) 6권: 196

십원전(十員殿) 4권: 244, 246, 247

십육관(十六觀) 6권: 72

십육나한(十六羅漢) 3권: 39 / 6권: 36

십육상관(十六想觀) 6권: 72

십이문소(十二門疏) 5권: 226

십일면관음보살상(十一面觀音菩薩像) 4권: 216

십일면원통상(十一面圓通像) 6권: 77

십일지(十一地) 4권: 291

십정(十停) 6권: 174

십제(十濟) 2권: 135

십주(十住) 5권: 151, 200

십중계(十重戒) 5권: 129

십중금계(十重禁戒) 5권: 45

십지(十地) 5권: 151 / 6권: 143

십지론(十地論) 5권: 176

십지품(十地品) 4권: 298

십칠지(十七地) 4권: 394

십통(十統) 5권: 117

십팔불공법(十八不共法) 4권: 354

십행(十行) 5권: 151

십행일(十行日) 1권: 179

십회향(十回向) 5권: 136, 151, 200

쌍사자(雙師子) 5권: 200

쌍성총관부(雙城摠管府) 2권: 120

쌍죽(雙竹) 3권: 59 / 4권: 315

쌍죽용생(雙竹湧生) 3권: 56

쌍탑식(雙塔式) 6권: 214

쓰다 소기치(津田左右吉) 2권: 95

쓰보이 구메조(坪井九馬三) 1권: 21 / 3권: 371

쓰시마(對馬) 2권: 83, 197, 234, 280 / 3권: 353, 378

쓰시마 소우우지(對馬宗氏) 2권: 197

씨족략(氏族略) 2권: 65

아

아가마쓰지죠(赤松智城)　3권: 337

아간(阿干)　2권: 393 / 3권: 226, 376

아곡(阿曲)　6권: 138

아곡현(阿曲縣)　3권: 165 / 4권: 185

아굴마(我崛摩)　4권: 43

아궁(我躬)　3권: 351

아궁(阿躬)　3권: 387

아귀(餓鬼)　5권: 236

아귀도(餓鬼道)　3권: 87

아키바 다카시(秋葉隆)　5권: 59

아나사(阿那斯)　4권: 329

아나사산(阿那斯山)　4권: 325, 329

아난(阿難)　4권: 176

아난야발마(阿難耶跋摩)　5권: 78

아남택(衙南宅)　2권: 137

아뇩보리(阿耨菩提)　4권: 325

아누다라삼막삼보리(阿耨多羅三藐三菩提)　4권: 333

아누보리(阿耨菩提)　4권: 333

아누삼보리(阿耨三菩提)　4권: 333

아니부인(阿尼夫人)　1권: 218 / 2권: 225

아니점(阿尼岵)　5권: 53 / 6권: 148

아다치 기로쿠(足立喜六)　5권: 78

아달라이사금비내례부인(阿達羅尼師今妃内禮夫人)　2권: 179

아달라이질금(阿達羅尼叱今)　1권: 91

아달라왕(阿達羅王) 1권: 86, 278, 280 / 2권: 248 / 3권: 72, 179 / 4권: 205

아데노미고(安殿親王) 3권: 130

아도(阿都) 2권: 241, 246 / 4권: 53

아도(阿道) 2권: 246 / 4권: 18, 26~29, 38~53, 58~60, 80~87, 92, 93, 137, 162

아도(我刀) 3권: 351

아도(我道) 2권: 258 / 4권: 42, 49, 53, 57, 92, 93, 134, 213

아도간(我刀干) 3권: 334

아도기라(阿道基羅) 1권: 180 / 2권: 414 / 3권: 39, 40 / 4권: 38, 42, 49, 85, 93, 100, 137,
        145, 165, 213, 279, 300, 334, 356, 441 / 5권: 113 / 6권: 36, 42, 71, 115, 226

아도본비(我道本碑) 4권: 53 / 6권: 115

아도비(阿道碑) 4권: 78

아두(阿頭) 4권: 137

아두삼마(阿頭三麼) 4권: 44

아라(安羅) 2권: 101, 103 / 3권: 391

아라한과(阿羅漢果) 4권: 256

아란불(阿蘭佛) 2권: 111~113

아란야법(阿蘭若法) 6권: 84

아로부인(阿老夫人) 1권: 71, 72, 159

아뢰야식(阿賴耶識) 5권: 249

아류부인(阿留夫人) 1권: 146

아리수(阿利水) 2권: 127

아리야발마(阿離耶跋摩) 5권: 80

아막성(阿莫城) 5권: 46

아메노히보코(天ノ日矛) 6권: 43

아모가바지라(阿目佉跋折羅) 4권: 206

아미산(峨眉山) 4권: 355 / 6권: 142

아미타경(阿彌陀經) 4권: 366 / 5권: 188 / 6권: 195

아미타경소(阿彌陀經疏) 5권: 108

아미타삼존(阿彌陀三尊)   4권: 206, 313 / 6권: 54

아방(阿芳)   1권: 153

아베 요시시게(阿部能成)   1권: 26

아보기(阿保機)   2권: 88, 89

아복고(阿卜固)   3권: 34

아비달마구사석론(阿毘達磨俱舍釋論)   5권: 37

아비도(阿毘闍)   3권: 354

아비타(阿毘陀)   3권: 354

아사(阿斯)   2권: 29

아사나하로(阿史那賀魯)   2권: 398

아사달(阿斯達)   1권: 50 / 2권: 25, 26, 29, 32, 35, 36

아사리(阿闍梨)   3권: 39

아산주(兒山州)   5권: 193

아서(阿西)   6권: 133

아성(亞聖)   5권: 161, 177

아송(雅頌)   권: 177

아수라(阿修羅)   4권: 305, 315 / 5권: 72, 112

아수타국(阿輸陁國)   3권: 354

아슬라(阿瑟羅)   2권: 94

아슬라주(阿瑟羅州)   2권: 86, 306 / 3권: 27, 47 / 5권: 189

아시랑군(阿尸良郡)   2권: 103

아시량(阿尸良)   2권: 102

아식(阿食)   5권: 169

아신왕(阿莘王)   1권: 152, 153 / 4권: 32, 34, 35, 63

아야사산(阿耶斯山)   4권: 323, 329

아양(阿陽)   3권: 132

아영(娥英)   1권: 47

아오야기 쓰나다로(青柳綱太郎)   1권: 22

아오야마 히데오(靑山秀夫)   1권: 7

아유가왕(阿踰迦王)   3권: 354

아유가이 후사노신(鮎貝房之進)   3권: 341 / 4권: 414 / 5권: 58, 62, 218 / 6권: 45

아유타국(阿踰陁國)   3권: 349, 354 / 4권: 161, 164

아유태야(阿踰駄也)   3권: 354

아육(阿育)   4권: 173

아육왕(阿育王)   3권: 354, 172 / 4권: 151, 159 / 5권: 173, 174, 177, 179 / 6권: 78

아육왕탑(阿育王塔)   3권: 225

아이부인(阿爾夫人)   4권: 32 / 5권: 119

아이영(娥伊英)   1권: 47 / 2권: 183

아이혜부인(阿尓兮夫人)   1권: 101

아자개(阿慈个)   3권: 263, 282, 283

아전(衙前)   3권: 277, 319

아지(阿志)   1권: 141 / 2권: 179 / 3권: 387, 390

아지(阿之)   1권: 142 / 2권: 350, 369, 370 / 3권: 390 / 6권: 41

아지(阿只)   1권: 142 / 2권: 29, 236, 244 / 3권: 390

아지녀(阿之女)   6권: 41

아진(阿珍)   2권: 183

아진찬(阿珍湌)   4권: 92

아찬(阿粲)   3권: 46

아찬(阿湌)   3권: 46

아척간(阿尺干)   2권: 229 / 3권: 46, 119, 127

아함경(阿含經)   4권: 143 / 5권: 35, 114

아해(阿海)   2권: 369

아형(阿衡)   3권: 354

아호(雅號)   3권: 195

아호리(阿好里)   4권: 383, 384

아화(阿花)   1권: 153

아화왕(阿花王)　2권: 291 / 4권: 34

아황(娥皇)　3권: 357

아효부인(阿孝夫人)　1권: 72 / 2권: 225

악경(樂經)　5권: 205

악변화천(樂變化天)　3권: 404

악본한산기(樂本漢山記)　2권: 208

악붕구(樂鵬龜)　4권: 402

악붕귀(樂鵬龜)　4권: 399

악설(惡說)　5권: 129

악성현남(樂城縣男)　2권: 414

악신(嶽神)　2권: 227 / 3권: 401 / 5권: 239 / 6권: 23

악신(樂神)　6권: 126

악의(樂毅)　2권: 42

악인(樂人)　2권: 232

악지(樂志)　3권: 58

악질(惡疾)　4권: 48 / 5권: 166 / 6권: 20

악학궤범(樂學軌範)　3권: 166

안강(安康)　1권: 82 / 5권: 30

안강현(安康縣)　5권: 87, 91, 92 / 6권: 24

안경자서고신(顔卿自書告身)　3권: 215

안국병법(安國兵法)　3권: 108

안길(安吉)　3권: 27, 28

안남(安南)　2권: 196

안다(安多)　3권: 397

안동도호부(安東都護府)　2권: 89, 93, 297, 405, 412 / 3권: 31, 36, 46, 77, 300 / 4권: 64,
　　　130

안동부(安東府)　3권: 296, 298, 299

안라(安羅)　2권: 103

안라일본부(安羅日本府)   2권: 103

안렴사(按廉使)   3권: 380 / 4권: 241, 253

안록산(安祿山)   4권: 206 / 6권: 83, 86

안리왕(安釐王)   5권: 203

안무대사(安撫大使)   2권: 398

안민가(安民歌)   3권: 96

안민강(安民江)   4권: 19, 28

안변(安邊)   2권: 282 / 3권: 45, 70, 71

안북하(安北河)   3권: 45

안사(安史)   4권: 206 / 6권: 83

안사고(顏師古)   2권: 39, 43~45 / 6권: 143

안산암(安山巖)   4권: 56

안상(安常)   3권: 68 / 4권: 227~229, 231

안서(安西)   2권: 92

안세(安世)   3권: 225 / 4권: 191

안승(安勝)   2권: 60, 405 / 4권: 130

안시성(安市城)   1권: 132, 134 / 3권: 34 / 4권: 18, 19, 27~29, 121

안신사심론(安身事心論)   6권: 135

안악(安岳)   2권: 36

안야(安耶)   2권: 103

안원왕(安原王)   1권: 185

안음현(安陰縣)   3권: 309

안일(安逸)   3권: 164

안일호장(安逸戶長)   5권: 25, 41

안장법사(安藏法師)   4권: 97 / 5권: 103

안장왕(安藏王)   1권: 96, 184

안정국(安定國)   2권: 89

안정복(安鼎福)   1권: 20

안정홀(安丁忽) 4권: 18, 24

안제(安帝) 2권: 296

안종(安宗) 3권: 196, 225

안종욱(安宗郁) 3권: 206, 225, 405

안좌(安坐) 4권: 163

안주목(安州牧) 4권: 132

안진(顔眞) 3권: 229

안진경(顔眞卿) 3권: 229

안진경고신(顔眞卿告身) 3권: 227

안집(安輯) 3권: 31

안차골(安車骨) 2권: 379

안찰사(按察使) 4권: 241, 259 / 5권: 53, 61, 62

안촌홀(安寸忽) 4권: 28

안태(安泰) 2권: 375 / 3권: 66, 391 / 5권: 46

안평현(安平縣) 4권: 67

안함(安含) 2권: 65 / 4권: 134, 137 / 6권: 40

안혜(安惠) 6권: 40

안홍(安弘) 2권: 65 / 4권: 137 / 5권: 180

안회(顔回) 5권: 177

안효대왕(安孝大王) 4권: 193

안휘성(安徽省) 4권: 23

안홍사(安興寺) 6권: 50, 54

알묘제(謁廟祭) 3권: 365

알영(閼英) 1권: 61 / 2권: 150, 179

알영정(閼英井) 2권: 150, 180, 187

알지(閼智) 2권: 153, 174, 179, 188, 242, 244

알지거서간(閼智居西干) 2권: 150, 153

알천(閼川) 2권: 149, 154, 157, 174

알천양산촌(閼川楊山村)　2권: 147

암곡촌(暗谷村)　4권: 407

암라(菴羅)　4권: 203

암라과(菴羅果)　4권: 206

암소왕후(暗昭王后)　1권: 237, 238

암총(嵓叢)　6권: 175

압독(押督)　2권: 391 / 5권: 239

압독국(押督國)　1권: 83 / 5권: 143, 239

압량(押梁)　5권: 143, 239

압량국(押梁國)　1권: 82, 83

압량군(押梁郡)　5권: 133, 134, 137, 141, 145

압록(鴨淥)　2권: 86, 92, 124, 125

압록(鴨綠)　2권: 43, 51, 52, 89~96, 79, 117, 128, 297, 409 / 3권: 33, 35 / 4권: 18, 19, 28, 29, 151, 156

압록수(鴨淥水)　5권: 43

압유사(鴨遊寺)　5권: 106

애공(哀公)　4권: 147, 148

애공사(哀公寺)　1권: 179, 199 / 2권: 314, 370

애례(愛禮)　1권: 82

애류(愛留)　1권: 74

애술(哀述)　3권: 278

애장왕(哀莊王)　1권: 252~255 / 2권: 287 / 3권: 42, 114, 136, 138, 139, 142, 204 / 4권: 410, 411 / 5권: 199, 238 / 6권: 33, 62, 65, 94, 127, 128

애제(哀帝)　1권: 53 / 2권: 206 / 3권: 137, 179, 180

액사(縊死)　1권: 262

액정국(掖庭局)　3권: 221

액정령(腋庭令)　4권: 411

야건가라(耶乾訶羅)　4권: 331

야건가라국(耶乾訶羅國)　4권: 324, 325, 331, 332, 335

야마자키 히로시(山崎宏)　4권: 157

야마천(夜摩天)　3권: 404

야마토(大和)　2권: 316 / 3권: 402

야마토 미와야마(大和三輪山)　5권: 247

야별초(夜別抄)　4권: 309, 319

야율(耶律)　4권: 404

야율아보기(耶律阿保機)　2권: 88, 89

야차(夜叉)　4권: 305, 315 / 5권: 72

약로(藥盧)　1권: 110

약목(若木)　3권: 257, 292, 295

약목군정두사오층석탑조성형지기(若木郡淨兜寺五層石塔造成形止記)　3권: 381

약목현(若木縣)　3권: 267, 295

약사경(藥師經)　6권: 18

약사도량(藥師道場)　6권: 51

약사여래동상(藥師如來銅像)　4권: 195

약사여래상(藥師如來像)　4권: 56

약상(藥上)　6권: 54

약상보살(藥上菩薩)　4권: 176

약왕(藥王)　6권: 196

약왕보살(若王菩薩)　4권: 176

약우(若友)　1권: 113

약함(若函)　4권: 157, 158

양가(兩街)　2권: 30 / 4권: 204

양각(陽刻)　2권: 260 / 6권: 24

양강(陽崗)　1권: 186

양강상호(陽崗上好)　1권: 186

양강상호왕(陽崗上好王)　1권: 203

양검(良劍)　1권: 291 / 3권: 275, 276, 279, 285, 315

양견(楊堅)　5권: 35

양경(兩京)　5권: 174

양고승전(梁高僧傳)　1권: 19 / 4권: 22, 26, 59, 61~63, 70, 326, 334

양공향(揚公鄕)　2권: 397

양관사(梁官寺)　2권: 137

양광도(楊廣道)　5권: 62

양국(襄國)　1권: 172 / 2권: 80, 280, 294, 312, 387 / 3권: 91, 311, 394

양국충(楊國忠)　6권: 86

양군(梁郡)　2권: 382 / 4권: 221

양궁(梁宮)　2권: 195

양길(良吉)　1권: 274 / 3권: 265, 287

양길(梁吉)　1권: 274 / 3권: 176, 287, 288

양뇌야(兩腦野)　2권: 142

양도(良圖)　5권: 158, 168

양도(揚都)　5권: 22, 36

양명(羊皿)　4권: 113, 114

양문(良文)　3권: 296

양복(楊僕)　2권: 47

양부(梁部)　2권: 157, 158, 161

양부(陽孚)　4권: 413

양부화상(陽孚和尙)　4권: 413, 416

양북면(陽北面)　2권: 169 / 3권: 57, 59 / 5권: 250 / 6권: 55

양사(壤寺)　4권: 286

양산(楊山)　2권: 154, 155 / 6권: 199

양산(梁山)　2권: 186, 279

양상(良相)　3권: 104

양상택(楊上宅)　2권: 137

양생주(養生主)　6권: 79

양서(梁書)　1권: 123, 150 / 2권: 418

양성(陽城)　1권: 204

양성(良誠)　4권: 389

양슬(兩膝)　4권: 333

양식사적(樣式史的)　4권: 109

양신(良臣)　4권: 278

양신(兩腎)　4권: 333

양양(襄陽)　2권: 178 / 4권: 316, 318

양억(楊億)　4권: 99

양왕(襄王)　3권: 69 / 5권: 203

양요(禳妖)　3권: 88

양원(良圓)　5권: 176

양원왕(陽原王)　1권: 186, 203, 209

양원현(襄垣縣)　4권: 335

양이(陽夷)　1권: 254 / 2권: 64

양인(梁人)　4권: 50

양자강(揚子江)　3권: 305, 312

양장곡(楊長谷)　1권: 237, 240

양전(量田)　3권: 226, 381, 382 / 4권: 192

양전도장(量田都帳)　5권: 53, 60

양전보수법(量田步數法)　3권: 333

양전사(量田使)　3권: 366, 367, 381 / 5권: 60

양전장적(量田帳籍)　3권: 234, 239

양전척(量田尺)　2권: 231 / 3권: 382

양제(煬帝)　4권: 125, 157 / 5권: 33, 147

양존사(兩尊寺)　6권: 225

양주(楊洲)　5권: 156

양주(楊州)   2권: 279 / 5권: 36, 165 / 6권: 104

양주(襄州)   2권: 279

양주(良州)   2권: 279 / 5권: 92, 141, 142

양주(梁州)   2권: 279 / 6권: 133, 138

양주관하(良州管下)   6권: 189

양주두(梁柱頭)   5권: 254

양주성(梁州城)   1권: 160, 161

양주성(襄州城)   4권: 308, 309

양주총관(涼州総管)   3권: 224

양지(良志)   5권: 69, 71

양지법사(良志法師)   2권: 340

양지법사전(良志法師傳)   6권: 64

양지사부(良志師傅)   2권: 335

양지사석(良志使錫)   2권: 340 / 4권: 200 / 5권: 69, 93, 252, 253

양지전(良志傳)   2권: 340 / 4권: 56, 199

양차(羊車)   6권: 158

양택(梁宅)   2권: 137

양패(良貝)   3권: 173

양평(襄平)   2권: 69

양평현(襄平縣)   4권: 152

양품각간(狼品角干)   1권: 245

양피(讓避)   6권: 198~200

양피사(讓避寺)   6권: 200

양피사촌(壤避寺村)   2권: 301

양행밀(楊行密)   4권: 89

양현감(楊玄感)   3권: 325 / 4권: 125

양현고(養賢庫)   5권: 240

양현지(楊衒之)   4권: 91

양혜왕(梁惠王)　6권: 72

양호(陽虎)　5권: 123

양홍(梁鴻)　6권: 112, 117

어공원(御供院)　6권: 65

어국(御國)　3권: 43

어람대(於攬代)　1권: 178

어람대한지등허작□각간(於攬代漢只登許作□角干)　1권: 177

어룡(魚龍)　3권: 237 / 4권: 212, 324 / 5권: 193, 206

어룡성봉어(御龍省奉御)　3권: 97

어룡성사신(御龍省私臣)　1권: 255

어모교위(禦侮校尉)　5권: 64

어모부위(禦侮副尉)　5권: 53, 64

어무산신(御舞山神)　3권: 164

어무상심(御舞祥審)　3권: 164

어법집(語法集)　3권: 164

어불당(御佛堂)　4권: 245

어사(御史)　2권: 407

어사대(御史臺)　3권: 221 / 4권: 259

어사대부(御史大夫)　2권: 284, 285

어사도성(御事都省)　3권: 221

어사부(御史府)　4권: 259

어산(魚山)　3권: 378

어산불영(魚山佛影)　2권: 414 / 6권: 35

어수(於漱)　1권: 77

어수(魚水)　4권: 97

어업(語業)　5권: 196 / 6권: 65

어양(魚陽)　2권: 43

어우(御宇)　5권: 35

어원속해(語原俗解)　2권: 185, 208

어자산(御子山)　2권: 29

어자신(御子神)　2권: 29

어조지집(魚藻之什)　6권: 163

어환(魚奐)　2권: 27, 32, 33, 64

억렴(億廉)　3권: 196, 206, 230

언사현(偃師縣)　4권: 337

언승(彦升)　3권: 138

언승(彦昇)　5권: 238

언양(彦陽)　2권: 162 / 5권: 128

언어속해식(言語俗解式)　3권: 389

언종(彦琮)　5권: 191, 192, 202

엄수(淹水)　2권: 119

엄식(嚴飾)　5권: 167

엄장사(嚴莊寺)　4권: 44

엄정(嚴貞)　1권: 237

엄표수(淹㴲水)　2권: 127

엄흔(嚴欣)　4권: 414, 417

에다 도시오(江田俊雄)　5권: 107, 109, 112, 113

에바타 다케시(江畑武)　1권: 11

엔기오도네리시기(延喜大舍人式)　2권: 324

여관(女官)　3권: 192

여교(女嬌)　3권: 356

여근곡(女根谷)　2권: 333, 337, 338

여기(麗紀)　2권: 290 / 4권: 33

여대(餘大)　1권: 172

여도(汝刀)　1권: 77 / 3권: 351

여도간(汝刀干)　3권: 328

여도부인(如刀夫人)　1권: 199

여등(女登)　2권: 18

여라통호(麗羅通好)　2권: 316

여래장(如來藏)　5권: 138

여민(黎民)　3권: 305

여사형법공첩상통식(麗史刑法公牒相通式)　6권: 45

여산(廬山)　4권: 367

여삼(餘三)　3권: 119

여상(呂尙)　3권: 197, 216, 217

여선상(女仙像)　6권: 53

여씨춘추(呂氏春秋)　3권: 354 / 4권: 105 / 6권: 196

여영(女英)　3권: 357

여와(女媧)(春秋運斗樞)　3권: 382

여왜(女媧)　2권: 207

여의(如意)　4권: 230

여의보주(如意寶殊)　4권: 315(원저서 '殊' 그대로)

여의보주(如意寶珠)　3권: 133 / 4권: 306, 315 / 5권: 166

여의주(如意珠)　2권: 390 / 3권: 124 / 4권: 250

여정폐불(余程廢佛)　4권: 70

여주(餘州)　3권: 216, 234

여주총관(黎州總管)　2권: 415

여적(女狄)　2권: 65

여조부인(如刁夫人)　1권: 199

여진(女眞)　5권: 64

여진인(女眞人)　2권: 89

여창(餘昌)　2권: 315

여풍(餘風)　3권: 197

여해(汝諧)　4권: 413

아

여후(呂后) 2권: 44

역겁수행(歷劫修行) 5권: 172

역경(易經) 2권: 50 / 3권: 113, 391

역경(譯經) 4권: 91 / 5권: 137, 171

역계사(易繫辭) 3권: 159

역관(歷官) 5권: 99

역교사업(譯敎事業) 5권: 202

역대가(歷代歌) 4권: 144

역대삼보기(歷代三寶記) 4권: 336

역대지리지장도(歷代地理指掌圖) 2권: 97

역덕산(亦德山) 4권: 204

역마(驛馬) 3권: 279

역무(役務) 3권: 383

역병신(疫病神) 3권: 162, 163

역서(易書) 1권: 46 / 3권: 336

역성현(歷城縣) 2권: 47

역소(役所) 6권: 117

역수(曆數) 2권: 303 / 3권: 368 / 5권: 36

역원(驛院) 2권: 162

역장(譯場) 4권: 257

역정(役丁) 3권: 367

역제(曆制) 5권: 67

역주삼국유사(譯註三國遺事) 1권: 25

연각(緣覺) 4권: 64

연각승(緣覺乘) 5권: 240 / 6권: 158

연개소문(淵(泉)蓋蘇文) 1권: 210 / 3권: 30 / 4권: 119, 120, 129

연개소문(淵蓋蘇文) 1권: 210 / 3권: 30 / 4권: 119, 120, 129

연경(燕京) 1권: 6

연곡현(連谷縣) 4권: 427

연구사(燕口寺) 4권: 116

연국(燕國) 5권: 39

연기(緣起) 4권: 57, 163, 174 / 5권: 172 / 6권: 198

연기(然起) 2권: 382

연기(煙氣) 3권: 132

연기조사(緣起祖師) 5권: 175

연나부(椽那部) 1권: 93 / 2권: 114, 129

연나조의(椽那皀衣) 1권: 93

연노부(涓奴部) 2권: 114, 129

연단(燕丹) 3권: 172

연랍(납)(年臘) 5권: 30

연목구어(緣木求魚) 6권: 72

연변(蓮弁) 5권: 183 / 6권: 116

연산(連山) 2권: 395, 401, 421 / 3권: 323

연산군(燕山郡) 3권: 273, 309

연산진(燕山鎭) 3권: 291

연산현(連山縣) 2권: 401

연서(連署) 3권: 229

연수(延壽) 1권: 181 / 3권: 138

연신(燕信) 1권: 171

연안(延安) 2권: 282, 284, 404 / 3권: 314, 380

연연도호(燕然都護) 3권: 32

연오랑(延烏郎) 1권: 92 / 2권: 206, 248, 421 / 3권: 67, 130, 402, 403 / 5권: 92

연옥(蓮玉) 5권: 169

연왕(燕王) 2권: 39, 44, 286

연왕장다(燕王臟茶) 2권: 44

연우(延優) 1권: 102

열반무명론(涅槃無名論)　5권: 94

열반방등(涅槃方等)　4권: 115

열반불(涅槃佛)　4권: 178

열반예참(涅槃禮懺)　4권: 351

열반회(涅槃會)　4권: 387

열병기사(閱兵記事)　2권: 155

열수(列水)　2권: 409

열자(列子)　5권: 153

열전(列傳)　2권: 363 / 3권: 189 / 4권: 111, 397 / 5권: 19

열조상서(列曹尙書)　3권: 303

열종태원(烈宗太元)　2권: 187

열중(悅衆)　5권: 118

열하(熱河)　2권: 34, 69

열한(熱漢)　2권: 241, 245, 246

염관(鹽官)　4권: 317

염관음예참(念觀音禮懺)　4권: 365

염난수(塩難水)　2권: 128

염마(閻魔)　6권: 103

염미타예참(念彌陀禮懺)　4권: 365

염부제(閻浮提)　4권: 155, 159, 178 / 6권: 78, 104

염부제주(閻浮提洲)　4권: 151

염불(念佛)　5권: 21

염불경(念佛鏡)　5권: 195

염불성(念佛聖)　6권: 194, 198

염상(廉相)　3권: 109

염섭니상(捻攝泥像)　4권: 363

염열반예참(念涅槃禮懺)　4권: 365

염장(廉長)　3권: 145, 148

염장공(廉長公)　3권: 65

염정(念定)　5권: 21

염제(炎帝)　5권: 21

염주(鹽州)　6권: 96

염지통(鹽池通)　3권: 114

염촉(厭觸)　4권: 78, 85

염촉멸신(厭觸滅身)　2권: 258 / 3권: 127 / 4권: 53, 55, 58~60, 77, 92

엽몽득(葉夢得)　4권: 58

영가(永嘉)　1권: 123 / 4권: 65

영강(永康)　1권: 123, 124

영강(寧康)　4권: 22, 25

영강(靈江)　6권: 157

영객부(領客府)　3권: 97

영건(永建)　4권: 64

영경(英景)　3권: 267

영경사(永敬寺)　6권: 54

영고(永固)　4권: 23

영공각간(永公角干)　1권: 263

영광(永光)　1권: 47 / 4권: 432, 433

영국(英國)　2권: 415

영규(英規)　3권: 319, 376

영금(瑩金)　5권: 218

영남면(嶺南面)　3권: 207

영(납)화(寧(納)花)　1권: 267

영녕사(永寧寺)　4권: 154

영단(英斷)　3권: 197

영달(榮達)　3권: 120

영대공양료(永代供養料)　6권: 46

영동(嶺東)　4권: 349

영동대장군(寧東大將軍)　1권: 187

영동모(永童姥)　2권: 179

영락(永樂)　4권: 89

영락경(瓔珞經)　5권: 129

영락본업경(瓔珞本業經)　5권: 200 / 6권: 210, 214

영류왕(榮留王)　1권: 210 / 2권: 358 / 3권: 30 / 4권: 112

영명(永明)　1권: 151, 169 / 3권: 388, 392

영명(令名)　3권: 229

영묘(寧廟)　3권: 371 / 5권: 71

영묘사(靈廟寺)　4권: 56, 199/ 5권: 71

영묘사(靈妙寺)　2권: 337, 340 / 4권: 56 / 5권: 68, 71

영묘사장육(靈妙寺丈六)　2권: 331, 332, 340 / 4권: 199 / 5권: 69, 74

영무현(寧武縣)　4권: 334

영미사(零味寺)　2권: 98

영변(靈卞)　4권: 349

영사(令史)　3권: 221, 230

영사(靈祠)　5권: 151

영사각간(英史角干)　1권: 183

영사시(詠史詩)　4권: 42

영산(靈山)　2권: 33, 165, 175, 233, 234, 389 / 3권: 341 / 5권: 250 / 6권: 199, 214

영산사(永山寺)　4권: 261

영산사(靈山寺)　5권: 197, 206

영산현(靈山縣)　4권: 90

영상서사(領尙書事)　3권: 303

영서(榮西)　6권: 157

영석(靈石)　4권: 114

영성자(英城子)　1권: 134 / 4권: 28

영순(永淳)　2권: 411 / 4권: 403, 419, 420 / 6권: 149

영순(英順)　3권: 35, 276

영신의례(迎神儀禮)　3권: 85, 87

영신제의(迎神祭儀)　3권: 337

영실(英失)　4권: 83

영실각간(英失角干)　1권: 183

영심(永深)　3권: 158 / 5권: 222

영악남산(靈岳南山)　3권: 168

영양왕(嬰陽王)　2권: 355 / 4권: 126 / 5권: 42

영왕(映王)　1권: 154

영왕부장사(潁王府長史)　3권: 377

영원(永元)　2권: 308

영유(靈裕)　5권: 117

영융(永隆)　3권: 43

영음(靈蔭)　5권: 55

영일현(迎日縣)　2권: 202, 206, 249, 250, 252 / 5권: 88, 92 / 6권: 149

영잠(瑩岑)　5권: 222

영재광화(靈帝光和)　1권: 94

영적(靈迹)　3권: 59

영정(永定)　2권: 175

영정(永貞)　1권: 186, 204 / 2권: 92

영제(靈帝)　3권: 305, 352

영제부인(迎帝夫人)　1권: 177~179 / 2권: 314

영조(靈照)　2권: 230

영종(英宗)　4권: 196

영주(營州)　2권: 89, 92 / 3권: 35 / 4권: 51, 204, 266, 320 / 5권: 170 / 6권: 63

영주(永州)　3권: 202, 292, 293, 324

영주자사(永州刺史)　3권: 293

영창관등주부(永昌官等主簿)　3권: 97

영천(永川)　2권: 356, 357 / 3권: 68, 292~294

영천군(榮川郡)　2권: 356 / 3권: 132, 202, 292 / 4권: 320 / 5권: 239 / 6권: 25, 63

영초(永初)　3권: 391

영취사(靈鷲寺)　4권: 418, 419

영취산(靈鷲山)　2권: 167 / 3권: 163, 165 / 4권: 77, 90, 436 / 6권: 51, 133, 135, 138, 141, 148, 149

영취산동록승지(靈鷲山東麓勝地)　6권: 138

영취산통도사(靈鷲山通度寺)　5권: 124

영축사(靈鷲寺)　6권: 146

영축사기(靈鷲寺記)　6권: 136

영축산(靈鷲山)　5권: 136 / 6권: 133, 135, 136, 146

영탑사(靈塔寺)　4권: 168, 169

영탕(양)왕(嬰湯(陽)王)　1권: 209

영태(永泰)　3권: 80, 109

영통사대각국사비(靈通寺大覺國師碑)　4권: 131

영파(寧波)　4권: 316

영파부(寧波府)　4권: 315

영평(永平)(東晋)　1권: 72 / 3권: 390

영품리왕(寧稟離王)　2권: 119

영풍군(永豐郡)　2권: 68 / 4권: 96 / 6권: 64

영표(嶺表)　5권: 22

영하회족(寧夏回族)　4권: 65

영해도호부(寧海都護府)　4권: 373

영해현(寧海縣)　4권: 317

영화(寧花)　1권: 267 / 3권: 387, 390

영화(永和)　2권: 192 / 3권: 25 / 4권: 81

영휘(永徽)　2권: 370, 389, 415 / 4권: 122, 361 / 5권: 156

영휘율령산정(永徽律令刪定)   2권: 415

영흥(永興)   2권: 63, 93, 95

영흥대도호부(永興大都護府)   2권: 120

영흥사(永興寺)   1권: 179, 180, 200 / 2권: 258 / 4권: 43, 44, 55, 58, 83, 101, 200, 213

영희(永熙)   4권: 25

예겸(鋭謙)   1권: 280 / 3권: 179

예겸(乂謙)   1권: 280 / 3권: 179

예겸각간(鋭謙角干)   1권: 278

예국(穢國)   2권: 57

예국고성(濊國古城)   2권: 63

예기(禮記)   3권: 156

예맥(濊貊)   2권: 57

예묘(睿廟)   4권: 256

예문관(藝文館)   3권: 40

예문유취(藝文類聚)   3권: 113

예문지(藝文志)   2권: 60, 92, 97, 211

예민(濊民)   2권: 60

예보사(禮寶寺)   3권: 221

예부(禮部)   3권: 41

예부상서(禮部尙書)   3권: 41, 225

예부시랑(禮部侍郞)   3권: 23 / 4권: 402, 424

예불(禮佛)   3권: 237 / 4권: 82, 264 / 6권: 33

예성강(禮成江)   3권: 274, 314

예악(禮樂)   2권: 17, 71 / 3권: 335

예영(禮英)   3권: 129

예영잡간(禮英匝干)   1권: 261 / 3권: 120, 129

예왕지인(濊王之印)   2권: 213

예의(禮儀)   2권: 63 / 3권: 41, 193, 199, 287, 372 / 4권: 274 / 5권: 158

예작부사례(例作府司例) 3권: 97

예작전(例作典) 3권: 97

예제(禮制) 3권: 356

예조(禮曹) 3권: 49

예족(濊族) 2권: 50 / 5권: 38

예종(睿宗) 2권: 33 / 4권: 256

예증(禮贈) 2권: 408, 409

예지(禮智) 5권: 35 / 6권: 103

예지(叡智) 5권: 183

예참(禮懺) 4권: 365

예천군(醴泉郡) 3권: 292

예춘년(芮椿年) 4권: 196

예후(濊侯) 5권: 39

예흔랑(譽昕郞) 3권: 155

오(吳) 2권: 265, 379, 409 / 4권: 89, 235 / 5권: 23, 32, 34, 165 / 6권: 117, 118, 157

오가야(五伽耶) 2권: 100, 101 / 3권: 296

오가다 마사유키(岡田正之) 3권: 149

오가자키 다카시(岡崎敬) 2권: 213 / 5권: 59, 64

오간(烏干) 2권: 234 / 4권: 122 / 6권: 195, 231

오강(烏江) 2권: 286 / 3권: 274, 312

오경박사(五經博士) 1권: 187

오계(五戒) 4권: 324 / 5권: 188, 195 / 6권: 140, 141

오골성(烏骨城) 2권: 47

오광(吳廣) 2권: 285

오구라 신페이(小倉進平) 3권: 74 / 5권: 73 / 6권: 73, 95, 96, 125, 164, 180

오국성(五國城) 4권: 258

오군(吳郡) 5권: 34

오기일(烏忌日) 1권: 180 / 3권: 404 / 6권: 106

오능(五能)　3권: 351

오당(吳堂)　5권: 169 / 6권: 20, 24

오대(五代)　5권: 35, 166

오대사(五臺社)　4권: 343, 355

오대사기(五代史記)　2권: 97

오대산(五臺山)　4권: 344, 352

오대산길상탑사(五臺山吉祥塔詞)　5권: 147

오대십국(五代十國)　3권: 302

오대현(五臺縣)　4권: 355 / 5권: 111

오도(五道)　3권: 87

오도간(五刀干)　3권: 328

오도산(悟道山)　4권: 132

오도양계(五道兩界)　5권: 62

오독(誤讀)　1권: 251

오두미교(五斗米敎)　4권: 117

오두미도(五斗米道)　4권: 117, 258

오두품(五頭品)　5권: 140, 146

오룡차(五龍車)　2권: 108

오루하(奧婁河)　2권: 90

오륜저지(五輪著地)　4권: 333

오릉(五陵)　2권: 152, 189 / 3권: 119

오목도(烏牧島)　2권: 47

오미노게나(近江毛野)　3권: 397

오방(五方)　2권: 403 / 3권: 241

오방성(五方城)　2권: 402 / 3권: 241

오방천신(五方天神)　3권: 182

오백나한상(五百羅漢像)　4권: 243, 252, 255

오병(五兵)　3권: 303

오복(五服)　5권: 34

오봉(五鳳)　2권: 61, 130, 173, 185

오부율(五部律)　5권: 114

오사(五蛇)　2권: 121, 141 / 4권: 122, 158

오산(吳山)　3권: 237, 245

오산(五山)　4권: 349

오상(五常)　3권: 272, 278

오색원광(五色圓光)　4권: 348

오생부인(烏生夫人)　1권: 169, 177

오세문(吳世文)　4권: 144

오스미쇼하치만 연기(大隅正八幡緣起)　3권: 403

오식(誤植)　1권: 26

오신(五申)　3권: 217

오십이녀(五十二女)　5권: 104

오악(五岳)　3권: 94 / 5권: 127, 170, 250 / 6권: 54, 71

오악신군(五岳神君)　6권: 51

오악신앙(五岳信仰)　3권: 98

오어사(吾魚寺)　5권: 88, 92

오염(吳琰)　3권: 276

오와리 도쿠가와가(尾張德川家)　1권: 21

오월(吳越)　3권: 200, 224 / 4권: 261

오월국(吳越國)　3권: 269, 270, 290, 302, 313

오월춘추(吳越春秋)　3권: 356

오이(烏伊)　2권: 119

오장산(五將山)　4권: 24

오정(午正)　3권: 350

오제본기(五帝本紀)　3권: 340

오진(悟眞)　5권: 177

오진(應神)천황　　2권: 283

오천(五天)　　3권: 315

오천간(五天干)　　3권: 328

오천언(五千言)　　4권: 394

오천축(五天竺)　　5권: 76, 78

오천축국(五天竺國)　　5권: 76

오체(五體)　　2권: 151 / 5권: 197

오쵸에니치(橫超慧日)　　4권: 154

오토모노 수구네(大伴宿禰)　　5권: 126

오하지방(五河地方)　　6권: 140

오합사(烏合寺)　　2권: 372

오행사상(五行思想)　　3권: 98 / 4권: 373 / 6권: 56

오행상생설(五行相生說)　　2권: 21 / 4권: 258

오행지(五行志)　　3권: 111

오호십육국(五胡十六國)　　5권: 39

오회사(烏會寺)　　2권: 372

오회실(吳壞實)　　5권: 126

오흡후(五翕侯)　　4권: 335

오흥(吳興)　　4권: 221, 257

오흥태수(吳興太守)　　4권: 216

옥대(玉帶)　　2권: 328, 329 / 3권: 55, 132

옥도금(玉刀鈐)　　3권: 164

옥룡집(玉龍集)　　4권: 142

옥리(獄吏)　　4권: 80

옥문(玉門)　　2권: 334

옥문곡(玉門谷)　　2권: 337

옥문지(玉門池)　　2권: 333, 337

옥보(玉寶)　　3권: 109

옥부(玉府)　4권: 407

옥사(屋舍)　3권: 331

옥신(獄神)　2권: 343

옥저(沃沮)　2권: 87, 91, 95

옥천(玉泉)　2권: 315, 396 / 3권: 282

온광(薀光)　4권: 245, 246

온조(溫祚)　1권: 66, 226 / 2권: 61, 74, 128, 133, 134 / 3권: 235, 236

온지연(溫之淵)　2권: 192

옹주자사(雍州刺史)　4권: 88

와다 기요시(和田淸)　2권: 52

완산(完山)　1권: 272 / 2권: 107 / 3권: 264, 276, 288 / 5권: 47, 193

완산군(完山郡)　3권: 264

완산장사(完山長史)　2권: 165

완산주(完山州)　2권: 60 / 3권: 56, 265, 280, 284, 288, 323 / 4권: 113, 116, 122 / 5권: 142,
　　　187, 193

완하국(琓夏國)　1권: 71 / 2권: 224 / 3권: 331

완호평(完乎坪)　6권: 222

왈축부인(曰丑夫人)　1권: 179

왕거인(王居仁)　3권: 172

왕건(王建)　1권: 285 / 2권: 60, 211 / 3권: 48, 175, 185, 206, 289, 311 / 4권: 255, 425 /
　　　5권: 241 / 6권: 40

왕검(王儉)　2권: 28, 39, 44

왕검성(王儉城)　2권: 28, 39, 42, 44, 297

왕검조선(王儉朝鮮)　2권: 23, 26

왕겹(王唊)　2권: 41

왕공(王公)　3권: 319 / 4권: 67

왕교파리(王咬巴里)　3권: 263

왕규(王珪)　2권: 418

왕기(王頎)　2권: 158 / 3권: 307 / 5권: 34

왕기수호신(王畿守護神)　2권: 358

왕녀봉(王女峰)　6권: 116

왕당사(王堂祠)　2권: 30

왕대계보(王代系譜)　1권: 212

왕대력(王代曆)　1권: 195 / 3권: 389

왕대종록(王代宗錄)　3권: 196 / 5권: 237, 241

왕도(王都)　1권: 49, 123, 133, 134, 162, 163, 221, 270~279, 285, 289 / 2권: 30, 42, 65, 110~114, 120, 124, 125, 137~142, 158~171, 186~195, 243, 289~297, 303, 309, 357, 374, 377, 388 / 3권: 45, 68, 79, 109, 148, 149, 169, 176, 182~185, 203, 217, 233, 238~241, 252, 267, 300, 318, 332, 348, 376~378, 392~395 / 4권: 23~29, 51, 124, 135, 174, 197, 222, 229, 232, 260, 276~278, 319, 401, 402, 409 / 5권: 41, 44, 140 / 6권: 102, 104, 155, 179, 207

왕력(王曆)　1권: 19 / 2권: 145, 221, 300, 305, 318, 360

왕륜(王輪)　1권: 284

왕륜사(王輪寺)　3권: 405

왕망(王莽)　6권: 163

왕망사(王望寺)　6권: 30

왕맹(王猛)　4권: 23

왕문도(王文度)　2권: 378, 404

왕보(王黼)　6권: 53,

왕봉(王鳳)　6권: 117, 170

왕부(王府)　2권: 59

왕분사(王芬寺)　5권: 31, 102

왕사(王師)　2권: 382 / 3권: 321 / 6권: 128, 147. 149

왕성국(王城國)　3권: 91

왕세의(王世儀)　5권: 30

왕세충(王世充)　3권: 325

왕손(王孫) 3권: 46 / 4권: 83

왕수인(王守仁) 5권: 40

왕신(王信) 1권: 64 / 3권: 266

왕양(王襄) 6권: 57

왕염(王琰) 4권: 91

왕위전(王位田) 3권: 363, 375

왕위전기진(王位田寄進) 3권: 373

왕자(王者) 2권: 179, 242, 345

왕철(王鐵) 3권: 195, 205

왕추(王騶) 2권: 213

왕충(王充) 2권: 130, 131

왕침(王沈) 2권: 27

왕통(王統) 1권: 221 / 2권: 257, 258, 274, 279, 296 / 3권: 201, 207 / 5권: 81

왕통계보(王統系譜) 1권: 75, 278 / 2권: 257

왕풍(王風) 3권: 201, 374

왕화상(王和尙) 6권: 29, 30

왕후사(王后寺) 3권: 368, 383, 392 / 4권: 162, 165

왕흠약(王欽若) 4권: 99

왕흥사(王興寺) 1권: 212 / 2권: 373 / 3권: 237, 252, 253, 317 / 4권: 108 / 5권: 195

왕희(王喜) 2권: 43

왕희지(王羲之) 4권: 410

왜국전(倭國傳) 2권: 66

왜인(倭人) 1권: 161

외관(外官) 3권: 379

외기(外紀) 2권: 31

외동면(外東面) 2권: 164, 287 / 3권: 58, 90, 91, 134 / 4권: 384

외물편(外物篇) 5권: 203

외부(外府) 2부: 67 / 4권: 407

외서(外署)　3권: 201

외성(外城)　4권: 152

외신(外臣)　4권: 99, 411

외신부맹신(外臣部盟信)　2권: 411

외신부제역(外臣部鞮譯)　4권: 99

외이(外夷)　2권: 343 / 5권: 135, 192

외전(外典)　3권: 342

외제석(外帝釋)　1권: 285

외제석사(外帝釋寺)　2권: 330

외제석원(外帝釋院)　2권: 30

외직(外職)　3권: 380 / 4권: 253, 318 / 5권: 61

외직장(外職掌)　3권: 69

요(遙)　3권: 333

요고(姚古)　6권: 128

요극일(姚克一)　6권: 80, 128

요네자와 야스코(米澤泰子)　1권: 16

요녕성(遼寧省)　4권: 152, 158

요녕성해성(遼寧省海城)　1권: 134

요동(遼東)　1권: 64, 77, 132 / 2권: 39, 40, 43, 46, 69, 89, 90, 93, 94, 116, 358, 393, 413 /
　　　　3권: 31, 34~36, 325 / 4권: 27, 47, 54, 64, 113, 121, 125, 151, 152, 156~158 / 5권: 41,
　　　　43, 156, 162, 164, 165 / 6권: 39, 163

요동군(遼東郡)　1권: 77, 124 / 2권: 46, 51 / 4권: 158

요동도독조선군왕(遼東都督朝鮮郡王)　3권: 31

요동도사(遼東都司)　4권: 64

요동도행군대총관(遼東道行軍大摠管)　3권: 37, 379

요동도행군총관(遼東道行軍摠管)　2권: 379 / 3권: 33, 37

요동도행대(군)대총관(遼東道行臺(軍)大摠管)　3권: 21

요동성(遼東城)　4권: 64, 125, 150~152

요동성육왕탑(遼東城育王塔)　4권: 150, 331, 441 / 5권: 43

요동주도독조선왕(遼東州都督朝鮮王)　2권: 358

요목전(繞(燒?)木田)　3권: 28

요복(要服)　5권: 34

요사(妖事)　3권: 137, 139

요사(遼史)　2권: 50, 128

요서(遼西)　1권: 132 / 2권: 43, 54, 69 / 4권: 64, 157

요서군(遼西郡)　2권: 34

요석궁(瑤石宮)　5권: 135, 137, 138

요수(遼水)　4권: 14, 28, 29 / 5권: 43

요순(堯舜)　2권: 343

요시오카 미쓰코(吉岡光子)　1권: 9

요시카와 고지로(吉川幸次郎)　1권: 13

요시카와 한시치(吉川半七)　1권: 21

요양(遼陽)　4권: 152

요역(徭役)　6권: 207

요역호정(徭役戶丁)　3권: 382

요원랑(邀元郞)　3권: 155

요장(姚萇)　4권: 24, 25, 252

요전(堯典)　2권: 399 / 4권: 188

요태조(遼太祖)　2권: 124

요흥(姚興)　4권: 24, 65

용검(龍劍)　3권: 275, 276, 285, 315

용안(龍顏)　3권: 350 / 4권: 78

용암(龍嵓)　3권: 237, 245

요장(遼藏)　4권: 24, 25, 252

요조현(夭租縣)　2권: 50

요좌(遼左)　4권: 151, 156

요하(遼河)　4권: 28, 64, 156

욕계(欲界)　3권: 404

욕계육천(欲界六天)　3권: 59

용가산(龍加山)　2권: 164

용개(龍蓋)　3권: 263

용강(甬江)　6권: 157

용강현(龍岡縣)　4권: 167, 168

용검(龍劍)　1권: 291 / 3권: 275, 276, 285, 315

용궁(龍宮)　2권: 175, 227, 228 / 3권: 22, 87, 338, 403 / 4권: 43, 55, 142, 171, 186 / 5권:
　　54, 151 / 6권: 31, 36, 38, 42

용궁남(龍宮南)　4권: 43

용기(龍紀)　2권: 185, 196 / 3권: 339, 343

용녀(傭女)　3권: 387

용녀(龍女)　2권: 179, 233 / 4권: 399, 400 / 5권: 163

용당(龍堂)　3권: 57

용덕(龍德)　3권: 290 / 4권: 213, 424

용도(龍韜)　2권: 180

용문(龍門)　3권: 34

용백고(龍伯高)　5권: 204

용보부인(龍寶夫人)　4권: 229

용봉리(龍鳳里)　4권: 152

용삭(龍朔)　2권: 370, 389 / 3권: 30, 376

용상(龍象)　4권: 81

용성(用成)　2권: 231 / 5권: 53

용수(龍樹)　1권: 221 / 2권: 368, 386, 387 / 4권: 275 / 5권: 151 / 6권: 84, 154

용수천(龍首川)　4권: 25

용술(龍述)　3권: 275

용신(龍神)　2권: 190, 197, 232 / 3권: 56, 166, 401 / 4권: 315 / 6권: 142

용신신앙(龍神信仰)　2권: 230 / 3권: 56 / 4권: 232

용신용녀(龍神龍女)　2권: 179

용언도(龍堰堵)　4권: 114

용언성(龍堰城)　4권: 114

용연(龍淵)　6권: 142

용왕당(龍王堂)　4권: 248

용장(勇將)　3권: 275, 320

용장사(茸長寺)　5권: 243, 247, 248

용장전(龍藏殿)　6권: 146

용재총화(慵齋叢話)　3권: 165, 337, 406

용주(湧州)　2권: 86, 93

용천(龍天)　4권: 305

용춘(龍春)　1권: 222 / 2권: 368

용풍(鄘風)　3권: 358

용화산(龍華山)　3권: 251, 253

용화삼회(龍華三會)　3권: 253 / 6권: 81

용화회(龍華會)　6권: 81

우(虞)(山林沼澤)　3권: 330

우거(右渠)　2권: 40~42

우경남삼조일리(右京南三條一里)　2권: 156

우곡정(雨谷停)　2권: 195

우곡현(羽曲縣)　4권: 310

우공편(禹貢篇)　5권: 34

우괴기초(宇槐記抄)　2권: 97

우금리(禺金里)　4권: 235

우기다 히데이에(浮田秀家)　1권: 21

우노음각간(于老音角干)　1권: 121

우대신(右大臣)　4권: 126

우두산(牛頭山) 2권: 74

우령군중랑장(右領軍中郎將)   3권: 34

우로(于老) 2권: 220 / 6권: 183, 188

우로음각간(于老音角干)   4권: 93

우륵(于勒) 6권: 187

우릉(羽陵) 2권: 309

우목석(羽目石) 5권: 230

우무(羽舞) 3권: 309

우바새(優婆塞) 5권: 106

우발수(優渤水) 2권: 117

우보(右輔) 4권: 64

우복사동중서문하평장사(右僕射同中書門下平章事)   2권: 92

우봉(牛峯) 5권: 61

우부풍(右扶風) 4권: 64

우북평(右北平) 2권: 43

우불(漫弗) 1권: 123

우비소택(亏比所宅) 2권: 137

우사   1권: 25('유사'의 잘못)

우사(雨師) 1권: 24

우사(右司) 3권: 229

우사절유택(又四節遊宅) 1권: 9, 270 / 2권: 143

우산국(于山國) 2권: 307, 309

우상(右相) 3권: 37 / 4권: 113

우상겸검교태자좌중호(右相兼檢校太子左中護)   2권: 413

우상국(右相國) 4권: 126

우세승통(祐世僧統) 4권: 115, 131, 249, 265

우소(亏召) 2권: 333, 338

우소택(亏所宅) 2권: 138

우수주(牛首州)　2권: 57, 64 / 3권: 27, 56, 71 / 4권: 309

우승(右丞)　3권: 303

우신관(佑神館)　6권: 53, 57

우씨(于氏)　1권: 102

우애(友愛)　2권: 371, 394 / 3권: 68, 238 / 4권: 271 / 5권: 234, 241

우역(郵驛)　2권: 303

우우삼아간(于于三阿干)　3권: 173

우우책(優遇策)　1권: 221

우위거(憂位居)　1권: 104

우위위대장군(右威衛大將軍)　3권: 34

우의(羽儀)　4권: 294 / 5권: 24

우이(于夷)　2권: 399

우이(盱眙)　2권: 285

우이(嵎夷)　2권: 399, 400

우이도행군총관(嵎夷道行軍總管)　2권: 374, 399, 400, 408

우위위장군(右威衛將軍)　2권: 380

우이현(嵎夷縣)　2권: 399, 400

우익(右翼)(右網)　3권: 322

우장군(右將軍)　4권: 216

우전(于闐)　2권: 231

우정언(右正言)　5권: 62

우제(禹帝)　2권: 182

우조(憂助)　5권: 87, 88

우주란형(宇宙卵型)　2권: 196

우징(佑徵)　1권: 264/ 3권: 147, 148

우징(祐徵)　1권: 264 / 3권: 150

우차(牛車)　5권: 158

우찬(于讚)　2권: 45

우치(愚癡)   3권: 87

우태전중시어사(右台殿中侍御史)   3권: 377

우파새(優婆塞)   4권: 92 / 5권: 102, 114

우파색(優婆塞)   5권: 128

우파이(優婆夷)   5권: 102

우풍현(虞風縣)   3권: 293

우함(右函)   4권: 158

우현(羽縣)   4권: 310

우화주(牛貨州)   5권: 72

우화현(于火縣)   3권: 293

우효위원외대장군임해군공(右驍衛員外大將軍臨海郡公)   3권: 43

욱면(郁面)   6권: 59~62

욱면등천지전(勗面登天之殿)   6권: 61

욱면비염불서승(郁面婢念佛西昇)   4권: 220 / 6권: 215

욱부(郁部)   2권: 246

운구(運柩)   3권: 309

운문개산조(雲門開山祖)   5권: 31

운문사(雲門寺)   2권: 98 / 5권: 29, 31, 45, 56

운문사 개산(雲門寺開山)   5권: 56

운문선사(雲門禪寺)   2권: 99 / 5권: 55, 58, 59

운문지사(雲門之事)   5권: 48

운문천(雲門川)   5권: 45

운사(雲師)   2권: 24, 205

운양(雲陽)   4권: 155

운양태길상탑기(雲陽台吉祥塔記)   5권: 147

운엄사(雲嚴寺)   4권: 57

운오(運烏)   6권: 220

운제(雲帝)   2권: 205

운제관(雲梯關)　2권: 206

운제부인(雲帝夫人)　2권: 202

운제사(雲際寺)　5권: 101, 113, 124

운제산(雲梯山)　2권: 202, 206 / 5권: 92

운제성모(雲梯聖母)　2권: 202

운주(運州)　3권: 275

운화존자(雲華尊者)　4권: 265

울주(蔚州)　3권: 166, 267

울지산(亏知山)　2권: 344

울지암(亏知嚴)　3권: 70

울진국(蔚珍國)　4권: 349, 373

울진대국(蔚珍大國)　4권: 372

웅녀(熊女)　2권: 25, 36, 123 / 6권: 35

웅략기(雄略紀)　1권: 172, 188

웅령(熊嶺)　2권: 404

웅비(熊羆)　3권: 357

웅신(熊神)　2권: 123 / 6권: 30, 35

웅신산(熊神山)　2권: 117 / 6권: 35

웅신신앙(熊神信仰)　3권: 357

웅신연(熊神淵)　2권: 123

웅심산하(熊心山下)　2권: 123

웅주(熊州)　2권: 405 / 6권: 79, 217

웅진(熊津)　2권: 123, 378, 379, 396, 403

웅진도대총관(熊津道大總管)　2권: 398

웅진도독대방군왕(熊津都督帶方郡王)　2권: 410, 411

웅진도안무대사겸패강도총관(熊津道安撫大使兼浿江道總管)　2권: 414

웅진도위부여융(熊津都尉扶餘隆)　2권: 414

웅천(熊川)　1권: 170 / 2권: 123 / 4권: 84

웅천주(熊川州)   1권: 255, 265 / 2권: 405 / 3권: 56, 139, 239 / 4권: 84, 102 / 6권: 76, 79,
        216, 217

원가(元嘉)   3권: 391 / 4권: 165

원강(元康)   1권: 122

원경충조(圓鏡冲照)   6권: 22

원곡(元曲)   3권: 35

원광(圓光)   5권: 20, 22~26, 28~35, 37, 38, 40, 42~44, 47, 48, 54, 56, 66, 107, 138, 181, 205
        / 6권: 23

원광법사전(圓光法師傳)   5권: 31 / 6권: 64

원굉(袁宏)   4권: 91

원교근공책(遠交近攻策)   3권: 302

원근(遠近)   4권: 77

원길(元吉)   2권: 419

원녕사(元寧寺)   3권: 358 / 5권: 104

원당(願堂)   3권: 196 / 4권: 245

원당(阮堂)   5권: 151

원문(元文)   3권: 225 / 4권: 191

원문(願文)   4권: 399

원문대왕(元文大王)   4권: 191

원문병역주삼국유사(原文竝譯註三國遺事)   1권: 25

원백(圓柏)   6권: 163

원보(元輔)   3권: 272 / 4권: 222

원봉(元封)   2권: 26, 40, 42, 46~48, 51, 80, 173, 407 / 3권: 267, 268, 299 / 5권: 38

원봉(元逢)   3권: 299

원삭(元朔)   4권: 64

원삭원년(元朔元年)   2권: 48

원상(圓像)   4권: 350, 351

원상지장(圓像地藏)   5권: 221

원선(元善)　3권: 263

원성(元聖)　6권: 62

원성대왕(元聖大王)　1권: 250, 251 / 2권: 250, 261 / 3권: 56, 60, 119, 120, 158 / 4권: 231, 407, 409 / 5권: 94, 121 / 6권: 104, 144, 148, 179, 215

원성왕(元聖王)　1권: 245, 251, 255 / 2권: 155, 261, 287 / 3권: 42, 80, 121, 125, 16, 128~131, 133, 134, 147 / 4권: 409, 410 / 6권: 110, 115, 117, 136, 144, 146~150, 181

원소(袁紹)　2권: 75 / 3권: 307 / 4권: 25

원소군모교위(袁紹軍謀校尉)　2권: 75

원손(遠孫)　1권: 278, 280 / 2권: 301

원수(元壽)　2권: 419 / 3권: 278

원술(元述)　5권: 139

원시(元始)　1권: 59 / 2권: 202, 206, 207

원안(圓安)　5권: 38

원연(元延)　3권: 112

원영사(元寧寺)　4권: 355

원옥(冤獄)　3권: 38

원외랑(員外郞)　3권: 221

원우(遠禹)　3권: 42

원우(元祐)　4권: 262, 264

원원사(遠源寺)　6권: 40, 41, 44, 45

원위(元魏)　4권: 61

원위서(元魏書)　2권: 28

원융(圓融)　5권: 226

원융무애(圓融無擬)　5권: 150

원융문(圓融門)　5권: 228

원인각간(元隣角干)　1권: 278

원재(元載)　6권: 157

원전(原典)　2권: 207, 237 / 3권: 123, 185, 207, 241, 242 / 4권: 293 / 5권: 167

원제(元帝)　2권: 312 / 3권: 218

원조(圓照)　5권: 205

원종(元宗)　3권: 334, 380, 381 / 4권: 250, 254, 260, 267 / 6권: 22, 33, 231

원종(原宗)　1권: 179, 180 / 2권: 313, 314 / 4권: 84, 85 / 6권: 30, 46

원종문류(圓宗文類)　5권: 173, 255, 256

원종흥법(原宗興法)　4권: 77

원주(原州)　3권: 27, 47, 287 / 5권: 160, 174

원주목(原州牧)　3권: 310 / 4권: 319 / 5권: 174

원진(元眞)　3권: 90, 92

원진(圓珍)　6권: 157

원징(元徵)('고증'에는 '元徽'의 잘못)　3권: 236

원촌(元村)　2권: 157

원측(圓測)　5권: 247

원측법사(圓測法師)　3권: 65

원태(元泰)　1권: 238

원통(圓通)　1권: 284

원통보전(圓通寶殿)　4권: 313

원통사(圓通社)　4권: 350, 353

원표(元表)　4권: 42

원풍(元豐)　4권: 147

원해(圓海)　5권: 34

원형(原型)　1권: 29 / 2권: 243 / 3권: 403 / 4권: 56 / 5권: 44, 248 / 6권: 214

원혜(元惠)　3권: 333

원홍(元弘)　4권: 251, 252

원화(元和)　3권: 139 / 4권: 90, 97

원화(源花)　3권: 68

원화(原花)　4권: 277

원화사(元化寺)　4권: 130

원화육년신묘(元和六年辛卯)　5권: 199

원효(元曉)　2권: 382 / 4권: 134, 196, 213, 249, 266 / 5권: 33, 88

원효불기(元曉不羈)　2권: 287, 415 / 4권: 138, 266, 315 / 5권: 131~139, 164, 182 / 6권: 72, 80, 137, 141, 144, 147

원훈각간(元訓角干)　1권: 245

원흥(元興)　1권: 77

월광(月光)　6권: 54

월광왕(月光王)　6권: 196

월년칭원(越年稱元)　1권: 50

월년칭원법(越年稱元法)　1권: 223 / 2권: 189, 309

월명(月明)　1권: 218

월명사(月明師)　2권: 217, 218 / 3권: 39, 99 / 6권: 90~93, 98

월명사위망매영재가(月明師爲亡妹營齋歌)　6권: 96

월성(月城)　2권: 140, 164, 167, 182 / 4권: 174

월성군(月城郡)　3권: 57~59, 91 / 4권: 384 / 5권: 91, 250 / 6권: 24, 84

월세가(越世家)　2권: 281

월수건(月水帛)　4권: 306

월왕구천(越王句踐)　2권: 281

월장(月藏)　4권: 286

월정(月庭)　4권: 80

월정사(月精寺)　4권: 345, 352, 377~379, 436 / 5권: 124 / 6권: 21

월주(越州)　1권: 234, 241

월지(月支)　2권: 188, 243 / 4권: 334

월지국(月支國)　2권: 59, 72 / 4권: 327

위경(僞經)　5권: 198 / 6권: 116

위계(位階)　3권: 217 / 4권: 257 / 5권: 40, 64, 65, 136

위국(衛國)　3권: 197 / 5권: 123

위국공(魏國公)　2권: 92 / 3권: 325

위담(魏澹)　2권: 27

위덕(威德)　2권: 256 / 4권: 82, 173 / 5권: 112

위덕왕(威德王)　1권: 195, 211, 213 / 2권: 330, 355 / 3권: 252

위략(魏略)　2권: 27, 33, 44, 59, 131, 212 / 6권: 43

위례고(慰禮考)　4권: 34

위례성(慰禮城)　1권: 55, 140 / 3권: 236, 243, 244

위만조선(魏滿朝鮮)　2권: 26, 34, 48, 59, 69, 72, 83, 297 / 3권: 32

위보(僞輔)　4권: 47, 69

위산(衛山)　2권: 41

위서(魏書)　1권: 75 / 2권: 23, 27, 28, 54, 95, 109, 110, 114, 121 / 3권: 393 / 4권: 61, 66,
　　　　67~70, 91, 97 / 5권: 118

위선사위주몽(謂善射爲朱蒙)　1권: 50

위수(魏收)　2권: 27 / 4권: 91

위수(渭水)　4권: 24, 63 / 5권: 23, 36

위숙(危宿)　2권: 30

위씨(尉氏)　2권: 413

위씨조선(衛氏朝鮮)　2권: 50

위위경(衛尉卿)　2권: 409 / 3권: 31

위응(魏膺)　1권: 288 / 3권: 185

위의(褘衣)　4권: 411

위의사(威儀師)　5권: 230

위작(僞作)　2권: 65 / 3권: 197, 217

위정각간(魏正角干)　1권: 244

위주(魏州)　3권: 291

위지왜인전(魏志倭人傳)　3권: 336

위진(魏晉)　2권: 407, 408 / 3권: 217 / 4권: 65

위징(魏徵)　2권: 385 / 4권: 129

위타(委陀)　3권: 397

위토좌평일가(衛士佐平苜加)　1권: 172

위하평원남연(渭河平原南緣)　5권: 41

위홍(魏弘)　3권: 172, 176

위홍 대각간(魏 匹大角干)　1권: 272

위화부(位和府)　3권: 97

위희(衛姬)　2권: 206

위흥(位興)　3권: 275

유가(瑜珈)　3권: 158

유가(瑜伽)　3권: 22, 39 / 4권: 82

유가경(瑜伽經)　6권: 215

유가대덕(瑜伽大德)　6권: 213, 215

유가론(瑜伽論)　5권: 199

유가사(瑜伽寺)　5권: 240

유검필(庾黔弼)　3권: 291, 298

유곤(劉琨)　3권: 301 / 4권: 65

유공(留功)　3권: 351 / 4권: 242

유교(儒敎)　5권: 135

유궁(帷宮)　3권: 349

유기(留記)　4권: 126

유나(唯那, 維那)　3권: 383 / 5권: 117

유년법(蹂年法)　4권: 179, 192 / 6권: 231

유달(諭達)　5권: 58 / 6권: 45

유당지고(有唐之高)　3권: 340

유덕(留德)　3권: 351 / 4권: 422, 423

유도(儒道)　4권: 20

유도나(蹂闍那)　4권: 336

유동보살(幼童菩薩)　4권: 376

유두연(流頭宴)　2권: 155 / 3권: 335

유두일(流頭日) 3권: 335

유랴쿠(雄略) 5권: 81

유락(乳酪) 4권: 327

유례이사금(儒禮尼師今) 1권: 49 / 2권: 253, 259

유례이질금(儒禮尼叱今) 1권: 118

유리(溜璃) 1권: 53

유리광사(瑠璃光寺) 4권: 286, 295

유리동(瑠璃洞) 4권: 287

유리륜왕(琉璃輪王) 5권: 200

유리명왕(瑠璃明王) 1권: 63 / 2권: 213

유리명왕유리(瑠璃明王類利) 1권: 54

유리왕(瑠璃王) 2권: 129

유리이사금(儒理尼師今) 1권: 62 / 2권: 73, 74, 76, 149, 214, 218, 219, 254

유리함(瑠璃函) 4권: 245

유림현(楡林縣) 4권: 64, 65

유마(維摩) 5권: 94

유마경(維摩經) 4권: 206

유마사(維摩寺) 4권: 115

유명미상지(有名未詳地) 2권: 282, 284

유문충(劉文冲) 2권: 97

유민(遺民) 2권: 70

유박시(溜博市) 5권: 201

유방(劉邦) 2권: 18, 39

유백영(劉伯英) 2권: 374 / 3권: 21

유불도(儒佛道) 2권: 206 / 4권: 385

유비(劉備) 3권: 325 / 4권: 54, 82, 97

유사(有司) 3권: 229, 348, 349 / 4권: 80, 195, 245 / 5권: 103 / 6권: 29

유사(劉思) 4권: 81, 247

유사(儒士)　4권: 114

유사강(流沙江)　4권: 349, 372

유사정(流沙亭)　4권: 373

유상(劉晌)　3권: 37

유상곡수(流觴曲水)　3권: 168

유상흥(有相興)　3권: 36

유서외기(劉恕外紀)　2권: 20

유석(庾碩)　4권: 242, 253

유선나(躶繕那)　4권: 336

유설(縲紲)　2권: 401

유성공(劉聖公)　2권: 215, 216

유소(劉昭)　2권: 71

유송(劉宋)　3권: 383, 391

유송효(劉宋孝)　4권: 50

유수(劉秀)　1권: 61

유수(留水)　4권: 351

유수간(留水干)　3권: 328

유수관(留守官)　4권: 400

유수사(留守使)　4권: 404

유시(油市)　1권: 285, 286 / 4권: 436

유식(唯識)　5권: 218, 228

유식론(唯識論)　5권: 37

유식설(唯識說)　5권: 247 / 6권: 215

유신(庾信)　2권: 350, 388 / 3권: 374

유신(儒臣)　2권: 31 / 4권: 124

유심안악도(遊心安樂道)　5권: 138

유씨(劉氏)　3권: 197, 205, 216 / 4권: 65, 68, 154

유아도(躶阿闍)　3권: 354

유암(乳岩)　1권: 285, 286

유야택(柳也宅)　2권: 137

유연(劉演)　2권: 216

유연(由延)　4권: 336

유연(有緣)　4권: 345, 377

유영(柳營)　3권: 309

유오지(遊娛地)　3권: 99

유왕(幽王)　5권: 123 / 6권: 163

유우지순(有虞之舜)　3권: 340

유원(類苑)　2권: 45

유월칭원(踰月稱元)　1권: 110 / 3권: 185

유위진(劉闈辰)　4권: 65

유유민(劉遺民)　5권: 94

유음이자(類音異字)　1권: 156 / 3권: 373, 390

유의(揄衣)　4권: 411

유인궤(劉仁軌)　2권: 381, 404

유인원(劉仁願)　2권: 378, 403

유자(儒子)　5권: 203

유자영(孺子嬰)　1권: 59

유제부인(孺帝夫人)　1권: 61

유주(幽州)　2권: 69, 410 / 4권: 158, 188

유지인(劉至仁)　5권: 156

유창균(兪昌均)　3권: 74

유천(留天)　3권: 351

유천간(留天干)　3권: 328, 334, 348, 366

유총(劉聰)　1권: 123 / 2권: 124 / 4권: 25

유택(遊宅)　3권: 166

유통(流通)　4권: 261

유통일지이(流通一之二)   5권: 78

유풍(遺風)   4권: 58, 83, 275, 280 / 6권: 78

유하(乳下)   1권: 285

유학(儒學)   4권: 61, 178, 187

유한(劉漢)   3권: 216

유행경(遊行經)   4권: 366

유향(劉向)   2권: 21 / 4권: 94

유현(劉玄)   2권: 216

유현(幽現)   2권: 343

유형원(柳馨遠)   3권: 112

유호(劉顥)   3권: 380

유호(劉虎)   4권: 65

유화(柳花)   2권: 31, 117, 118, 122, 123, 125, 126, 179

유흠(劉歆)   2권: 21

유흠(劉欽)   3권: 335

육계(肉髻)   4권: 203

육구연(陸九淵)   5권: 40

육도(六道)   3권: 87, 197, 217 / 5권: 251

육도삼략(六韜三略)   3권: 197, 217

육두품(六頭品)   4권: 387 / 5권: 110

육로장군(陸路將軍)   3권: 21, 37

육류성중(六類聖衆)   6권: 51

육륜(六輪)   5권: 190

육륜회(六輪會)   5권: 221 / 6권: 211

육백반야경(六百般若經)   4권: 351 / 6권: 100

육복(六服)   4권: 411

육부(六部)   2권: 149, 161 / 5권: 44

육부소감전(六部少監典)   2권: 195

육수정(陸修靜)   5권: 116

육시(六時)   5권: 25

육십화엄(六十華嚴)   5권: 149

육아(六牙)   6권: 139

육욕천(六欲天)   3권: 404

육의(六衣)   4권: 407

육재일(六齋日)   5권: 29, 45, 183

육적(六籍)   5권: 149

육족론(六足論)   5권: 114

육좌평(六佐平)   2권: 277 / 3권: 246

육천(六天)   5권: 217

육학(六學)   5권: 149

육학승전(六學僧傳)   5권: 107

육환장(六環杖)   6권: 18

윤문(允文)   2권: 260

윤빈(尹邠)   3권: 309

윤왕(輪王)   5권: 200

윤위(閏位)   4권: 99

윤응(尹應)   5권: 53, 65

윤전성왕(輪轉聖王)   3권: 401

윤중(允中)   2권: 260

윤질(尹質)   4권: 243, 252, 255

윤흥(允興)   3권: 156

율곡(栗谷)   5권: 133

율력지(律曆志)   3권: 343

율부(律部)   5권: 106, 128

율사(律師)   4권: 243, 244, 257 / 5권: 213, 214, 230

율의(律義)   4권: 20

율장(律藏) 4권: 206 / 5권: 42, 94, 128

율조(律祖) 6권: 40

율종(律宗) 4권: 257 / 5권: 103, 109

율포(栗浦) 2권: 269, 284

율포현(栗浦縣) 3권: 293

융(隆) 1권: 187, 188 / 2권: 93, 94, 377~381, 402, 410

융기(隆基) 1권: 237 / 4권: 198, 345, 359

융복(戎服) 6권: 192

융안(隆安) 4권: 331, 335

융종(融宗) 3권: 158 / 5권: 213, 222

융천사(融天師) 3권: 99 / 6권: 44, 124

융천사혜성가(融天師慧星歌) 2권: 232 / 4권: 294 / 5권: 253 / 6권: 121

융통염불종(融通念佛宗) 6권: 196

융회(融會) 5권: 138

은공(隱公) 4권: 148

은륜왕(銀輪王) 5권: 200

은본기(殷本紀) 2권: 20

은사(隱士) 6권: 135

은서(隱栖) 6권: 199

은을암(隱乙庵) 2권: 287

은제개부완(銀製蓋付鋺) 1권: 181

은진(恩津) 2권: 406

은천동(銀川洞) 6권: 28, 33

은택(恩澤) 2권: 343 / 4권: 274, 280

을길간(乙吉干) 3권: 313

을불(乙弗) 1권: 123

을야(乙耶) 2권: 197

을제(乙祭) 2권: 336

을지문덕(乙支文德)　4권: 125 / 5권: 43

음갈문왕(飮葛文王)　1권: 216, 217

음덕(陰德)　2권: 255 / 3권: 201

음리화정(音里火停)　5권: 146

음미비외(淫靡卑猥)　4권: 68

음사(音寫)　4권: 144, 154, 344, 357, 362, 402 / 5권: 32, 114

음악사(音樂師)　6권: 126

음양(陰陽)　2권: 86, 352 / 3권: 98, 105, 111 / 3권: 77

음욕(淫欲)　3권: 404 / 5권: 129

음장(陰長)　3권: 20

음즙대국(音汁代國)　1권: 83

음질국(音質國)　1권: 82, 83

읍락제(邑落祭)　3권: 377

읍루(挹婁)　2권: 71, 87, 96

읍리(邑里)　2권: 137

읍성(邑城)　2권: 243 / 4권: 196

읍차(邑借)　2권: 59, 138

응력(應曆)　4권: 242, 268

응렴(膺廉)　1권: 266 / 3권: 152, 154, 157

응소(應邵)　2권: 75

응소주(應邵注)　3권: 356

응신(應身)　4권: 178, 354

응신불(應身佛)　4권: 354

응유(鷹遊)　2권: 58, 66 / 4권: 186

응제시(應製詩)　2권: 29

응현(應現)　6권: 60

의경(疑經)　5권: 201

의공(懿公)　4권: 80, 105

의[일작의]공대왕(義[一作懿]恭大王) 1권: 266

의공대왕(懿恭大王) 1권: 267

의관(醫官) 1권: 21 / 5권: 109

의관(義官) 2권: 385 / 5권: 105 / 6권: 163

의기(義旗) 5권: 160

의대(衣代) 3권: 343

의동(義洞) 4권: 213

의동삼사(儀同三司) 3권: 224

의례(儀禮) 2권: 31, 153, 154, 161, 175, 177, 242, 251, 355, 356 / 3권: 88, 167, 169, 233, 335 / 4권: 69, 278

의명왕(義明王) 3권: 178

의명왕태후(義明王太后) 1권: 273

의명왕후(義明王后) 1권: 270

의무(宜武) 3권: 393

의방명(醫方明) 5권: 249

의범(懿範) 3권: 229

의봉(儀鳳) 2권: 86, 89 / 3권: 36 / 5권: 159, 170

의봉력(儀鳳曆) 2권: 419

의부(義父) 1권: 278, 280 / 3권: 179

의상(義湘) 1권: 25 / 3권: 22~26, 38, 98, 109, 158 / 4권: 134, 243,244, 249~256, 266, 305~308, 312~317, 437 / 5권: 33, 107, 137, 156~178, 225~229, 255 / 6권: 80, 133~141, 204~208, 215

의상대(義湘臺) 4권: 313

의상법사(義湘法師) 3권: 25, 26, 38, 45 / 4권: 220, 243, 244, 250, 305, 317 / 5권: 47, 170 / 6권: 205

의상본비(義湘本碑) 4권: 265

의상전(義湘傳) 2권: 65 / 4권: 137, 249, 317 / 5권: 138, 139, 164, 165, 177, 178, 226 / 6권: 64

의상전교(義湘傳教) 3권: 38 / 4권: 96, 137, 264~266, 314 / 5권: 139, 154, 156, 163, 227, 228, 256 / 6권: 23, 36, 64, 72, 139, 207, 208, 215

의상필단(衣裳疋緞) 3권: 349

의성(懿成) 1권: 278, 280

의성(義成) 1권: 280 / 2권: 199 / 3권: 182, 185, 296, 301

의성부(義成府) 3권: 267, 290, 297

의성산(依城山) 4권: 168

의성현(義城縣) 3권: 297 / 4권: 261

의적(義寂) 5권: 138, 161, 177

의신조사(義信祖師) 5권: 200

의안(義安) 3권: 158

의안군(義安郡) 4권: 285, 293 / 6권: 189

의안대덕(義安大德) 6권: 39, 42

의양부(矣梁部) 6권: 207

의업(意業) 5권: 196

의연(義淵) 2권: 260 / 4권: 18

의영(義英) 3권: 121, 129

의융(義融) 4권: 115

의자(醫者) 2권: 371

의자왕(義慈王) 1권: 188, 225, 226 / 2권: 93, 135, 362~364, 375, 378, 381~383, 395~402, 410~416 / 3권: 236, 281 / 5권: 72, 142

의장(儀仗) 2권: 261, 346 / 3권: 220 / 4권: 348 / 6권: 162

의적(義寂) 5권: 138, 161

의정(誼靖) 3권: 156 / 4권: 366

의정(義淨) 5권: 76

의제(義帝) 2권: 286

의종(懿宗) 6권: 17

의종(毅宗) 4권: 428

의종조(毅宗朝) 3권: 207

의주(醫州) 2권: 108

의주(義州) 4권: 28

의직(義直) 2권: 162, 375

의창군(義昌郡) 1권: 83 / 4권: 384, 390 / 5권: 92

의창수감법(義倉收歛法) 3권: 226 / 4권: 192

의천(義天) 4권: 130, 131, 249, 264 / 5권: 231, 256

의충(依忠) 1권: 239

의충(義忠) 1권: 240 / 3권: 80, 103~106

의충각간(依忠角干) 1권: 239

의함(疑函) 4권: 158

의해(義解) 2권: 342 / 3권: 52 / 5권: 185, 207

의흥대왕(懿興大王) 1권: 289

의희(義熙) 1권: 150, 151 / 2권: 293, 296 / 3권: 387 / 4권: 47, 48, 50, 152, 336

이간(伊干) 2권: 388

이걸(李傑) 3권: 285

이게우치 히로시(池內宏) 2권: 49, 54, 63, 79, 93, 95 / 3권: 37

이견대(利見臺) 3권: 53

이견대가(利見臺歌) 3권: 58

이계(弛繼) 2권: 259

이계복(李繼福) 1권: 18, 21

이계상(尼谿相) 2권: 41

이고위씨(以高爲氏) 1권: 50

이공(理恭) 1권: 233 / 3권: 54 / 4권: 346

이관(二觀) 권: 377

이교(異敎) 5권: 72

이국창(李國昌) 3권: 291 / 4권: 254

이궁(離宮) 5권: 165 / 6권: 225

이규보(李奎報)　2권: 121 / 3권: 343 / 4권: 132

이근행(李謹行)　3권: 21, 34, 35, 36

이기(壹岐)　2권: 83, 197

이기(異記)　4권: 128

이기백(李基白)　3권: 114, 115, 138 / 4권: 94 / 5권: 110

이나바 이와기치(稻葉岩吉)　2권: 49

이남택(里南宅)　2권: 138

이노우에 히데오(井上秀雄)　1권: 7, 182, 257, 279

이녹수(李祿綏)　4권: 308, 318

이동(尒同)　5권: 93

이랑(吏郞)　3권: 29, 229

이량공(伊亮公)　6권: 133

이록도행군대총관(伊鹿道行軍大總管)　3권: 32

이리가수미(伊利柯須彌)　4권: 120, 127

이마니시 류(今西龍)　1권: 114, 172 / 2권: 28, 30, 33, 259, 303, 314 / 3권: 150, 179, 371,
　　　　373 / 4권: 21, 198 / 5권: 33, 38, 122, 140, 153 / 6권: 23

이마니시본(今西本)　1권: 42 / 3권: 293 / 5권: 128

이매(伊買)　1권: 100, 101 / 6권: 186

이모(夷謨)　1권: 94, 95

이모제상(異母弟象)　3권: 357

이목(璃目)　5권: 48, 54, 55, 66

이민수(李民樹)　4권: 316

이밀(李密)　2권: 415 / 3권: 280, 325

이방(李昉)　6권: 116

이백전(李白全)　4권: 245, 259

이벌찬(伊伐湌)　4권: 346, 423 / 6권: 32

이벌찬이음(伊伐湌利音)　6권: 188

이병도(李丙燾)　3권: 408

이부(二府)　2권: 67, 68, 72

이부(吏部)　3권: 41

이부상서(吏部尙書)　3권: 47, 229 / 4권: 257

이부원외랑(吏部員外郞)　3권: 230

이불동(夷不董)　4권: 404

이불란사(伊弗蘭寺)　4권: 18, 26, 27

이비가기(李碑家記)　3권: 263

이비갈문왕(伊非葛文王)　1권: 111

이사(李邪)　2권: 310 / 3권: 317, 318

이사로(李思老)　4권: 254 / 5권: 53

이사무애(理事無礙)　5권: 171

이사부(異斯夫)　2권: 261, 307, 309, 310, 313 / 3권: 397

이산(伊山)　4권: 286, 295

이산군(伊山郡)　3권: 273, 309

이산현(伊山縣)　3권: 309

이상택(里上宅)　2권: 138 / 4권: 195

이색(李穡)　3권: 404

이서고국(伊西古國)　2권: 259

이서국(伊西國)　2권: 98, 215 / 5권: 58

이서군(伊西郡)　2권: 98, 99

이서증명(裏書証明)　4권: 415

이선(李僐)　5권: 53, 62, 63

이선자(二仙子)　5권: 239

이성제후(異性諸侯)　2권: 39

이세적(李世勣)　2권: 408, 414

이속(離俗)　6권: 196

이수전(異殊傳)　5권: 67

이순(李純)　6권: 165, 166

이순풍(李淳風)　2권: 385

이순행(李順行)　2권: 158 / 3권: 148

이숭녕(李崇寧)　3권: 74

이승휴(李承休)　2권: 23, 121

이시(利市)　1권: 285

이시품(伊尸品)　1권: 142 / 3권: 387, 390

이시품왕(伊尸品王)　1권: 142, 156 / 3권: 387, 391

이아(爾雅)　2권: 56, 64

이아익(爾雅翼)　3권: 300

이안민가(理安民歌)　3권: 159

이안현(利安縣)　3권: 309

이암(移庵)　4권: 116

이역(異域)　4권: 298

이연(李淵)　2권: 419 / 3권: 325

이연수(理年數)　1권: 83

이영장(李令長)　4권: 246

이왕(二王)　1권: 93

이원장(李元長)　6권: 62

이원찬(李元撰)　5권: 191

이유(李儒)　2권: 158 / 5권: 244

이윤(伊尹)　3권: 354

이음(利音)　6권: 188

이의부(李義府)　2권: 413

이이모(伊夷謨)　1권: 95

이인영(李仁栄)　1권: 20

이자겸(李資謙)　2권: 77 / 4권: 123

이자림(李子琳)　5권: 215

이자연(李子淵)　2권: 77 / 4권: 123, 267

이자의(李資義)　2권: 77

이자차음(異字借音)　1권: 127 / 3권: 390

이장융사(以掌戎事)　3권: 220

이재현(李齋賢)　4권: 267

이재호(李載浩)　1권: 25

이적(李勣)　2권: 384, 414 / 3권: 20, 21, 30, 31, 35, 37 / 4권: 115, 130 / 6권: 39

이전(異傳)　1권: 113, 114, 153, 163 / 2권: 109, 121, 324 / 3권: 315

이정(李靖)　2권: 397, 414

이정(里正)　3권: 69

이정(利貞)　2권: 165 / 3권: 204

이정언(李正言)　3권: 196

이조(吏曹)　2권: 33, 68, 104 / 3권: 39

이조현종(李朝顯宗)　1권: 21

이존욱(李存勗)　3권: 291 / 4권: 255

이종(伊宗)　2권: 307, 310

이종기(李鍾琦)　4권: 163

이주(移駐)　1권: 54

이준(李俊)　6권: 166

이지미(李之美)　4권: 243, 256

이질(尒叱)　3권: 395

이질금(尼叱今)　1권: 101 / 2권: 215

이질금(爾叱今)　1권: 101 / 2권: 215

이질부(伊叱夫)　3권: 397

이차돈(異次頓)　1권: 180 / 4권: 53, 77, 80~82, 85, 86, 90, 92, 95, 226 / 6권: 108

이차자(異借字)　1권: 50

이찬(伊湌)　1권: 146 / 2권: 309, 388 / 4권: 190, 398 / 6권: 162

이찬엄(李湌嚴)　2권: 260

이찬효정伊湌孝貞)　1권: 240

이척찬(伊尺湌)　1권: 254 / 3권: 126

이천(伊川)　2권: 164

이천생부인(伊刊生夫人)　1권: 86

이천석조(二千石曹)　3권: 303

이(첨)해이질금(理(沾)解尼叱今)　1권: 109

이총언(李悤言)　3권: 296

이충각간(伊忠角干)　1권: 240

이충식(李忠式)　2권: 158

이치(李治)　2권: 418 / 5권: 126

이칙정(李則楨)　5권: 53

이타(利他)　4권: 350, 364 / 5권: 129, 241

이타행(利他行)　5권: 129

이탁(李鐸)　3권: 74

이품(伊品)　1권: 142, 155 / 3권: 390

이품왕(伊品王)　1권: 141 / 3권: 390

이한(李翰)　2권: 77

이해(理解)　1권: 109~112 / 2권: 257, 258

이해왕(理解王)　2권: 257

이현(耳峴)　5권: 86

이혜동진(二惠同塵)　2권: 337 / 3권: 157 / 4권: 137 / 5권: 85, 139 / 6권: 36, 72

이혹론(理惑論)　4권: 91

이홍식(李弘植)　3권: 138 / 5권: 147

이홍직(李弘稙)　1권: 24

익도(益都)　5권: 201

익령현(翼嶺縣)　4권: 316

익모초(益母草)　3권: 372

익선아간(益宣阿干)　3권: 63

익주(翼州)　3권: 48

익주(益州)　4권: 221

익현현(翼峴縣)　4권: 316

인각사(麟角寺)　4권: 437 / 6권: 21~23

인각사지(麟角寺趾)　6권: 17

인결(印訣)　6권: 33

인겸(仁謙)　3권: 121, 129 / 4권: 410

인계(人界)　3권: 103

인궤(印櫃)　2권: 408 / 3권: 37 / 5권: 54

인다라(因陀羅)　2권: 29 / 6권: 111

인다라망(因陀羅網)　6권: 116

인당고삼장현장법사행상(人唐故三藏玄奘法師行狀)　4권: 337

인덕(仁德)　3권: 333

인덕(麟德)　2권: 399 / 5권: 141 / 6권: 34

인덕력(麟德曆)　2권: 419

인동현(仁同縣)　3권: 295

인명(因明)　5권: 244, 249

인문(仁問)　2권: 191

인박령(咽薄嶺)　2권: 191, 192

인방(仁邦)　4권: 217

인사(禋祀)　3권: 333

인사라망(因蛇羅網)　5권: 172

인수(仁壽)　2권: 391

인수보살(印手菩薩)　4권: 60

인수이만세(人壽二萬歲)　6권: 174

인여수(印如樹)　4권: 275

인예순덕(仁睿順德)　4권: 267

인왕(人王)　5권: 236

인왕경(仁王經)　3권: 184 / 4권: 350, 365 / 5권: 46

인왕도장(仁王道場)　3권: 79

인왕반야(仁王般若)　3권: 79

인왕반야회(仁王般若會)　4권: 365

인왕호국반야경소(仁王護國般若經疏)　4권: 365 / 5권: 72

인왕회(仁王會)　3권: 77, 79

인욕(忍辱)　6권: 103

인용사(仁容寺)　3권: 24 / 4권: 220

인웅적(人熊的)　2권: 197 / 3권: 344

인위(因謂)　2권: 77

인의(仁義)　3권: 197

인장(仁章)　4권: 388, 395

인정(仁政)　2권: 217, 218 / 3권: 66

인종(仁宗)　2권: 28, 31

인종실록(仁宗實錄)　4권: 124

인종조(仁宗朝)　3권: 218 / 4권: 123

인주(仁州)　3권: 236

인평(仁平)　1권: 217

인혜(因惠)　6권: 20

인황(人皇)　2권: 207 / 3권: 382

인황(人皇)(司馬貞)　2권: 207 / 3권: 382

인효(仁孝)　3권: 333

인효대왕(仁孝大王)　3권: 333 / 4권: 192

일고지(壹告支)　3권: 313

일관(日官)　2권: 302, 385 / 3권: 59, 162, 402 / 6권: 90

일광(日光)　2권: 126, 197

일광감정형(日光感精型)　2권: 197, 198 / 6권: 43

일길(一吉)　3권: 274

일길간(一吉干)　3권: 313 / 4권: 383, 384, 388

일길찬(一吉湌)　1권: 250 / 3권: 42, 66, 114, 129, 165, 313, 355 / 4권: 383, 388, 409

일길찬(一吉粲)　3권: 313

일념(一念)　4권: 90

일당(一幢)　4권: 389

일두품(一頭品)　5권: 110

일륜(日輪)　3권: 368 / 5권: 25

일리군(一利郡)　2권: 106 / 3권: 321

일리수(一利水)　3권: 281

일리천(一利川)　3권: 278, 321, 323

일벌(一伐)　6권: 183, 188

일벌찬(一伐湌)　6권: 188

일본(一本)　1권: 18

일본도가(日本刀歌)　2권: 66

일본서기(日本書紀)　1권: 8 / 3권: 338, 390, 391, 396 / 4권: 35 / 6권: 125, 230

일본제기(日本帝記)　2권: 248 / 3권: 121, 130

일불이보살상(一佛二菩薩像)　3권: 172

일산(日山)　3권: 237, 245

일산급간(一山級干)　3권: 26, 46

일서(一書)　2권: 371

일선(一善)　2권: 388 / 3권: 321

일선군(一善郡)　2권: 303

일선자(一仙子)　5권: 239

일선주(一善州)　2권: 388 / 3권: 285

일선현(一善縣)　3권: 285 / 4권: 44, 51

일성이질금(逸聖尼叱今)　1권: 86

일성왕(逸聖王)　1권: 83, 91

일세(一世)　5권: 60

일소(日炤)　1권: 228

일승(一乘)　5권: 160

일승문답이권(一乘問答二卷)　5권: 177

일승법(一乘法)　5권: 150

일승연기(一乘緣起)　5권: 172

일식(日蝕)　3권: 139, 166

일식신(日蝕神)　3권: 166

일연(一然)　4권: 90, 247

일왕사(一王寺)　6권: 85

일월사(日月寺)　1권: 285

일일일야(一日一夜)　4권: 189

일조(日照)　1권: 11

일조왕(日照王)　6권: 196

일종일파(一宗一派)　5권: 138

일좌식(一坐食)　4권: 66

일주문(一柱門)　5권: 175

일주서(逸周書)　5권: 203

일중(日中)　5권: 41

일즉일체(一卽一切)　5권: 172

일지갈문왕(日知葛文王)　1권: 86

일찰선악업보경(日察善惡業報經)　5권: 214

일체개삼갑육통팔해탈(一切皆三甲六通八解脫)　3권: 342

일체경(一切經)　1권: 12, 25

일체경본(一切經本)　1권: 25 / 4권: 159, 298

일체즉일(一切卽一)　5권: 218

일췌식(一揣食)　4권: 66

일통(一統)　3권: 305 / 5권: 60, 218

일화(日華)　2권: 33, 283 / 3권: 110, 143 / 4권: 191 / 6권: 138

임고군(林皐郡)　2권: 356 / 3권: 202

임관군(臨關郡)　　2권: 282, 284 / 3권: 90, 293 / 4권: 176 / 6권: 137, 189

임나(任那)　　1권: 194

임도대감(任道大監)　　4권: 413

임방(任昉)　　4권: 146

임사지산(任射岐山)　　3권: 310

임상택(林上宅)　　2권: 138

임생(任生)　　3권: 42

임신(壬申)　　1권: 18 / 2권: 179 / 3권: 296, 388 / 4권: 18, 19, 22

임실군(任實郡)　　4권: 132

임아상(任雅相)　　3권: 21, 32, 33

임용(賃傭)　　6권: 118

임유궁(臨渝宮)　　4권: 157

임정현(臨汀縣)　　4권: 390

임존군(任存郡)　　3권: 291

임존성(任存城)　　3권: 273, 310

임종(林宗)　　1권: 182 / 2권: 326

임종공(林宗公)　　2권: 343 / 3권: 70

임주자사(林州刺史)　　3권: 234

임천(臨川)　　2권: 171, 357

임천(林泉)　　5권: 21

임천부(臨川部)　　2권: 149, 169, 171, 194

임치(臨淄)　　2권: 42 / 5권: 201

임치현(臨淄縣)　　5권: 201

임해군(臨海郡)　　2권: 392 / 3권: 36

임해전지(臨海殿址)　　2권: 243

임해현(臨海縣)　　3권: 333, 366, 380 / 4권: 223

입내시대부경(入內侍大府卿)　　4권: 245

입당고애(入唐告哀)　　1권: 254

입당구법(入唐求法)　4권: 187

입당구법순례행기(入唐求法巡禮行記)　3권: 149 / 4권: 355

입당사자(入唐使者)　1권: 241, 254

입법계품(入法界品)　4권: 298 / 5권: 150

입상미륵불(立像彌勒佛)　5권: 200

입안(立安)　3권: 352, 358, 389

입정(入定)　5권: 70 / 6권: 208

입조(入朝)　1권: 163

입종갈문왕(立宗葛文王)　1권: 181, 201

입직(入直)　4권: 246

입진(入陳)　5권: 38

입태자례(立太子禮)　5권: 222

입학승(入學僧)　4권: 96

입현(入玄)　1권: 91

잉(媵)　3권: 354

잉구미촌(仍仇彌村)　2권: 149

잉녀(媵女)　3권: 354

잉신(媵臣)　3권: 349~351, 354

잉피공(仍皮公)　5권: 133

자

자금서당(紫衿誓幢)　3권: 56

자금어대(紫金魚袋)　2권: 60

자금종(紫金鍾)　4권: 203

자눌왕후(慈訥王后)　1권: 228

자단(紫檀)　5권: 198

자리(自利)　5권: 129

자문일기(紫門日記)　4권: 245

자문지론(紫門指論)　4권: 253

자미궁(紫微宮)　4권: 147

자박법(自撲法)　5권: 201

자발(刺髮)　1권: 183

자복사(資福寺)　3권: 234

자비령(慈悲嶺)　2권: 53

자비마립간(慈悲麻立干)　1권: 147, 159, 160, 161, 168 / 2권: 281 / 5권: 44

자사(刺史)　2권: 79, 104, 378, 406, 407

자사(子思)　2권: 394

자사주(刺史州)　3권: 48

자색(紫色)　2권: 100, 241, 332 / 3권: 88, 369 / 5권: 81 / 6권: 21

자서위(自署爲)　3권: 285

자성(資成)　1권: 281 / 4권: 344, 357

자성산(慈成山)　4권: 323, 329

자성신(自性身)　4권: 178

자성왕후(資成王后)　1권: 278, 289 / 3권: 182

자수(慈手)　4권: 300

자슬저(刺瑟底)   5권: 250

자양(子陽)   6권: 171

자여(子輿)   2권: 394

자연(子淵)   4권: 123

자영(子嬰)   2권: 254

자온대(自溫臺)   3권: 245

자운(慈雲)   1권: 284

자은(慈恩)   5권: 247

자은사(慈恩寺)   5권: 196

자의(慈義)   1권: 223 / 3권: 56, 283

자의(紫衣)   5권: 103

자의왕후(慈儀王后)   3권: 29

자인현(慈仁縣)   5권: 134, 140, 144, 145

자장(慈藏)   4권: 360, 377 / 6권: 39, 71

자장법사(慈藏法師)   4권: 241, 247, 345, 353, 359, 376 / 5권: 124

자장전(慈藏傳)   4권: 142, 355, 358 / 5권: 107, 127

자장율사(慈藏律師)   4권: 56

자재무애(自在無礙)   5권: 150

자재왕불(自在王佛)   6권: 195

자조자도(自調自度)   5권: 114

자첨(子瞻)   3권: 225

자추사(刺楸寺)   4권: 81

자충(慈充)   2권: 202, 204, 205

자치통감(資治通鑑)   1권: 133, 204, 209, 252, 257 / 2권: 129, 187, 399, 411 / 3권: 30, 33, 35, 128 / 4권: 120, 127, 129, 156

자타국(子他國)   3권: 110

자통(子通)   3권: 224

자포(紫苞)   6권: 175, 176

자하산(紫霞山)　5권: 200

자현(資玄)　4권: 123

자현(磁縣)　5권: 115

자회(字會)　3권: 67

작갑(鵲岬)　5권: 31, 45, 48, 54

작갑사(鵲岬寺)　5권: 53, 54, 56

작문(作文)　2권: 171 / 5권: 40

작위(爵位)　2권: 271, 322, 392 / 3권: 120, 197, 291 / 6권: 52

작진(酌珍)　3권: 263, 283

작탑(鵲塔)　5권: 56

작호(爵號)　1권: 163 / 2권: 394 / 3권: 392

잠부론(潛夫論)　2권: 59

잠태(蚕台)　2권: 50

잠현(箴峴)　1권: 278, 281

잡간(匝干)　3권: 120, 123, 125, 129, 135, 172, 376

잡간지대야군사(匝干知大耶郡事)　3권: 206

잡고(雜攷)　4권: 415 / 6권: 45

잡궁(雜宮)　3권: 402

잡라(匝羅)　2권: 186

잡아함(雜阿含)　4권: 145 / 5권: 35

잡의(雜義)　5권: 226

잡지(雜志)　5권: 238

잡찬(匝湌)　2권: 392

잡찬(迊湌)　3권: 121, 172 / 6권: 39

잡판(迊判)　5권: 110 / 6권: 42

잡화경(雜花經)　5권: 158, 167

장(莊)　2권: 398 / 5권: 34

장각(張角)　4권: 117, 258

장강(長江) 4권: 125 / 5권: 165

장개석(蔣介石) 4권: 90

장건영(張建榮) 3권: 148

장건장(張建章) 2권: 88

장경(藏經) 4권: 263, 343

장계(狀啓) 3권: 367 / 4권: 172, 324

장골탑비문(藏骨塔碑文) 5권: 215

장국빈(張國賓) 3권: 35

장군호(將軍號) 1권: 132

장기(長鬐) 4권: 419, 421

장기현(長鬐縣) 4권: 419

장길(張吉) 3권: 298

장금칭(張金稱) 2권: 397

장노(張魯) 4권: 69, 117

장당경(藏唐京) 2권: 25, 33, 35

장대소(張大素) 2권: 28

장도(藏茶) 2권: 87

장량(張良) 2권: 286 / 3권: 217

장려화(張麗華) 3권: 200, 224

장령산(長嶺山) 4권: 347, 353, 371

장령진(長嶺鎭) 2권: 120

장륙삼존(丈六三尊) 5권: 69, 71('장육삼존' 참조)

장률강반(長津江畔) 2권: 52

장릉(張陵) 4권: 69, 117

장목인명왕후(莊穆仁明王后) 4권: 267

장목왕후(莊穆王后) 4권: 250

장변(張弁) 3권: 148

장보고(張寶高) 3권: 148

장보고(張保皐)　3권: 144

장복부(長福部)　2권: 148, 149, 163

장복서(掌服署)　4권: 393

장부인(獐夫人)　5권: 230

장빙고(藏氷庫)　2권: 218

장사(長史)　2권: 46, 165 / 3권: 32, 71, 303, 316, 377 / 4권: 152

장사(長沙)　2권: 273

장사(將士)　3권: 193

장사(壯士)　3권: 276, 287

장사왕(長沙王)　2권: 44

장사택(長沙宅)　2권: 137

장산(獐山)　4권: 420 / 5권: 140

장산국(萇山國)　2권: 167 / 4권: 419, 420

장산군(獐山郡)　5권: 144

장산군(章山郡)　1권: 83 / 5권: 133 / 6권: 22

장산성(獐山城)　5권: 143

장생(長生)　5권: 58

장생전(長生殿)　5권: 171

장생표(長生標)　2권: 234 / 5권: 59, 60

장생표탑(長生標塔)　5권: 53, 58

장서인(藏書印)　1권: 21

장성(長城)　2권: 91, 409

장성인효대왕(章聖仁孝大王)　4권: 192

장소(章疏)　5권: 160, 227

장수(長壽)　2권: 308 / 3권: 370 / 4권: 227 / 6권: 86

장수사(長壽寺)　6권: 212

장수왕(長壽王)　1권: 96, 131, 151, 162 / 2권: 289, 297 / 3권: 383

장승요(張僧繇)　4권: 216, 221

장아함(長阿含)　4권: 145 / 5권: 35

장안(長安)　1권: 233 2권: 49, 89, 140, 392 / 3권: 179, 325, 335 / 4권: 18, 67, 189, 266, 361 /

　　　5권: 117 / 6권: 33, 124

장안사(長安寺)　5권: 221

장안성(長安城)　1권: 162 / 4권: 64, 169

장언원(張彦遠)　4권: 221

장엄겁(莊嚴劫)　4권: 145

장엄사(莊嚴寺)　5권: 20, 21, 32, 34

장원(莊園)　4권: 319, 320 / 5권: 58

장유사(長遊寺)　3권: 368

장유산(長遊山)　3권: 383

장육금동상(丈六金銅像)　3권: 132

장육미륵(丈六彌勒)　5권: 195

장육삼존(丈六三尊)　5권: 69, 71

장육상(丈六像)　3권: 317 / 4권: 185

장육전(丈六殿)　5권: 175

장육존상(丈六尊像)　2권: 329 / 4권: 172, 174, 175

장육존용(丈六尊容)　4권: 172

장의사(莊義寺)　2권: 421

장이(張耳)　3권: 274

장인(匠人)　4권: 203 / 5권: 71

장인(臧人)　6권: 35

장자(長者)　5권: 192

장잠(長岑)　2권: 53

장장평(苫々平)　2권: 25, 33, 36

장적(帳籍)　3권: 239 / 5권: 30, 53

장전(長箭)　2권: 282

장전(莊田)　4권: 384, 394, 395

장절(仗節)　1권: 9 / 4권: 242

장제(章帝)　1권: 71

장종(莊宗)　3권: 184, 290, 291

장주(章奏)　3권: 303

장주(長洲)　3권: 312

장주(莊周)　4권: 394 / 5권: 228

장창(長倉)　2권: 161 / 3권: 109, 114

장창당(長槍幢)　3권: 67

장천굴(掌天窟)　4권: 349

장춘(長春)　4권: 234, 235

장춘랑(長春郎)　2권: 420, 421, 422 / 5권: 121

장춘랑파랑(長春郎罷郎)　1권: 31 / 2권: 6, 11, 420 / 3권: 6 / 4권: 6 / 5권: 6 / 6권: 6

장탐(章耽)　2권: 47

장화(章和)　1권: 258

장회(章懷)　2권: 71

장흥(長興)　3권: 313

재가신자(在家信者)　5권: 128

재계(齋戒)　3권: 339 / 4권: 305, 306

재기(載記)　4권: 24, 66

재녕강(載寧江)　3권: 34

재등충(齋藤忠)　3권: 158

재랑(才良)　6권: 39

재매곡(財買谷)　2권: 353, 358

재매부인(財買夫人)　2권: 142, 353, 358

재매정지(財買井址)　2권: 142

재매정택(財買井宅)　2권: 137

재보(宰輔)　5권: 111, 169

재복(財福)　6권: 134, 140, 147

재사(才士) 4권: 49

재상(宰相) 4권: 217, 403

재암성(載巖城)(甫城府) 3권: 298

재이상서(災異祥瑞) 3권: 137

재조본(再雕本) 4권: 331, 336

재주(財主) 4권: 145

재주(齋主) 4권: 232

재징불취(再徵不就) 6권: 165

재화(財貨) 5권: 25

쟁관법(錚觀法) 6권: 70

저거(沮渠) 4권: 66

저궁(渚宮) 2권: 380

저력대명화기(著歷代名畵記) 4권: 221

저본색(沮本色) 5권: 167

저수(睢水) 2권: 285

저수(泜水) 3권: 274

저포(紵布) 4권: 244

적고(赤袴) 1권: 272

적고적(赤袴賊) 3권: 176

적곡촌(赤谷村) 5권: 85

적괴기훤(賊魁箕萱) 1권: 274

적금서당(赤衿誓幢) 3권: 56

적난(賊難) 4권: 247

적녀국왕(積女國王) 1권: 72

적년국왕(積女國王) 1권: 71('적녀국왕' 참조)

적대공(赤大公) 5권: 133

적대연(赤大淵) 5권: 133

적리녀(積利女) 6권: 41

적리도(積利道)   3권: 35

적멸(寂滅)   4권: 366

적미(赤眉)   2권: 80, 216 / 4권: 25

적벽부(赤壁賦)   3권: 225

적서(磧西)   4권: 164

적선(積善)   6권: 179

적선촌(赤善村)   5권: 85

적양(翟讓)   3권: 325

적오(赤烏)   3권: 139 / 6권: 157

적유(磧儒)   4권: 438 / 5권: 203

적이(赤夷)   2권: 64

적인(翟人)   4권: 105

적자(賊子)   4권: 206

적작(赤雀)   3권: 113

적적(狄賊)   4권: 227, 231

적지(赤痣)   4권: 222

적지(赤地)   2권: 396 / 5권: 221

적토(赤土)   2권: 270

전광대왕(典光大王)   4권: 195

전국(戰國)   4권: 393

전국책(戰國策)   3권: 304

전기(傳記)   4권: 59, 88, 391, 430 / 5권: 32, 77 / 6권: 136

전기인(前其人)   5권: 53

전내성(殿內省)   4권: 394

전당(殿堂)   4권: 349, 399

전당문(全唐文)   2권: 411 / 4권: 207

전대등(典大等)   3권: 204 / 4권: 388

전독(轉讀)   5권: 46 / 6권: 19, 101

자

전량(銓量)　5권: 243~244

전막(前莫)　2권: 50

전말(顚末)　5권: 62

전망성(全忘誠)　4권: 394

전문통석(全文通釋)　1권: 8

전밀(轉密)　3권: 157

전법륜(轉法輪)　4권: 157

전법륜경(轉法輪經)　5권: 35, 173

전복(甸服)　3권: 307 / 5권: 34 / 6권: 225

전부(前部)　6권: 155

전불(前佛)　4권: 43, 142

전수창부경예언(前守倉部卿藝言)　3권: 381

전숙(錢俶)　3권: 200, 224, 225, 303

전승기사(傳承記事)　1권: 123 / 2권: 303

전신(錢申)　4권: 257

전악(典樂)(音樂舞踏)　3권: 334

전영(田榮)　2권: 286

전왕지인(滇王之印)　2권: 213

전우(殿宇)　3권: 331 / 4권: 186

전운사(轉運使)　4권: 89

전원관(錢元瓘)　3권: 224

전유(錢鏐)　3권: 302

전읍서(典邑署)　2권: 195

전의(展衣)　4권: 411

전자(鐫者)　5권: 146

전장(田莊)　3권: 277

전정(田丁)　3권: 234

전제(田齊)　2권: 43

전제(田制) 3권: 112

전존(傳存) 1권: 17

전좌(典座) 5권: 53, 59

전주(全州) 4권: 113

전주(牋奏) 3권: 305

전주목(全州牧) 5권: 187, 194

전중감(殿中監) 4권: 393

전중성(殿中省) 4권: 394

전지왕(腆支王) 1권: 153, 154, 155 / 3권: 391

전진(前秦) 2권: 69, 191, 291, 314 / 3권: 222, 393 / 4권: 23~25, 27, 60, 61, 65 / 5권: 39

전축(塼築) 4권: 56

전축전국수(前筑前國守) 3권: 149

전칠식(前七識) 5권: 218

전탑(塼塔) 4권: 56 / 6권: 108

전탑(殿塔) 5권: 35, 69

전태자사의랑(前太子司議郎) 4권: 195

전판본(殿版本) 4권: 124

전한(前漢) 2권: 40, 67, 70, 202, 206 / 3권: 236, 243 / 4권: 151, 158, 335 / 5권: 38

전한서(前漢書) 2권: 39, 67, 68

전화(戰禍) 3권: 193

전화(錢貨) 5권: 116

전후소장사리(前後所將舍利) 2권: 330 / 4권: 154, 241, 368, 434, 442 / 5권: 60, 113, 162, 165, 166

절강성(浙江省) 3권: 302 / 4권: 221, 315~317 / 5권: 36 / 6권: 157

절검(節儉) 5권: 204

절구(絶句) 3권: 95

절사(節使) 3권: 367

절야화군(切也火郡) 3권: 202

절원당(折怨堂)　6권: 31

절의(節義)　3권: 34, 268, 335 / 46권: 185

절일(節日)　3권: 185

점개(漸開)　5권: 221 / 6권: 210, 211

점량부(漸梁部)　2권: 137, 148

점물왕후(占勿王后)　1권: 237

점성대(占星臺)　1권: 137~139('첨성대(瞻星臺)' 참조)

점숭(占崇)　4권: 219

점찰경(占察經)　5권: 181, 189, 190, 191, 192, 202, 217, 218, 222, 235 / 6권: 214

점찰법회(占察法會)　5권: 47, 181, 184, 213, 221 / 6권: 51, 55

점찰보(占察寶)　2권: 261 / 5권: 30, 47, 184, 205

점찰상(占察像)　4권: 365

점찰선악업보경(占察善惡業報經)　5권: 47, 198

점찰선악업보경이권(占察善惡業報經二卷)　5권: 210, 222 / 6권: 55

점찰예참(占察禮懺)　5권: 221

점탁(漸涿)　2권: 137

점훼(漸喙)　2권: 139

접사역(接待役)　4권: 124

정강(靖康)　1권: 272 / 4권: 258

정강왕(定康王)　1권: 271 / 3권: 134, 178

정개(政開)　1권: 284 / 3권: 289

정거천(淨居天)　4권: 350, 364

정견모주(正見母主)　2권: 178 / 3권: 398

정경구(井徑口)　3권: 312

정계(貞繼)　3권: 147

정계(淨戒)　4권: 364 / 5권: 129, 188

정계(正戒)　5권: 239 / 6권: 134, 140

정공(鄭恭)　2권: 161 / 6권: 29, 34

정관(貞觀)   2권: 65, 397 / 4권: 117, 183, 252 / 5권: 24, 30, 78 / 6권: 156

정관(政官)   5권: 127

정관정요(貞觀政要)   2권: 418

정광(正光)   1권: 190 / 3권: 388, 393

정광(正匡)   3권: 205 / 4권: 217

정극영(鄭克永)   4권: 243, 256

정기태감(精騎太監)   3권: 48

정년(鄭年)   2권: 161 / 3권: 148

정덕간본(正德刊本)   3권: 29 / 4권: 378, 423 / 5권: 41, 111

정덕본(正德本)   1권: 5, 8, 15, 18, 20, 21, 23, 26, 28 / 3권: 127, 128 / 4권: 423, 430, 439,
        440

정덕본삼국유사(正德本三國遺事)   1권: 18, 21

정덕임신본(正德壬申本)   1권: 20, 126, 156, 203, 233, 264 / 3권: 407 / 4권: 423

정덕판(正德版)   1권: 122

정동유(鄭東愈)   3권: 167

정려(精廬)   4권: 184

정령(政令)   3권: 41, 369

정령(精靈)   6권: 98

정륜궁(靜輪宮)   4권: 69

정륭(正隆)   4권: 428 / 5권: 63

정릉(貞陵)   3권: 196

정림사(定林寺)   5권: 34

정명(政明)   4권: 346 / 6권: 35

정명(貞明)   1권: 212, 213

정명(禎明)   4권: 205

정명왕(政明王)   3권: 366, 378

정목왕후(定穆王后)   1권: 256

정무(貞武)   2권: 415

정문(正門)   3권: 28

정반왕(淨飯王)   4권: 325, 333

정방(政房)   2권: 397

정백리(貞柏里)   2권: 213

정법(正法)   4권: 176, 362 / 5권: 25, 66

정법전(政法典)   5권: 103 / 6권: 150

정보(正甫)   4권: 222

정복(貞福)   2권: 378

정사(正史)   1권: 5 / 2권: 75 / 4권: 101, 124 / 5권: 115 / 6권: 232

정사(精舍)   4권: 93, 168 / 5권: 214, 217, 229 / 6권: 118

정사(亭榭)   6권: 196

정사암(政事嵒)   3권: 237

정삭(定朔)   5권: 105

정삼품(正三品)   2권: 409 / 3권: 41 / 4권: 128

정상택(井上宅)   2권: 138

정서(征西)   1권: 9

정성천왕(靜聖天王)   6권: 170

정수(正受)   5권: 70

정승(政承)   2권: 328 / 3권: 197

정승공(正承公)   2권: 329 / 3권: 195, 196, 214, 227

정승원(正承院)   3권: 195

정시(正始)   1권: 113

정신(貞信)   1권: 155, 156 / 4권: 278

정신대왕(淨神大王)   3권: 345, 353

정신왕(淨神王)   1권: 348, 359, 363 / 5권: 221

정신용(鄭神勇)   4권: 192

정신태자(淨神太子)   4권: 370, 371

정심행처(正心行處)   5권: 152

정암사(淨嵓寺)　4권: 345, 378

정암사(淨岩寺)　4권: 376, 378 / 5권: 105

정업화상(淨業和尙)　5권: 195

정연영(鄭然榮)　3권: 74

정열모(鄭烈模)　3권: 74

정영사(淨影寺)　5권: 117

정우(貞祐)　4권: 144, 146

정원(貞元)　3권: 130 / 5권: 229

정원경(貞元經)　4권: 297 / 5권: 150

정원석교목록(貞元釋敎目錄)　5권: 205

정원십도록(貞元十道錄)　2권: 92

정유(淨油)　4권: 349

정윤(正胤)　3권: 320

정률(율)(定律)　5권: 109

정의(情誼)　3권: 193

정의(正義)　3권: 340

정의(定意)　5권: 152

정의대후(貞懿大后)　1권: 245

정인태(鄭仁泰)　4권: 156

정자(貞慈)　4권: 272, 276, 279

정자(亭榭)　6권: 194, 196

정자재왕(定自在王)　6권: 196

정적(頂籍)　6권: 23, 154

정전적(井田跡)　2권: 33

정정(正定)　6권: 151

정종(靖宗)　4권: 186, 404, 405

정종(定宗)　2권: 24 / 4권: 191, 414

정좌(貞座)　5권: 53

정주(貞州)　3권: 22, 314

정주(鄭注)　3권: 39, 314 / 4권: 188

정진(正眞)　2권: 65

정진(征陳)　5권: 35

정천군(井泉郡)　2권: 92

정청(政庁)　2권: 243

정취(正趣)　4권: 313

정칙(正則)　2권: 413

정토교가(淨土敎家)　5권: 138

정토문(淨土門)　5권: 195 / 6권: 196

정토변상도(淨土變相圖)　5권: 196

정토사(淨土寺)　4권: 220, 312

정토신종(淨土眞宗)　6권: 196

정토종(淨土宗)　6권: 196

정통(正統)　2권: 33, 86, 110, 131 / 4권: 68, 206, 257 / 5권: 107, 128 / 6권: 44

정평(定平)　2권: 91

정평(正平)　4권: 70

정풍(正豊)　4권: 428 / 5권: 63

정하택(井下宅)　2권: 138

정학(定學)　5권: 128

정해현(定海縣)　4권: 315

정혜사(定惠寺)　4권: 264

정혜사(定慧寺)　4권: 264

정화(靖和)　2권: 259 / 4권: 212

정화(政和)　2권: 177 / 5권: 183 / 6권: 52

정화(貞和)　1권: 279 / 3권: 179

정화부인(貞和夫人)　1권: 279

정화태후(貞和太后)　1권: 279

제갈공명(諸葛孔明)　3권: 217 / 4권: 97

제갈량(諸葛亮)　4권: 82, 97

제감(弟監)　5권: 63

제공(悌恭)　1권: 255

제국(齊國)　2권: 42, 101, 103, 105 / 5권: 201

제국대장공주(齊國大長公主)　4권: 267

제귀(諸貴)　1권: 101

제기(帝紀)　2권: 25, 68 / 4권: 125, 126, 157

제기(濟紀)　1권: 28, 55, 56, 66, 79, 88, 96, 105, 114, 125, 126, 132, 134, 140, 141, 151~155, 163, 164, 170~173, 188, 194, 195, 211~213, 226 / 2권: 76, 93, 97, 134, 135, 291, 315, 333, 339, 394~403, 410, 411 / 3권: 238, 244~246, 252~254 / 4권: 32~35, 108, 109 / 5권: 72

제남국(濟南國)　2권: 47

제남군(濟南郡)　2권: 47

제남태수(濟南太守)　2권: 41, 47

제도(濟度)　2권: 421 / 6권: 96

제례(祭禮)　3권: 338, 377

제륭(悌隆)　3권: 142, 157

제망(帝網)　5권: 159, 172

제망중중(帝網重重)　5권: 172

제명(第名)　5권: 134

제방복성(諸方複姓)　2권: 65

제분(諸賁)　1권: 101, 111, 118, 119

제사서(諸史書)　1권: 179

제산(弟山)　2권: 192

제석(帝釋)　2권: 29 / 4권: 212

제석궁(帝釋宮)　2권: 328 / 5권: 172

제석원(帝釋院)　2권: 30

제석천(帝釋天)   2권: 29, 330 / 3권: 59, 400 / 4권: 230, 333 / 5권: 101, 178, 251

제수고신식(制授告身式)   3권: 227

제시개지(祭時槪至)   2권: 174

제식(祭式)   3권: 340 / 5권: 220

제식주법(祭式呪法)   3권: 40

제실(齊室)   4권: 59, 88

제안(齊顔)   4권: 223

제업박사(諸業博士)   3권: 97

제옹(悌邕)   3권: 142

제옹(悌顒)   3권: 142

제왕(齊王)   2권: 18, 286

제왕세기(帝王世紀)   2권: 21

제왕연대력(帝王年代曆)   2권: 203

제왕운기(帝王韻記)   2권: 22, 23, 24, 29, 121, 127

제요(帝堯)   3권: 357

제우출탄(帝禹出誕)   6권: 43

제융(悌隆)   1권: 262, 263, 265

제의(祭儀)   2권: 125, 179 / 3권: 357

제이(諸夷)   4권: 152

제이보리사(第二菩提寺)   6권: 61

제존지념교법(諸尊持念敎法)   5권: 177

제지사(制旨寺)   5권: 36

제천(諸天)   5권: 251

제천금인(祭天金人)   4권: 155

제파(提婆)   6권: 154

제파달다품(提婆達多品)   6권: 149

제하(諸夏)   6권: 156

제한지(齊旱支)   5권: 110

제해(提奚)   2권: 53

제호(帝號)   4권: 23

제호(醍醐)   4권: 316

제호화상(醍醐和尙)   4권: 306

제후국(諸侯國)   5권: 73

제후왕표(諸侯王表)   3권: 68

조가(朝歌)   5권: 123

조계(曹溪)   4권: 254

조관(蟬冕)   4권: 80

조관(澡灌)   5권: 226

조광(趙匡)   3권: 349, 352, 387

조길(趙佶)   4권: 257

조란형(鳥卵型)   2권: 196 / 3권: 343

조로(調露)   2권: 227, 238

조론(肇論)   5권: 89, 94

조명(照明)   1권: 266 / 3권: 156

조문선(趙文善)   3권: 366

조물군(曹物郡)   3권: 290

조부(調府)   3권: 113

조부(租賦)   3권: 224

조부사(調府史)   3권: 97

조분(助賁)   1권: 120

조분왕(助賁王)   1권: 109 / 2권: 220

조분이사금(助賁尼師今)   4권: 93

조분이사금비아이부인(助賁尼師今妃阿爾夫人)   2권: 179

조[분]이질금(助[賁]尼叱今)   1권: 101

조불(造佛)   4권: 91, 200

조빙(朝聘)   3권: 199

조빙사(朝聘使)　　5권: 27, 33

조사(造寺)　　3권: 358 / 4권: 78

조사(祖師)　　4권: 357 / 5권: 163

조사암(祖師嵒)　　6권: 40

조사조상(造寺造像)　　4권: 387

조사지(租舍知)　　3권: 97

조산대부(朝散大夫)　　4권: 195

조상(造像)　　4권: 385

조생지편(祖生之鞭)　　3권: 301

조서(詔書)　　1권: 151

조선국(朝鮮國)　　2권: 35, 36, 45, 48, 74 / 4권: 438 / 5권: 38

조선군왕(朝鮮郡王)　　2권: 89, 94

조선금석총람(朝鮮金石総覽)　　1권: 17 / 3권: 208, 333

조선금석총람상(朝鮮金石総覽上)　　4권: 26, 28, 87, 123, 198, 386, 409 / 5권: 215 / 6권: 22

조선사학회본(朝鮮史學會本)　　1권: 23~26, 47, 50, 62, 65, 71, 86, 88, 95, 111, 115~213, 221, 233, 237, 238, 249, 261~266, 272, 278, 285, 292 / 3권: 36, 45, 131, 299, 408 / 4권: 378 / 6권: 136, 170, 216

조선상(朝鮮相)　　2권: 41

조선연구회본(朝鮮研究會本)　　1권: 5

조선열전(朝鮮列傳)　　2권: 26, 69

조선전(朝鮮傳)　　2권: 67

조선전제고(朝鮮田制考)　　3권: 382

조성선양(助成宣揚)　　6권: 140

조식(曹植)　　4권: 329

조아(曹娥)　　6권: 157

조양(造陽)　　2권: 43

조양(朝陽)　　2권: 69

조양현(朝陽縣) 2권: 34

조연소사(槽淵小寺) 6권: 161

조영(祚榮) 2권: 85, 88, 89

조영(造營) 2권: 141 / 4권: 95, 174 / 6권: 62

조원전(朝元殿) 6권: 90, 94

조위(曹魏) 4권: 43, 54

조유연(祖劉淵) 2권: 31

조의(粗衣) 5권: 37

조의국전(朝儀國典) 5권: 41

조자(造字) 3권: 341, 353, 358 / 4권: 439 / 5권: 218 / 6권: 148

조적(祖逖) 3권: 268, 301

조조(雕造) 4권: 54, 263, 264

조조역제(租調役制) 4권: 206

조주리호(曹州离狐) 2권: 415

조지(照知) 2권: 302 / 4권: 52

조직정(調直定) 5권: 152

조참(曹參) 3권: 216

조청대부수집사시랑사자금어대(朝請大夫守執事侍郎賜紫金魚袋) 4권: 424

조충(趙沖) 4권: 260

조칙(詔勅) 1권: 117 / 2권: 106, 272, 277, 379, 410, 415 / 3권: 197, 198 / 4권: 107, 124,
　　　　128, 156

조탑명(造塔銘) 5권: 230

조포(曹褒) 3권: 356

조행(肇行) 2권: 258 / 4권: 26, 50, 52, 55, 60, 63

조헌(趙憲) 3권: 23

조호(照號) 6권: 151

족제(族弟) 3권: 267

족형(族兄) 2권: 216

존상(尊像)　4권: 174

존승각간(尊勝角干)　6권: 32

존왕양이(尊王攘夷)　3권: 307

존욱(存勗)　3권: 291 / 4권: 255

졸고천백(拙藁千百)　4권: 88

졸도파(卒堵波)　4권: 336, 337, 338

졸본부여(卒本扶餘)　2권: 116, 124, 129, 131 / 3권: 235, 236, 243

졸본주(卒本州)　2권: 108, 116, 119

졸지공(卒支公)　1권: 8 / 3권: 373, 388

종가대사(宗家大師)　5권: 195

종남대사(終南大師)　5권: 195

종남산(終南山)　4권: 184, 256, 257 / 5권: 101, 108, 112, 113, 124, 166, 170, 188

종묘(宗廟)　2권: 260

종밀(宗密)　5권: 113

종본의(宗本義)　5권: 94

종성(種姓)　2권: 395 / 4권: 145 / 6권: 174

종실(宗室)　3권: 196

종우(宗祐)　3권: 275

종의사(從儀師)　5권: 230

종자(從者)　1권: 54

종자기(鍾子期)　5권: 153

종정감(宗正監)　3권: 387

종제(從弟)　3권: 266 / 4권: 422, 425

종진(宗眞)　4권: 404

종훈(宗訓)　3권: 275

좌구(座具)　4권: 305

좌금여(坐金輿)　3권: 222

좌도(左道)　4권: 68

좌도밀교(左道密教)　4권: 68

좌도수군절도사영(左道水軍節度使營)　3권: 166

좌둔위장군이려도행군총관(左屯衛將軍伊麗道行軍總管)　2권: 398

좌둔위장군임청현공(左屯衛將軍臨淸縣公)　2권: 398

좌령군장군(左領軍將軍)　3권: 31

좌무위(左武衛)장군　2권: 392

좌무후중랑장(左武侯中郞將)　2권: 397

좌민(左民)　3권: 303

좌반(左班)　4권: 259

좌번알자(左番謁者)　4권: 245

좌보(左輔)　4권: 64

좌보궐(左補闕)　3권: 377

좌복사(左僕射)　2권: 92

좌복사겸동중서문하삼품(左僕射兼同中書門下三品)　2권: 414

좌빙익(左馮翊)　4권: 64

좌사(左司)　3권: 229

좌사낭중(佐史郞中)　3권: 229

좌상(左相)　2권: 414 / 3권: 302 / 4권: 126, 127, 206

좌상(坐像)　6권: 24

좌선(坐禪)　4권: 291

좌습유(左拾遺)　3권: 377

좌승(佐承)　3권: 275

좌승(左丞)　3권: 229, 303

좌우상(左右相)　4권: 126

좌우양별초(左右兩別抄)　4권: 319

좌우위(左右衛)　3권: 205

좌우의방부(左右議方府)　3권: 42, 66

좌우의육부(左右議六府)　3권: 97

좌우이방부(左右理方府)　3권: 42, 66

좌위(左衛)　2권: 374, 378

좌위훈일부중랑장(左衛勳一府中郎將)　2권: 397

좌익(左翼)(左網)　3권: 322

좌익위대장군내호아(左翊衛大將軍來護兒)　4권: 125

좌인(左人)　3권: 63, 68

좌장군(左將軍)　3권: 302

좌전(左傳)　2권: 205 / 3권: 311, 323

좌전(左殿)　4권: 299, 301

좌주(座主)　5권: 59

좌지(坐知)　3권: 387

좌지왕(坐知王)　1권: 155, 156, 164 / 3권: 387

좌지촌사마노고도(佐知村飼馬奴苦都)　2권: 315

좌평(佐平)　2권: 371, 372, 375

좌표(座標)　2권: 210

좌호위(左虎衛)　2권: 374, 397

좌효기대장군유주도독(左驍騎大將軍幽州都督)　2권: 379

좌효위(左驍衛)　2권: 374

좌효위대장사(左驍衛大將事)　2권: 398

주가(周苛)　2권: 284

주가(呪歌)　3권: 85, 86

주겁(住劫)　4권: 143, 146

주공(周公)　2권: 57 / 5권: 123

주관(周官)　2권: 62

주관경(周官經)　2권: 62

주군(州郡)　2권: 91 / 3권: 109, 378

주기(注記)　1권: 220 / 2권: 60, 287 / 3권: 131, 132 / 4권: 176, 197 / 5권: 215, 256 / 6권:
　　　　43, 138

주남산(周南山)　5권: 166

주대육관(周代六官)　3권: 47

주도(州都)　5권: 103, 117

주락경불수기사법장전(周洛京佛授記寺法藏傳)　5권: 171

주량(朱梁)　3권: 177, 179 / 4권: 59

주례(周禮)　2권: 411

주류(朱留)　1권: 65 / 4권: 22

주림전(珠琳傳)　2권: 119, 121, 130, 131

주목(州牧)　2권: 407

주몽(朱蒙)　1권: 50 / 2권: 117, 257

주몽선사설(朱蒙善射說)　2권: 126

주문(呪文)　4권: 298

주문왕(周文王)　3권: 246

주발(周勃)　2권: 39 / 3권: 309

주백(州伯)　2권: 310

주벌(誅伐)　3권: 308

주보(注補)　2권: 71

주본기(周本紀)　2권: 20

주부(主簿)　2권: 50 / 5권: 121 / 6권: 71, 208

주부군현명(州府郡縣名)　3권: 379

주부원(主簿員)　5권: 117

주사(主事)　5권: 122

주사(朱邪)　3권: 291

주사적심(朱邪赤心)　3권: 291

주산군도(舟山群島)　6권: 157

주살(誅殺)　3권: 56

주색(朱色)　6권: 21

주서(周書)　2권: 403, 406, 418

주서(主書)　　3권: 303

주석원(呪錫院)　　6권: 31

주성(周成)　　2권: 285

주성(鑄成)　　3권: 317 / 4권: 172

주소(注疏)　　4권: 315

주수고신식(奏授告身式)　　3권: 227

주식(酒食)　　3권: 50 / 6권: 157

주실(周室)　　3권: 226

주애군(珠崖郡)　　2권: 49

주역본의통석(周易本義通釋)　　3권: 113

주영편(晝永編)　　3권: 167

주옥(珠玉)　　3권: 127 / 4권: 161 / 6권: 179

주온(朱溫)　　3권: 179

주왕(紂王)　　3권: 216, 273, 308

주원(周元)　　3권: 126, 128

주유마(註維磨)　　5권: 94

주의국(主衣局)　　4권: 394

주자(朱子)　　3권: 359

주자학(朱子學)　　2권: 33 / 5권: 40

주재자(主宰者)　　1권: 6

주전두(主殿頭)　　4권: 393

주전충(朱全忠)　　3권: 180, 291 / 4권: 59

주조(州助)　　3권: 71, 316

주존(主尊)　　6권: 20, 51

주지(住持)　　5권: 102

주진(朱珍)　　4권: 69 / 5권: 36

주척(周尺)　　2권: 231 / 3권: 382

주첩(柱貼)　　4권: 415

주첩주각(柱貼注脚)　6권: 40

주치(州治)　3권: 71 / 5권: 36

주통(州統)　5권: 103, 117

주통촌(酒桶村)　1권: 104

주편(周偏)　4권: 94

주포(主浦)　3권: 380 / 4권: 161

주포촌(主浦村)　3권: 352, 357, 380

주호왕(周虎王)　2권: 387

죽군성(竹軍城)　2권: 79, 80

죽담(竹覃)　2권: 78, 79

죽령(竹嶺)　2권: 317 / 3권: 71 / 4권: 51, 202, 205, 437

죽만랑(竹曼郎)　3권: 63

죽백(竹栢)　4권: 78

죽사물부(竹斯物部)　2권: 315

죽서기년(竹書紀年)　5권: 203

죽성(竹城)　1권: 281

죽엽군(竹葉軍)　1권: 49, 111 / 2권: 254 / 3권: 403 / 6권: 214

죽엽릉(竹葉陵)　2권: 259

죽엽신병(竹葉神兵)　2권: 99, 259

죽엽신앙(竹葉信仰)　3권: 56

죽전(竹箭)　3권: 266

죽주(竹州)　1권: 274 / 3권: 287

죽지령(竹旨嶺)　3권: 65

죽통(竹筒)　3권: 403

죽현릉(竹現陵)　2권: 255, 259

준견(駿犬)　3권: 304

준남자(准南子)　2권: 323

준영(俊英)　4권: 233 / 5권: 254

자

준영랑(俊永郎)   4권: 229, 233

준옹(俊邕)   1권: 252

준읍(俊邑)   4권: 410

준정(俊貞)   3권: 68 / 4권: 278

준정랑(俊貞娘)   4권: 271

준필(俊必)   3권: 365

준하(俊荷)   6권: 157

준흥(俊興)   1권: 271

중강진(中江鎭)   2권: 92

중경(中京)   2권: 88

중경목록(衆經目錄)   5권: 202

중고(中古)   1권: 219

중공각간(重恭角干)   1권: 262

중국사료(中國史料)   1권: 170, 186, 204, 29 / 2권: 93 / 3권: 240, 242, 243 / 4권: 232

중국사적풍(中國史籍風)   1권: 93

중군(中軍)   3권: 322

중군(衆軍)   5권: 43

중궁(中宮)   3권: 350

중근(中根)   6권: 81

중기정(中畿停)   2권: 195

중남산(中南山)   5권: 166

중당당주(中幢幢主)   2권: 354

중대(中代)   3권: 106 / 6권: 179

중대광(重大匡)   3권: 218

중대부(中大夫)   4권: 423

중대사(中臺寺)   4권: 115, 133

중대적멸궁실(中臺寂滅宮室)   4권: 378

중대통(中大通)   4권: 84

중도종(中道宗)　5권: 138

중도호(中都護)　3권: 380

중론(中論)　5권: 114

중망(衆望)　2권: 216 / 4권: 400

중방(中方)　6권: 155

중보왕(衆寶王)　6권: 196

중봉(中峰)　2권: 68

중사(中寺)　4권: 60

중사(中使)　5권: 86

중사(中祀)　5권: 238, 250 / 6권: 24, 54, 56, 71, 165

중산효왕(中山孝王)　2권: 206

중삼중구(重三重九)　3권: 99

중상(中傷)　3권: 86 / 4권: 68

중생사(衆生寺)　4권: 222, 227, 399, 402

중서(中書)　3권: 303

중서령(中書令)　2권: 419 / 4권: 114

중서문하성(中書門下省)　3권: 221 / 4권: 402

중서사인(中書舍人)　3권: 229

중서성(中書省)　4권: 128, 402 / 5권: 201

중서시랑(中書侍郞)　3권: 229

중성(重成)　4권: 191

중수강성(中受降城)　2권: 92

중승(中乘)　5권: 236

중시(中侍)　3권: 81 / 4권: 384, 388 / 6권: 162

중십중금계(重十重禁戒)　6권: 35

중아찬(重阿湌)　4권: 383

중아함(中阿含)　4권: 145

중악(中岳)　6권: 20

중야(中夜)　5권: 41

중양(中壤)　1권: 95

중양절(重陽節)　3권: 98

중업(仲業)　5권: 146

중원(中元)　2권: 241

중원(仲遠)　2권: 74

중원(中原)　6권: 156

중원(重源)　6권: 157

중원경(中原京)　3권: 42, 47

중원소경(中原小京)　4권: 136

중이(重耳)　4권: 80, 94

중인도(中印度)　3권: 354 / 5권: 76, 177

중조(重祚)　4권: 196

중종(中宗)　3권: 407

중주위(中主位)　5권: 46

중지(衆志)　4권: 25

중천(中川)　1권: 95

중천왕(中川王)　1권: 102, 112, 113

중천축(中天竺)　5권: 76

중춘(仲春)　6권: 108

중태(中台)　3권: 303

중토(中土)　6권: 156

중편본(重編本)　4권: 99

중평(中平)　3권: 352

중하(中夏)　6권: 156

중한집서(中漢輯序)　2권: 75

중화(中華)　6권: 156

중화(中和)　2권: 68

중화(重華)　3권: 340

중화을사(中和乙巳)　3권: 134

중화현(中和縣)　3권: 294

중흥부(中興部)　2권: 148, 149,158, 159, 279

중흥사(中興寺)　5권: 174

중희(重熙)　1권: 253, 254 / 4권: 400, 404, 405

즉융관념(卽融觀念)　2권: 205

즙장사(葺長寺)　3권: 133

증공량(曾公亮)　4권: 124

증과(證果)　5권: 189, 198, 218

증과간자법(證果簡子法)　5권: 193

증보(增補)　3권: 400, 402, 404

증식주의(增埴呪儀)　3권: 372

증원(增員)　3권: 97

증유(曾遊)　1권: 11

증일아함(增壹阿含)　5권: 35

증자(曾子)　2권: 371, 394 / 5권: 177

증장천(增長天)　3권: 404 / 5권: 72

증조(蒸棗)　3권: 125, 350

지검(芝檢)　3권: 305

지격(持格)　4권: 294

지겸(之謙)　3권: 275

지경(智鏡)　2권: 370, 392

지계(持戒)　5권: 104 / 6권: 103

지관(智官)　3권: 61, 63

지관(地官)　2권: 411 / 3권: 356

지광선인(智光仙人)　4권: 280

지국천(持國天)　3권: 404 / 5권: 72

자

지군사(知郡事)   2권: 104

지귀(志鬼)   5권: 89

지금주사(知金州事)   3권: 333, 381

지기(志氣)   2권: 178

지기삼사(知幾三事)   3권: 38, 39, 180, 183

지대로(智大路)   2권: 308

지덕(智德)   2권: 410 / 4권: 296

지도로(智度路)   1권: 177 / 2권: 306, 308

지도부인(知刀夫人)   1권: 200 / 2권: 319, 325, 388

지둔(支遁)   4권: 26 / 6권: 157

지란(芝蘭)   4권: 311

지량평(枝良枰)   6권: 221, 222

지력(知力)   2권: 335

지령(指令)   4권: 415 / 5권: 58

지로산(地盧山)   4권: 347, 352

지로산(地爐山)   4권: 354, 371

지론(智論)   6권: 87

지룡(池龍)   3권: 252 / 4권: 185

지리(地利)   2권: 25, 91

지리다도파도파(智理多都波都波)   3권: 164

지리류(地理類)   2권: 97

지리산(智異山)   3권: 290 / 6권: 51, 179

지리산성모(智異山聖母)   2권: 178

지마왕(祇摩王)   1권: 86 / 2권: 87, 94

지명(智明)   6권: 155

지명(知命)   6권: 161, 167

지명대덕(智明大德)   3권: 253

지명법사(知命法師)   3권: 251

지명법사(智明法師) 6권: 155

지목지사(指目之辭) 4권: 50

지문급간(知文級干) 2권: 370

지백급간(地伯級干) 3권: 164, 168

지백호(智伯虎) 2권: 148

지법(智法) 4권: 167

지봉(地鳳) 1권: 60

지불암(知佛菴) 5권: 221

지빈(知斌) 5권: 118

지사군(知事郡) 3권: 381

지산리(芝山里) 5권: 124

지상(至相) 3권: 337

지상대사(至相大師) 4권: 265 / 5권: 166

지상사(至相寺) 4권: 243 / 5권: 157, 162, 178

지상택(池上宅) 2권: 137

지서경류수사(知西京留守事) 4권: 404

지성(至誠) 4권: 388

지세(地勢) 3권: 305 / 4권: 114

지소부인(只召夫人) 1권: 182

지소부인(智召夫人) 2권: 313

지수(智藪) 4권: 115

지수(智首) 4권: 257

지수(智水) 5권: 222

지수법(指數法) 3권: 382

지식(知識) 4권: 349

지식수(知識樹) 5권: 104

지신(智臣) 5권: 197

지신(地神) 3권: 164, 397 / 4권: 348 / 6권: 96

지악(至惡)　4권: 364 / 5권: 199

지양주사(知襄州事)　4권: 316

지엄(智儼)　5권: 157, 167, 176, 228

지엄존자(智儼尊者)　4권: 243

지오부인(知烏夫人)　1권: 250

지옥도(地獄道)　3권: 87

지원(至元)　4권: 144, 146, 267

지의(智義)　3권: 25, 43

지의(智顗)　6권: 154, 157

지자(智者)　6권: 154

지장(地藏)　4권: 353

지장경(地藏經)　4권: 350 / 5권: 221, 234

지장도(指掌圖)　2권: 86, 87, 91, 97

지장방(地藏房)　4권: 350 / 5권: 221

지장보살(地藏菩薩)　4권: 347, 350, 371 / 5권: 188, 198, 201, 211, 218, 219, 234 / 6권: 51,
　　　103

지장보살본원경(地藏菩薩本願經)　4권: 366

지장사(地藏寺)　4권: 400, 403

지장십륜경(地藏十輪經)　4권: 366

지절(地節)　2권: 406 / 5권: 124, 125

지정(智訂)　1권: 177, 179 / 2권: 308

지정(志貞)　3권: 106, 109, 125, 126

지정(至正)　4권: 89

지정(智正)　5권: 166

지정마립간(智訂麻立干)　1권: 169, 177, 220

지조(智祖)　2권: 308 / 4권: 289

지조부인(知烏夫人)　1권: 249, 250

지족(知足)　5권: 217

지종(智宗) 4권: 260

지주사(知州事) 3권: 333, 334, 381

지증(智證) 1권: 119 / 2권: 310, 313

지증왕(智證王) 1권: 120, 181 / 2권: 156, 209, 307, 308 / 3권: 355, 393, 396

지진내례부인(知珍內禮夫人) 1권: 92

지징(智澄) 2권: 306, 308

지철로(智哲老) 1권: 177 / 2권: 308

지철로왕(智哲老王) 1권: 177 / 2권: 306, 309 / 4권: 372

지철명(智哲名) 1권: 177

지철명(로)(智哲名(老)) 1권: 177

지타(祇沱) 2권: 148

지택(池宅) 2권: 138

지통(智通) 3권: 158 / 5권: 161, 177 / 6권: 133~135, 138~142, 206

지폐산(地肺山) 5권: 166

지학(志學) 5권: 234

지함(地陷) 3권: 110, 111

지헌영(池憲英) 3권: 74 / 5권: 254

지형지(地形志) 4권: 67

지혜(智惠) 5권: 183

지황(地皇) 1권: 61

지훤(池萱) 3권: 48

직공(職貢) 2권: 62

직공도(職貢圖) 1권: 154

직관(職官) 2권: 25

직관명(職官名) 3권: 97

직관지(職官志) 2권: 165, 195, 261, 339, 347 / 3권: 40, 49, 57, 67, 71, 80, 97, 129, 134, 204, 205, 219, 220, 303, 316, 376, 379, 383 / 4권: 97, 222, 259, 387, 388 / 5권: 71, 119~122, 145, 146 / 6권: 35, 63, 149, 150, 166

직금(職金)　4권: 407, 411

직내(職內)　4권: 407, 411

직방(職方)　2권: 62

직방사(職方司)　2권: 62

직방씨(職方氏)　2권: 57, 62

직비각지화사(直秘閣知畫事)　4권: 216

직산현(稷山縣)　3권: 243

직세(直歲)　5권: 53

직신(直臣)　4권: 278

직심(直心)　3권: 273, 310

직장(職掌)　3권: 185

직장(直長)　4권: 394 / 6권: 166

직전(職田)　3권: 375

직제(職制)　3권: 351, 356

직지왕(直支王)　1권: 154

직폐(職幣)　4권: 407, 411

진각(眞覺)　4권: 254 / 6권: 157

진강(鎭江)　4권: 257

진개(秦開)　2권: 43

진경(晉經)　4권: 297

진고(眞誥)　4권: 91

진공대사보법탑(眞空大師普法塔)　2권: 274

진교(眞矯)　3권: 147

진구(神功)　1권: 74 / 2권: 235, 274

진구사(珍丘寺)　4권: 115

진국(辰國)　2권: 45

진기(珍奇)　5권: 53

진나(陳那)　4권: 82

진남(鎭南)　4권: 117

진내말(眞乃末)　5권: 187

진노(眞怒)　3권: 365 / 4권: 82

진다이기(神代紀)　2권: 324

진단(震旦)　2권: 85 / 4권: 265

진덕여왕(眞德女王)　1권: 217, 218 / 2권: 342, 344 / 3권: 128 / 4권: 266 / 5권: 99

진덕왕(眞德王)　2권: 162, 167, 342 / 3권: 66 / 4권: 361 / 5권: 105

진동(鎭東)　3권: 302

진동대장군(鎭東大將軍)　1권: 154, 163

진동현(珍同縣)　2권: 312, 315, 316

진락공(眞樂公)　4권: 113

진량(津梁)　5권: 30, 110 / 6권: 53

진량사(津梁寺)　5권: 25

진령위업도(眞靈位業圖)　4권: 118

진례군(進禮郡)　4권: 293, 294

진류기구전(陳留耆舊傳)　3권: 113

진무천황(神武天皇)　2권: 197 / 3권: 338

진문(眞門)　5권: 221

진문대덕(眞門大德)　5권: 213, 221

진번(眞番)　2권: 43, 50

진보(眞寶)　3권: 290

진보현(眞寶縣)　3권: 297

진복(眞福)　3권: 80 / 4권: 420

진본(珍本)　4권: 263

진부현(眞符縣)　6권: 111

진불암(眞佛菴)　5권: 221

진사(進思)　3권: 388

진사왕(辰斯王)　1권: 152

진산(鎭山)　5권: 250 / 6권: 35

진산군(珍山郡)　2권: 312, 316 / 6권: 156

진상추금(眞床追衾)　3권: 339

진생(眞柱)　5권: 212, 214

진서(晉書)　2권: 53, 419 / 4권: 18

진서(陣書)　1권: 203 / 2권: 418

진서표(進書表)　4권: 124

진선(眞善)　5권: 190

진성(珍城)　2권: 312

진성여왕(眞聖女王)　1권: 273, 274, 281, 282 / 2권: 59 / 3권: 172, 176, 204, 288, 297 /
　　　4권: 135, 316

진성왕(眞聖王)　6권: 221

진솔선예백장(晉率善穢佰長)　3권: 224

진수(陳壽)　2권: 408 / 6권: 153

진숙보(陳叔寶)　3권: 224

진승(陳勝)　2권: 285

진신(眞身)　1권: 156 / 4권: 178, 356 / 6권: 84

진악(眞樂)　4권: 123

진안현(鎭安縣)　4권: 133

진양(晉陽)　2권: 419

진양부(晉陽府)　4권: 246 / 5권: 60

진양부첩(晉陽府貼)　5권: 53

진여(陳餘)　2권: 286 / 3권: 274, 312

진여원(眞如院)　4권: 367

진영(眞影)　4권: 216 / 6권: 199

진왕(晉王)　2권: 418 / 3권: 291 / 4권: 54, 254

진왕광(晉王廣)　5권: 35

진왕정(秦王政)　2권: 43

진용(眞容)　　4권: 306 / 5권: 28, 56, 137

진자(眞慈)　　4권: 275

진장(眞臧)　　3권: 158

진장(鎭將)　　5권: 62, 161

진재(眞才)　　4권: 229

진적(振績)　　5권: 37

진전(眞詮)　　2권: 186

진정(眞定)　　5권: 177

진정(眞精)　　5권: 161, 176

진종(眞宗)　　4권: 146, 267, 394

진종각간(眞宗角干)　　1권: 238 / 3권: 80

진종대후(眞從大后)　　1권: 265

진주(珍州)　　2권: 315, 316

진주(晉州)　　3권: 56, 296 / 6권: 59

진주(眞州)　　3권: 274

진주(陳主)　　5권: 32

진주목(晉州牧)　　3권: 110 / 5권: 61 / 6권: 166

진지대왕(眞智大王)　　2권: 319

진지왕(眞支王)　　1권: 153

진지왕(眞智王)　　1권: 199, 202, 221 / 2권: 261, 386, 387, 388 / 3권: 44 / 4권: 100, 101,
　　　272, 279

진지촌(珍支村)　　2권: 164, 166

진책(秦策)　　3권: 304

진체(眞諦)　　5권: 36, 249

진평(陳平)　　2권: 65, 286, 336

진평왕(眞平王)　　1권: 201, 202, 216, 221 / 2권: 159, 163, 170, 177, 195, 232, 296, 313, 325,
　　　328~336, 344, 350, 354, 355, 368, 386~388 / 3권: 18, 44, 72, 80, 99, 121, 122, 131,
　　　143, 203, 249, 251, 252, 285, 310, 390, 400 / 4권: 100, 137, 172~177, 202, 205, 266 /

　　　　5권: 23~38, 42~46, 90, 108, 134, 137, 147, 162, 190, 201, 240, 253 / 6권: 24, 50,
　　　　121~128

진표(眞表)　5권: 194

진표율사(眞表律師)　3권: 317 / 5권: 200, 209, 234, 237

진표전간(眞表傳簡)　3권: 317 / 5권: 47, 185, 187, 193, 207, 216~223 / 6권: 55, 214,

진한(秦漢)　2권: 77, 137, 138, 192 / 3권: 217 / 4권: 24, 33, 334, 393 / 5권: 39

진한(辰韓)　2권: 40, 77, 87, 137, 138 / 5권: 234 / 6권: 53

진해(鎭海)　4권: 207

진해(珍海)　5권: 190

진해장군(鎭海將軍)　3권: 149

진호(眞虎)　2권: 234, 255, 339

진호국가(鎭護國家)　3권: 80 / 5권: 219

진혼적(鎭魂的)　3권: 338

진화부인(眞花夫人)　1권: 278 / 3권: 179

진휼(賑恤)　2권: 261 / 3권: 78, 79

진흥왕(眞興王)　2권: 311

진흥왕순수비(眞興王巡狩碑)　1권: 182, 198 / 3권: 342

진흥왕탁경순수비(眞興王拓境巡狩碑)　2권: 313

진흥왕황초령비(眞興王黃草嶺碑)　6권: 42

질가(叱嘉)　1권: 164 / 3권: 387, 392

질박(質朴)　3권: 331 / 4권: 44

질종(秩宗)(제사)　3권: 334

질지(銍知)　3권: 392

질지(叱知)　1권: 156 / 3권: 392

질지왕(銍知王)　1권: 165, 173 / 3권: 388, 391, 393 / 4권: 162, 165

집경로(集慶路)　4권: 89

집군(集軍)　4권: 145

집금강(執金剛)　4권: 176

집금강신(執金剛神)　5권: 73

집사랑(執事郎)　3권: 97

집사부시랑(執事部侍郎)　2권: 260

집사성(執事省)　2권: 261, 347 / 3권: 38, 80, 204 / 4권: 232, 424

집사시랑(執事侍郎)　4권: 384, 388

집사원외랑(執事員外郎)　3권: 97

집신주삼보감통록(集神州三寶感通錄)　4권: 154, 157

집신주탑사삼보감통록(集神州塔寺三寶感通錄)　4권: 158

집신집삼보감통록(集神集三寶感通錄)　4권: 153

집안(輯安)　1권: 134 / 2권: 52, 96

집안왕도(輯安王都)　1권: 131

집전(集傳)　3권: 359

집해(集解)　2권: 75

징관(澄觀)　5권: 172 / 6권: 81

징사랑(徵仕郎)　3권: 196, 207 / 5권: 241

징이(徵貳)　5권: 203, 204

징측(徵側)　5권: 203, 204

차거(硨磲)   3권: 87 / 4권: 326

차대왕(次大王)   1권: 76, 87, 93~96

차득공(車得公)   3권: 26, 28, 49

차득령공(車得令公)   2권: 371 / 3권: 47

차로부인(次老夫人)   1권: 159

차비가한(車鼻可汗)   3권: 34

차사(嗟辭)   2권: 215

차사원(差使員)   5권: 53

차왕탕(次王湯)   1권: 186

차음(借音)   1권: 178 / 2권: 275~277

차자고(借字攷)   4권: 415 / 5권: 58

차집사(差執事)   2권: 321

차차웅(次次雄)   2권: 76, 202~205

찬가(讚歌)   2권: 217 / 3권: 333 / 4권: 294 / 6권: 91, 94

찬고도(纂古圖)   4권: 144

찬기파랑가(讚耆婆郎歌)   3권: 94, 95, 99, 109

찬녕(贊寧)   6권: 151

찬문(撰文)   1권: 17 / 4권: 424, 425

찬비(撰碑)   1권: 251 / 3권: 134

찰니나제(利尼那帝)   3권: 173

찰당(利幢)   5권: 244, 250

찰리종(利利種)   4권: 183

찰음이성(察吟爾省)   2권: 139

찰제리(利帝利)   4권: 187

찰주(刹柱)　4권: 185

참군(參軍)　4권: 152

참녕(讒佞)　6권: 163

참당(籤堂)　5권: 235

참도(參道)　6권: 23

참랑화정(參良火停)　6권: 174

참법(懺法)　5권: 47, 189, 190, 192

참본(槧本)　1권: 23

참성곡(參星谷)　6권: 87

참소(讒疏)　5권: 63

참언(讒言)　3권: 86 / 4권: 68

참위가(讖緯家)　2권: 28, 32

참위사상(讖緯思想)　2권: 173, 185

참위설(讖緯說)　2권: 28, 235

참포(斬浦)　3권: 178, 180

참해왕(詁解王)　1권: 109

창근이사(昌近伊巳)　1권: 249, 251

창녕(昌寧)　2권: 101 / 3권: 288 / 5권: 143

창녕군(昌寧郡)　2권: 107 / 5권: 134, 143, 174

창도법(唱導法)　5권: 202

창명(昌明)　4권: 22

창부(倉部)　3권: 204 / 4권: 393

창부사(倉部史)　3권: 97

창부사창(倉部司倉)　3권: 97

창사봉법(創寺奉法)　4권: 165

창생(蒼生)　3권: 369 / 4권: 77

창조(倉租)　2권: 181 / 3권: 370 / 4권: 349, 354 / 5권: 244

창주남피(滄州南皮)　2권: 91

창창부인(昌昌夫人)　1권: 244

창포탕(菖蒲湯)　3권: 372

창해(滄海)　3권: 330, 341 / 4권: 143 / 5권: 245

창해군(滄海郡)　2권: 48

창화부인(昌花夫人)　1권: 256

채경(蔡京)　4권: 257

채봉감(彩縫監)　4권: 393

책계(責稽)　1권: 125

책계왕(責稽王)　1권: 122, 125, 126

책립사(冊立使)　1권: 254

책명(冊命)　4권: 411

책부원구(冊府元龜)　1권: 179, 185, 204, 209, 241, 253 / 2권: 411 / 3권: 33 / 4권: 83, 99, 100, 388, 410 / 5권: 118

책상부고일(冊尙父誥日)　3권: 227

책성(柵城)　2권: 86

책체(責替)　1권: 125

책호(冊號)　4권: 229

처용(處容)　3권: 165

처용가(處容歌)　3권: 73, 74, 166 / 5권: 253

처용무(處容舞)　3권: 166

처용지회(處容之戱)　3권: 165

척첩점(擲帖占)　5권: 47

천가(天嘉)　4권: 96 / 5권: 36

천감(天監)　4권: 221, 296

천개(天開)　4권: 380

천개소문(泉蓋蘇文)　2권: 358 / 4권: 119

천거(薦擧)　3권: 192, 206

천경(天京)　4권: 89

천경림(天鏡林)　2권: 258 / 4권: 43, 44, 55, 81, 93 / 6권: 108, 115

천계(天界)　3권: 103

천공(天公)　3권: 305

천관(天官)　3권: 356 / 4권: 411 / 6권: 94

천관사(天官寺)　3권: 119, 120

천관서(天官書)　3권: 111, 112

천구(天狗)　3권: 108, 111

천구(天鎭)　4권: 82

천궁(天宮)　3권: 98 / 4권: 246, 250, 266 / 5권: 161

천남생(泉男生)　3권: 33 / 4권: 156

천녀(天女)　2권: 230 / 4권: 399, 400

천년보장도(千年寶藏堵)　4권: 114

천덕암(天德菴)　5권: 221

천란(天卵)　4권: 329

천령군(天嶺郡)　3권: 309

천룡사(天龍寺)　4권: 402

천룡지(天龍地)　2권: 236

천룡팔부(天龍八部)　3권: 400

천림촌(泉林村)　1권: 254

천마산(天磨山)　6권: 31

천명부인(天明夫人)　1권: 221 / 2권: 386, 387

천문갑(天門岬)　5권: 53

천문력산음양(天文曆算陰陽)　2권: 418

천문력오행지(天文曆五行志)　2권: 419

천문점(天文占)　2권: 250, 417

천반(千般)　3권: 312

천변(天變)　1권: 255

천보(天寶)　4권: 296 / 5권: 115, 199 / 6권: 213, 215

천보십일재임진(天寶十一載壬辰)　5권: 199

천복(天福)　2권: 101 / 3권: 315, 319 / 5권: 57

천봉(天鳳)　2권: 204, 213

천부(泉府)　1권: 115

천부(天府)　4권: 411

천부(天部)　2권: 29 / 5권: 46

천부경(泉府卿)　3권: 352, 386

천부경신보(泉府卿申輔)　1권: 115

천부관음(千部觀音)　5권: 99

천부인(天符印)　2권: 24

천불(千佛)　4권: 145

천비(天鄙)　2권: 58

천사(天師)　4권: 47, 70 / 6권: 124

천사도교(天師道敎)　4권: 117

천사도장(天師道場)　4권: 69

천사옥대(天賜玉帶)　1권: 202 / 2권: 325, 328, 329 / 3권: 130 / 4권: 185 / 5권: 123

천산(天山)　4권: 334

천상(天常)　2권: 178

천선(天仙)　4권: 291/ 6권: 56

천선원(天禪院)　1권: 284

천성(天成)　2권: 86~89 / 3권: 201, 203, 266 / 4권: 227, 230

천수(天授)　3권: 53, 55, 58 / 4권: 346, 361/ 5권: 57, 77, 174

천수(天水)　4권: 265

천수다라니(千手陀羅尼)　4권: 365

천수대비(千手大悲)　4권: 299

천수주(千手呪)　4권: 350, 365

천수천안관세음보살대원만무애대비심타라니경(千手千眼觀世音菩薩大圓滿無礙大悲
　　　心陀羅尼經)　4권: 365

천수천안관자재보살(千手千眼觀自在菩薩)　4권: 300

천순(天順)　3권: 79 / 4권: 196

천신(天神)　3권: 397 / 6권: 19, 51

천신수로강림(天神首露降臨)　3권: 337

천안부(天安府)　3권: 278 / 4권: 89

천언통(天眼通)　4권: 333

천엄사(天嚴寺)　6권: 128

천왕랑(天王郎)　2권: 110, 123, 125

천왕사(天王寺)　3권: 24 / 4권: 43, 57 / 5권: 69, 72 / 6권: 31

천왕상(天王像)　5권: 69, 72, 125

천우(天祐)　3권: 177, 180

천은(天恩)　4권: 212

천은사(天恩寺)　3권: 25

천을(天乙)　3권: 340

천이통(天耳通)　4권: 333

천인석(千人石)　5권: 35

천재(天災)　1권: 78 / 4권: 398

천정(天正)　4권: 221

천정군(泉井郡)　2권: 86, 92, 95

천정대(天政臺)　3권: 245

천제(天帝)　4권: 212 / 6권: 53

천존(天存)　3권: 38, 130

천존(天尊)　3권: 60

천존각간(天尊角干)　1권: 281

천존고(天尊庫)　3권: 55, 56, 60, 130 / 4권: 227, 231

천존상(天尊像)　4권: 112

천주(天主)　2권: 29

천지개벽(天地開闢)　2권: 196 / 4권: 144

천지서상지(天地瑞祥志)　2권: 411

천지인(天地人)　4권: 207

천진공(天眞公)　5권: 87

천천정(天泉亭)　2권: 301

천촌만락(千村萬落)　5권: 136, 138

천축(天竺)　5권: 77

천친암(天親菴)　5권: 221

천태산(天台山)　6권: 154

천태왕(天台王)　4권: 67

천태현(天台縣)　6권: 157

천택(泉宅)　2권: 137

천토(天土)　4권: 65

천하융(天下絨)　4권: 259

천향산(天香山)　3권: 338

천험(天險)　1권: 64 / 3권: 235

천형(天敻)　3권: 350

천화(天花)　4권: 44, 135, 259 / 6권: 20

천화용(天花茸)　4권: 244

천황(天皇)　2권: 103, 106, 207, 230, 315

천황대단간(天皇大單干)　4권: 65

천황봉(天皇峯)　5권: 200

천희(天禧)　4권: 29

철관성(鐵關城)　3권: 45

철륜왕(鐵輪王)　5권: 200

철특가론이물시막하가한(鐵勒哥論易勿施莫賀可汗)　3권: 31

철특도행군대총관(鐵勒道行軍大総管)　4권: 156

철불유호전(鐵弗劉虎傳)　4권: 66

철성(鐵城)　3권: 25

철원(鐵圓) 1권: 274, 275, 284

철원(鐵原) 1권: 284

철원(鐵圓, 鐵原) 1권: 284

철원경(鐵原京) 1권: 284 / 3권: 266

철원도호부(鐵圓都護府) 1권: 275

철원성(鐵圓城) 1권: 284

철제(鐵製) 4권: 185

철종(哲宗) 4권: 257, 262, 264

철치현(鐵治縣) 3권: 148

첨부주(瞻部州) 5권: 72

첨성대(瞻星臺) 1권: 137~139('점성대(占星臺)' 참조)

첨의부(僉議府) 3권: 219

첨자(籤子) 2권: 166 / 5권: 237

첨해이사금(沾解尼師今) 1권: 110 / 3권: 203

첩사(楪師) 6권: 171, 175

첩자(帖子) 2권: 350 / 5권: 156, 164, 190

청간현(清澗縣) 4권: 65

청구(靑丘) 3권: 312 / 5권: 245

청구사문(靑丘沙門) 5권: 245, 247 / 6권: 215

청녕(淸寧) 4권: 263

청도(淸道) 2권: 98 / 3권: 68 / 5권: 55

청도군(淸道郡) 2권: 98, 99 / 5권: 29, 45, 52, 53, 57~59, 65 / 6권: 178

청도군사적(淸道郡司籍) 5권: 52

청량대사(淸凉大師) 5권: 229

청량산(淸凉山) 4권: 355 / 5권: 106, 112, 128 / 6권: 135, 142, 143, 150

청련(靑蓮) 4권: 373

청룡(靑龍) 4권: 348

청명(淸明) 1권: 253

청분(淸玢)   4권: 267

청사(廳舍)   3권: 146, 331

청송산(靑松山)   2권: 344

청양(靑陽)   3권: 398 / 6권: 94

청양루(靑陽樓)   6권: 90

청요(淸要)   5권: 99, 110

청원(請願)   6권: 142

청정(淸淨)   3권: 85 / 4권: 55, 154, 288 / 6권: 176, 196

청주(菁州)   5권: 141 / 6권: 63

청주(淸州)   2권: 388

청주(靑州)   3권: 97, 98, 310 / 5권: 201, 229

청주자사(靑州刺史)   2권: 413 / 5권: 201

청지(靑池)   2권: 122

청천강(淸川江)   2권: 43, 76, 409

청천현(淸川縣)   3권: 273

청태(淸泰)   2권: 328

청평산(淸平山)   4권: 123

청하(淸河)   2권: 113

청하후(淸河侯)   4권: 222

청해진(淸海鎭)   3권: 145, 148, 149, 150

청해진대사궁복(靑海鎭大使弓福)   1권: 264 / 3권: 148

청허(淸虛)   5권: 181

청화(請花)   4권: 380

청효현(靑驍縣)   5권: 146

체발(剃髮)   1권: 183

체진(體珍)   5권: 190

초개(初開)   5권: 134, 136

초고왕(肖古王)   1권: 96, 105, 114 / 3권: 246

초구(楚丘)　5권: 123

초단천(初禪天)　4권: 333

초대조선총독(初代朝鮮総督)　6권: 214

초라(草羅)　2권: 186

초리(肖里)　4권: 390

초문사(肖門寺)　4권: 18, 26, 27

초사(楚辭)　3권: 353, 354

초석(楚石)　4권: 174

초야(初夜)　2권: 60 / 4권: 310 / 5권: 41

초역(抄譯)　1권: 6, 24

초왕영일(楚王英一)　4권: 92

초용(草俑)　3권: 165

초원(初元)　1권: 47

초장관문(初章觀文)　6권: 135, 142

초장일권(初章一卷)　6권: 142

초지(初地)　5권: 136, 151

촉유(燭幽)　4권: 192

초처(醮處)　2권: 33

초출(抄出)　5권: 34

초팔현(草八縣)　4권: 413

초팔혜(草八兮)　4권: 415

초평(初平)　2권: 75

촉판(蜀板)　4권: 263

촉한(蜀漢)　3권: 217 / 4권: 54

촉향분례불교결문(髑香墳禮佛敎結文)　4권: 86

촌리(村里)　3권: 114 / 4권: 295

촌장(村長)　2권: 159, 170 / 3권: 35, 376

촌정(村正)　5권: 63

촌주위답(村主位畓)　3권: 375

총간좌(塚間坐)　4권: 66

총관(摠管)　2권: 407

총람(總覽)　2권: 336

총림(叢林)　5권: 59 / 6권: 22

총마(驄馬)　3권: 266

총민(聰敏)　4권: 383

총산도대총관정지절(葱山道大總管程知節)　2권: 398

총석(叢席)　4권: 307

총신(寵臣)　2권: 277 / 3권: 172, 173 / 4권: 113

총장(總章)　1권: 225 / 2권: 381, 384, 414 / 3권: 30 / 4권: 113, 266 / 5권: 161, 176

총재(冢宰)　3권: 26, 49

총재산정관(總裁刪定官)　2권: 415

총중업(聰仲業)　5권: 149

총지(聰智)　5권: 148

총지암(總持嵓)　6권: 31

총한림(摠翰林)　3권: 198, 219

총혜(聰慧)　4권: 130

총회(總會)　5권: 43

최고판본(最古板本)　1권: 20

최공연(崔公衍)　4권: 246

최굉(崔宏)　4권: 67

최선본(最善本)　1권: 20, 23, 42

최숙(崔肅)　4권: 217

최승우(崔承祐)　3권: 219, 304 / 4권: 422

최언위(崔彦撝)　2권: 245, 274 / 4권: 422, 424, 425

최연(崔延)　1권: 254

최우(崔瑀)　4권: 260 / 5권: 60

최웅(崔雄) 2권: 165

최유덕(崔有德) 4권: 422, 423

최은성(崔殷誠) 2권: 165

최은함(崔殷諴) 4권: 217, 222, 399

최의(崔竩) 5권: 61

최이(崔怡) 5권: 60, 61, 62

최이정(崔利貞) 2권: 165

최자(崔滋) 6권: 115

최제안(崔齊顔) 4권: 399, 400

최징(最澄) 6권: 157

최충(崔沖) 3권: 333 / 4권: 245, 259

최충헌(崔忠獻) 5권: 60, 61, 62

최치원(崔致遠) 1권: 251 / 2권: 56, 60, 61, 65, 133~135, 137, 139, 140, 148, 165, 166, 203,
        211 / 3권: 125, 133, 134, 274, 341 / 4권: 26, 264, 423, 425 / 5권: 140, 148, 156, 165,
        174, 178

최치원난랑비서(崔致遠鸞郎碑序) 4권: 276

최필(崔弼) 3권: 275, 315

최항(崔沆) 4권: 223, 422 / 5권: 60, 61, 62

최해(崔瀣) 4권: 88

최호(崔皓) 4권: 47, 48, 66~70

최홍(崔弘) 4권: 246

최후(崔侯) 1권: 132 / 2권: 148, 315 / 5권: 156, 161, 165

최후본전(崔侯本傳) 5권: 164, 165

최후소찬본전(崔侯所撰本傳) 4권: 265

추계(秋禊) 3권: 335

추계(椎髻) 6권: 117

추관(秋官) 3권: 356

추나(追儺) 2권: 324

추동(錐洞)　6권: 135, 206

추동기(錐洞記)　6권: 135

추령(芻靈)　3권: 165

추루(醜陋)　4권: 61

추모(雛牟)　3권: 243

추모왕(雛牟王)　1권: 149 / 3권: 235

추몽(鄒蒙)　1권: 49

추봉기사(追封記事)　1권: 250

추산(推算)　4권: 266, 267

추성(箒星)　6권: 123

추송(追頌)　1권: 147

추연(鄒衍)　3권: 172('고증'에는 '鄒行')

추장(酋長)　3권: 236, 337

추존(追尊)　3권: 230, 371 / 4권: 267 / 5권: 169

추충신의숭덕수절공신(推忠愼義崇德守節功臣)　3권: 198, 199, 229

추항(箒項)　5권: 29, 46

추혈문답(錐穴問答)　5권: 177

추화군(推火郡)　3권: 64 / 5권: 55

추화현(推火縣)　5권: 66

축담유(竺曇猷)　6권: 157

축법호(竺法護)　4권: 368

축법호번역(竺法護翻譯)　4권: 64

축생도(畜生道)　5권: 212 / 6권: 60

축성(築城)　1권: 88, 161 / 2권: 95 / 3권: 44, 45 / 5권: 43

축술불교(祝術佛敎)　4권: 64

축융(祝融)　2권: 207 / 3권: 382

축융(祝融)(白虎通)　2권: 207 / 3권: 382

축자국조(筑紫國造)　2권: 315

축잠전(竺潛傳)　4권: 26

춘계(春禊)　3권: 335

춘관(春官)　3권: 356

춘궁(春宮)　4권: 80

춘궁리(春宮里)　4권: 34

춘릉(春陵)　3권: 335

춘릉재후(春陵載侯)　2권: 216

춘일(春日)　3권: 53

춘주(春州)　2권: 57, 64 / 4권: 309

춘천(春川)　2권: 57, 74 / 3권: 70, 71 / 4권: 320

춘추(春秋)　2권: 368, 370, 371, 374, 386

춘추경(春秋經)　3권: 219

춘추곡량전(春秋穀梁傳)　6권: 117

춘추관(春秋館)　3권: 219

춘추한합노(春秋漢合孥)　3권: 111

출가승(出家僧)　4권: 50

출람(出藍)　5권: 167

출삼장기집(出三藏記集)　4권: 61, 91, 336

출제조(出帝朝)　5권: 60

출진(出塵)　5권: 32, 169

출척(黜陟)　5권: 62

출충(出忠)　3권: 388

충공각간(忠恭角干)　1권: 254, 255

충담(忠談)　3권: 95, 95

충렴(忠廉)　4권: 105

충선왕(忠宣王)　1권: 83 / 2권: 83, 106 / 3권: 48, 380 / 4권: 267 / 5권: 140

충숙왕(忠肅王)　1권: 18 / 4권: 267

충순(忠純)　3권: 272

충신(忠臣)　2권: 371 / 3권: 277, 289 / 4권: 78, 278

충원공(忠元公)　4권: 419, 420, 421 / 6권: 149

충의왕(忠懿王)　3권: 303

충주(忠州)　2권: 312 / 3권: 47, 309 / 4권: 51

충질(忠質)　3권: 276

충청주도안찰사(忠淸州道按察使)　4권: 253

충행대아간(忠行大阿干)　1권: 261

충효각간(忠孝角干)　1권: 262

취녀국왕녀(娶女國王女)　1권: 72

취도(驟徒)　6권: 192

취리산(就利山)　2권: 93, 399, 404, 411

취산(醉山)　6권: 220

취산진지촌(觜山珍支村)　2권: 148

취서산(鷲棲山)　5권: 124 / 6권: 138

취선사(鷲仙寺)　2권: 256

취희(吹希)　3권: 387

취희왕(吹希王)　1권: 164 / 3권: 387, 392

측불(側佛)　5권: 200

측천무후(則天武后)　2권: 412 / 3권: 42, 58 / 4권: 191, 230, 266, 346, 361 / 5권: 171 /
　　6권: 43, 86

치갈(雉葛)　1권: 95, 122

치구루(置溝婁)　2권: 96 / 6권: 196

치루(置樓)　6권: 194

치리(齒理)　2권: 203

치리전설(齒理傳說)　3권: 401

치부성(治部省)　3권: 112

치사(致仕)　4권: 394 / 5권: 53, 65

치사호장(致仕戶長)　5권: 65

치산촌(雉山村)   4권: 286

치술(鵄述)   1권: 146 / 2권: 287

치술령(鵄述嶺)   2권: 287, 288

치술령(鵄述岺)   1권: 147 / 2권: 164, 273

치술령모(鵄述嶺母)   2권: 273

치술신모(鵄述神母)   1권: 147

치암(痴闇)   4권: 333

치자(厄子)   1권: 110

치창왕(雉菖王)   1권: 122

치천지원(馳川之原)   3권: 30

치해(治解)   1권: 110

치해왕(治解王)   2권: 257

친시(賑施)   5권: 41

친시지자(賑施之資)   5권: 41

친의천사(襯衣天使)   4권: 219

친정(親政)   4권: 262, 404 / 6권: 117

칠가후한서(七家後漢書)   2권: 71

칠도인(柒道人)   4권: 46

칠보대(七寶臺)   4권: 326

칠십이국(七十二國)   2권: 70

칠웅(七雄)   5권: 39

칠원(漆原)   6권: 189

칠종칠금(七縱七擒)   3권: 217

칠중목탑(七重木塔)   4권: 151

칠처가람지허(七處伽藍之墟)   3권: 39

칠층석탑(七層石塔)   4권: 313 / 5권: 175

칠층탑(七層塔)   3권: 132

칠편삼취(七篇三聚)   5권: 106, 107

타

타사암(墮死岩) 2권: 383

타심통(他心通) 4권: 333

타처용(打處容) 3권: 165

타화자재천(他化自在天) 3권: 404

탁라(乇羅) 2권: 58 / 4권: 186(耽羅)

탁라(托羅) 2권: 66

탁군(涿郡) 2권: 139

탁록산(涿鹿山) 2권: 139

탁문흥갈문왕(卓文興葛文王) 1권: 221

탁발도(拓拔燾) 4권: 47, 48

탁발부(拓跋部) 4권: 65

탁발씨(拓拔氏) 4권: 61

탁수(涿水) 2권: 139

탁지(度支) 3권: 303

탁지순행(拓地巡行) 2권: 314

탁현(涿縣) 2권: 139

탄령(炭嶺) 3권: 323

탄현(炭峴) 2권: 372, 376, 395 / 3권: 279, 323

탄화(炭化) 3권: 342

탈지이질금(脫知爾叱今) 3권: 388

탈해(脫解) 2권: 178, 179, 203, 207, 215, 216, 223, 225~229, 231, 233~235, 237~239

탈해왕대(脫解王代) 2권: 241, 243 / 3권: 294, 402

탈해왕비아로부인(脫解王妃阿老夫人) 2권: 179

탈해치질금(脫解齒叱今) 2권: 223

탐라도(耽羅島)　4권: 206

탐밀(探密)　2권: 30

탐색색은(探蹟索隱)　5권: 167

탐현기(探玄記)　5권: 171, 226

탑(塔)　3권: 251 / 6권: 83

탑상(塔像)　2권: 56, 331, 332 / 3권: 52 / 4권: 182, 340, 341, 343, 369, 370 / 5권: 69 / 6권:
　　214

탑신(塔身)　6권: 24, 54, 87

탑신축(塔身軸)　5권: 230

탑정동(塔正洞)　2권: 152 / 6권: 28, 42, 87

탑참(塔懺)　5권: 191, 192, 193, 201

탑참법(搭懺法)　5권: 190, 206

탑파(塔婆)　4권: 337, 338 / 5권: 230

탕약(湯藥)　4권: 224, 368 / 5권: 41

탕왕(湯王)　3권: 330, 340, 354

탕지보(蕩池堡)　4권: 27

태(泰)　2권: 377, 378

태강(太康)　5권: 202, 203

태건(太建)　2권: 325 / 5권: 36

태고(太古)　2권: 19, 207 / 4권: 146

태공망여상(太公望呂尙)　3권: 216

태내(胎內)　4권: 298 / 5권: 24, 217

태대각간(太大角干)　2권: 195, 354, 392 / 4권: 232, 384, 422, 423, 424 / 5권: 103, 115

태대형(太大兄)　4권: 128

태령(泰嶺)　5권: 41

태목순성황후두씨(太穆順聖皇后竇氏)　2권: 419

태무제(太武帝)　4권: 61, 66~70

태백(太伯)　2권: 24, 30

태백산(太伯山)　2권: 24, 90, 378

태백산(太白山)　2권: 30, 90, 378

태보(太保)　4권: 278 / 5권: 41

태보(臺輔)　5권: 100('고증'에는 '台輔')

태봉(泰封)　3권: 180, 198, 205, 281, 289

태봉국(泰封國)　3권: 176, 178, 204, 218, 219, 220, 221, 289, 311

태부(太傅)　4권: 135, 278

태사(太師)　4권: 135

태사국(太史局)　2권: 419

태사령(太史令)　2권: 419

태사문하시중(太師門下侍中)　4권: 223

태산(泰山)　2권: 413 / 6권: 72

태산오만진신(台山五萬眞身)　2권: 414 / 5권: 221

태산월정사오류성중(台山月精寺五類聖衆)　3권: 57 / 4권: 316 / 5권: 107

태상(太常)　2권: 419 / 3권: 41

태상(太相)　3권: 195, 205

태상검교상서전수집사시랑좌복사겸어사대부상주국지원봉성사사금어대(太相檢校尙
　　　書前守執事侍郎左僕射兼御史大夫上柱國知元鳳省事賜金魚袋)　4권: 424

태상검교상서좌복사겸어사대부상주국(太相檢校尙書左僕射兼御史大夫上柱國)　4권:
　　　424

태상검교상서좌복사겸□□대부상주국지원봉성사(太相檢校尙書左僕射兼□□大夫上
　　　柱國知元鳳省事)　4권: 424

태상노군(太上老君)　4권: 69

태상박사(太常博士)　2권: 419

태상사(太常寺)　3권: 41

태상황(太上皇)　2권: 88 / 4권: 118

태수(太守)　2권: 408 / 4권: 309

태안부(泰安府)　4권: 329

태양선(太陽船)　2권: 249, 250

태양영선(太陽靈船)　2권: 249, 250

태연(太延)　1권: 162

태왕세민(泰王世民)　2권: 415

태원(太元)　1권: 141, 150, 152 / 2권: 40, 47, 187, 419 / 4권: 31, 32, 35, 45~48, 60, 63, 152, 367

태원(太原)　2권: 419 / 3권: 291 / 4권: 68, 118 / 5권: 111

태원부(太原府)　5권: 111

태원사(太原寺)　5권: 171

태원유수(太原留守)　2권: 419

태원유수관(太原留守官)　4권: 118

태위양주대도독(太尉揚州大都督)　2권: 415

태의원(太醫院)　6권: 65

태일가(太一家)　4권: 147

태일산(太一山)　5권: 166

태자귀(太子鬼)　3권: 337

태자사랑공대사백월서운탑비(太子寺朗空大師白月栖雲塔碑)　4권: 424

태자좌서자동중서문하삼품(太子左庶子同中書門下三品)　2권: 414

태자태사(太子太師)　2권: 415

태장비로차나(胎藏毗盧遮那)　5권: 177

태장현도만다라(胎藏現圖曼茶羅)　4권: 176

태조(太祖)　3권: 188

태조검교상서좌복사전수병부대랑지한림원사(太祖檢校尙書左僕射前守兵部待郎知翰林院事)　4권: 424

태조대왕(太祖大王)　1권: 94 / 2권: 258

태조세가(太祖世家)　1권: 285 / 3권: 295~300, 302, 305, 309, 313, 314, 323 / 4권: 255

태조신서훈요(太祖信書訓要)　4권: 223

태종(太宗)　2권: 386 / 4권: 128, 408 / 5권: 25, 101, 122

태종무열왕(太宗武烈王)　1권: 221 / 2권: 350, 421 / 4권: 384 / 5권: 158

태종춘추공(太宗春秋公)　2권: 345, 368 / 3권: 29 / 4권: 98

태좌(臺座)　4권: 326 / 5권: 183

태주(胎主)　3권: 337

태청(太淸)　4권: 81, 96

태초(太初)　4권: 25, 64

태평(太平)　3권: 100 / 4권: 70

태평가(太平歌)　2권: 342, 343, 345

태평경(太平經)　4권: 119

태평광기(太平廣記)　4권: 99 / 6권: 114, 116

태평도(太平道)　3권: 305 / 4권: 258

태평어람(太平御覽)　2권: 412 / 3권: 241 / 4권: 99, 152

태평왕(泰平王)　4권: 66

태평진군(太平眞君)　4권: 69, 70

태평천국군(太平天國軍)　4권: 89

태평흥국(太平興國)　2권: 329 / 3권: 227 / 4권: 263 / 6권: 170

토곡혼(吐谷渾)　2권: 398 / 3권: 31

토덕삼육방(土德三六方)　3권: 305

토번(吐蕃)　2권: 379, 398 / 3권: 31, 34 / 4권: 206

태허(太虛)　4권: 288

태호(太皞)　3권: 382

태호포희(太皞庖犧)　2권: 31

태화(太和)　4권: 316, 361

태화강(太和江)　6권: 135

태화사(太和寺)　4권: 185, 241

태화지(太和池)　4권: 183, 188, 344 / 5권: 101, 106, 128 / 6권: 135

태황(泰皇)　2권: 207

토곡혼(吐谷渾)　2권: 398 / 3권: 31

토관(土官)　3권: 383

토덕(土德)　4권: 258

토론삼한집(討論三韓集)　4권: 398

토만두(土饅頭)　4권: 337

토번(吐蕃)　2권: 379, 398 / 3권: 31, 34 / 4권: 206

토번국(吐蕃國)　5권: 177

토상(吐上)　2권: 275

토성리(土城里)　2권: 297

토지신(土地神)　3권: 168

토함산(吐含山)　2권: 388

토해(吐解)　2권: 227, 234

토황소격(討黃巢檄)　2권: 60

통감(通鑑)　1권: 233, 251, 252

통교기사(通交記事)　1권: 161

통구(通溝)　5권: 38

통도관(通道觀)　5권: 202

통도사(通度寺)　4권: 178, 247, 253, 355 / 5권: 104, 108, 109, 124, 125 / 6권: 138, 194

통도사창인유서(通度寺創靭由緖)　5권: 124

통만(統萬)　4권: 65

통빙(通聘)　1권: 109

통선부(通仙部)　2권: 148

통음(通音)　1권: 282

통일십인(統一十人)　5권: 117

통일인(統一人)　5권: 117

통전(通典)　1권: 154 / 2권: 25, 34, 64, 70, 71, 75, 85, 87, 314, 411 / 3권: 234, 241, 243, 303 / 4권: 100, 118

통전(通傳)　5권: 22

통죽(筒竹)　6권: 55

통지(通志) 2권: 65

통천(通川) 2권: 233 / 4권: 231

통통(通統) 5권: 103

통행본(通行本) 1권: 154 / 3권: 371 / 4권: 100

통화(統和) 3권: 234, 239 / 4권: 218, 223

통화사(通和使) 3권: 270, 305

통효(通曉) 3권: 316

퇴세(頹勢) 1권: 194

투란차(偸蘭遮) 5권: 129

특진(特進) 5권: 25, 40

파계(破戒)　5권: 135

파달(巴達)　3권: 276

파라문교(婆羅門敎)　5권: 197

파도부인(巴刀夫人)　1권: 180, 200 / 2권: 314

파라이(波羅夷)　5권: 129

파라제사니(波羅提舍尼)　5권: 129

파라타(頗羅墮)　6권: 36

파랑(罷郞)　2권: 421

파리부인(巴利夫人)　1권: 261

파마국풍토기(播磨國風土記)　2권: 230

파미간(破彌干)　3권: 58 / 4권: 97

파불(破佛)　5권: 202

파사국인(波斯國人)　4권: 50

파사론(破邪論)　4권: 159 / 5권: 114

파사론(婆沙論)　4권: 159 / 5권: 114

파사매금(婆娑寐錦)　1권: 74

파사석탑(婆娑石塔)　4권: 160, 161, 163, 165, 166, 442

파사왕(婆娑王)　1권: 73, 74, 112 / 2권: 229, 238 / 5권: 43

파사이사금(婆娑尼師今)　1권: 49 / 2권: 107 / 4권: 415

파사이질금(婆娑尼叱今)　1권: 73, 83

파악(破惡)　5권: 129

파약(波若)　6권: 154, 157

파일제(波逸提)　5권: 129

파잠(波潛)　2권: 148

파조부인(巴刁夫人)   4권: 84, 101

파진간(波珍干)   3권: 263, 283

파진간기(波珍干岐)   2권: 277

파진찬(波珍湌)   2권: 388

파하(灞河)   5권: 41

파호갈문왕(巴胡葛文王)   1권: 160

판관(判官)   3권: 229 / 4권: 260 / 5권: 121, 145, 149

판니판니소판니(判尼判尼蘇判尼)   3권: 173

판백제군사(判百濟軍事)   3권: 266

판적택(板積宅)   2권: 137

판탑파(板塔婆)   4권: 338

팔각구층석탑(八角九層石塔)   4권: 378

팔각대좌(八角臺座)   6권: 33

팔계(八戒)   4권: 189 / 5권: 122, 183 / 6권: 141

팔계현(八谿縣)   4권: 415

팔공산(公山)   3권: 94 / 4권: 400, 403, 437 / 5권: 235, 239, 240 / 6권: 25, 51, 55

팔관보(八關寶)   2권: 262

팔관재회(八關齋會)   5권: 46

팔관제(八關齊)   4권: 189

팔관제회(八關齊會)   4권: 189

팔관회(八關會)   2권: 313 / 4권: 184, 189 / 5권: 119

팔대보살(八大菩薩)   4권: 347, 371 / 5권: 221

팔만사천탑(八萬四千塔)   3권: 303

팔만유순(八萬由旬)   5권: 251

팔면칠층석탑(八面七層石塔)   4권: 168

팔부(八部)   4권: 305 / 5권: 46

팔부신장(八部神將)   5권: 69

팔부중(八部衆)   2권: 232 / 4권: 305, 315 / 5권: 72

팔상전(捌相殿) 5권: 200

팔심웅악(八尋熊鰐) 2권: 233

팔십화엄(八十華嚴) 5권: 149, 150

팔엽(八葉) 4권: 380

팔자(八者) 5권: 219

팔재계(八齋戒) 5권: 183

팔정(八定) 5권: 21, 32, 35

팔제계(八齊戒) 4권: 189

팔진(八珍) 4권: 230

팔채(八彩) 3권: 330

팔천(八天) 3권: 59 / 4권: 230

팔황(八荒)(八極) 3권: 312

패(沛) 2권: 44 / 4권: 117

패강(浿江) 2권: 44, 57, 90, 379, 382, 398, 409 / 3권: 21, 32, 37, 269

패강도총관(浿江道摠管) 2권: 414 / 3권: 21

패강장성삼백리(浿江長城三百里) 1권: 255 / 2권: 91

패강진(浿江鎭) 2권: 68

패강진두상(浿江鎭頭上) 2권: 260

패공(沛公) 2권: 18, 21, 284 / 3권: 312

패다라엽(貝多羅葉) 5권: 76, 79

패도행군대총관(浿道行軍大摠管) 3권: 21

패릉(霸陵) 6권: 118

패수(浿水) 2권: 43, 44

패엽(貝葉) 4권: 151 / 5권: 76, 79

패엽경(貝葉經) 5권: 124

패협(貝莢) 5권: 76

팽성(彭城) 2권: 285, 286

팽월(彭越) 2권: 286

팽조적(彭祖逖)　4권: 248

팽차(烹茶)　3권: 99

팽희망(彭希望)　4권: 262

편년통록(編年通錄)　2권: 205 / 3권: 207

편명(篇名)　6권: 163

편목(篇目)　1권: 41 / 6권: 23, 54, 207

편방(便房)　3권: 364

편백(扁柏)　6권: 163

편액(扁額)　4권: 83

평강(平崗)　1권: 203

평곽(平郭)　2권: 69

평국(平國)　1권: 202, 203

평나(平那)　2권: 67, 68, 69

평나산(平那山)　2권: 68

평동장군(平東將軍)　3권: 148

평릉(平陵)　6권: 117

평산군(平山郡)　2권: 68

평성(平成)　1권: 186

평성경(平城京)　2권: 140, 141

평양(平壤)　1권: 131~133, 140, 148, 162 / 2권: 28, 32~36, 44, 49, 57, 64, 80, 89, 121, 124,
　　　135, 181, 213, 256, 278, 290, 293~298, 316, 317, 381, 391, 398, 413 / 3권: 20, 30,
　　　33~37, 77, 121, 122~129, 167~169, 294 / 4권: 27, 114, 121~127, 167~169, 404 / 5권:
　　　41~43 / 6권: 101, 104

평양군공(平陽郡公)　3권: 34

평양도대총관(平壤道大摠管)　3권: 21

평양동황성(平壤東黃城)　1권: 162

평양성(平壤城)　1권: 25, 33, 52, 57, 58, 62, 74, 132, 133, 141, 162, 379, 409 / 2권: 25, 30,
　　　33, 52, 58, 62, 74, 269, 294, 409 / 3권: 27, 33, 114, 121, 167, 269 / 4권: 114, 121,

126, 167, 169

평원왕(平原王)   1권: 162, 203, 204 / 2권: 129, 330 / 4권: 20, 126

평장사(平章事)   4권: 402, 403

평전(平田)   3권: 368

평정(平定)   3권: 70

평정호(枰定戶)   3권: 65, 69

평제(平帝)   1권: 59 / 2권: 202

평제탑(平濟塔)   2권: 410

평주(平州)   2권: 69

평주도독부(平州都督府)   2권: 67, 68, 69

평주목(平州牧)   2권: 69 / 4권: 152

평창(平倉)   3권: 338

평탕(平湯)   1권: 209

폐의(敝衣)   6권: 176

폐제(廢帝)   2권: 328 / 4권: 52

포고문(布告文)   4권: 413, 414 / 5권: 58

포도왕(蒲圖王)   4권: 150, 151, 155

포로모타부(浦盧毛朶部)   2권: 94

포뢰(蒲牢)   4권: 203

포말(布襪)   5권: 106

포살(布薩)   5권: 181

포상팔국(蒲上八國)   6권: 183, 185

포시(布施)   5권: 219

포정사(布政使)   4권: 89

포석정(鮑石亭)   3권: 164, 168, 169, 185, 192, 200, 202, 223, 267, 294, 308 / 6권: 224

포의(布衣)   6권: 117

포주(庖廚)   2권: 19

포희(庖犧)   2권: 19 / 3권: 382

폭질(暴疾)　1권: 112

표문(表文)　4권: 35

표암봉(瓢嵓峰)　2권: 148. 174

표제(表弟)　2권: 19, 153, 243 / 3권: 72, 201

표훈(表訓)　5권: 178

표훈사(表訓寺)　5권: 161, 221

품류(品類)　5권: 199

풍교(風敎)　4권: 274

풍기(豊基)　3권: 71 / 4권: 204, 205

풍납리(風納里)　3권: 243 / 4권: 34

풍덕군(豊德郡)　3권: 39, 314 / 4권: 319

풍덕현(豊德縣)　3권: 309

풍도(風刀)　4권: 79

풍로산(風盧山)　4권: 347, 352, 354, 371

풍백(風伯)　2권: 24

풍사귀(馮士貴)　2권: 374

풍산현(豊山縣)　3권: 268, 299, 300

풍속통(風俗通)　2권: 75

풍속통의(風俗通義)　3권: 59

풍신(風神)　3권: 341

풍악(楓岳)　6권: 172

풍월도(風月道)　4권: 272

풍이(風夷)　2권: 64

풍토기(風土記)　2권: 154

풍화(風化)　6권: 21

피도(彼刀)　3권: 351

피도간(彼刀干)　3권: 328

피리사(避里寺)　6권: 198

하가산(下柯山)　6권: 61, 64

하곡현(河曲縣)　3권: 293 / 4권: 171, 175

하관(夏官)　2권: 62 / 3권: 322, 356

하근(下根)　6권: 81

하나와쇼보(塙書房)　3권: 411

하남(河南)　2권: 90 / 3권: 224, 305

하남성(河南省)　2권: 285, 413 / 3권: 305 / 4권: 20, 69, 258, 281, 337 / 5권: 39, 123, 203

하남성하락도낙양(河南省河洛道洛陽)　2권: 411

하남위례성(河南慰禮城)　3권: 235

하대한(夏大旱)　5권: 249

하도낙서(河圖洛書)　2권: 19 / 3권: 197

하동(河東)　4권: 68

하동면(下東面)　4권: 319

하동절도사(河東節度使)　3권: 291 / 4권: 254

하마대(下馬臺)　6권: 77

하만력연간유산양여문서(下萬曆年間遺産讓與文書)　4권: 415

하방(下坊)　2권: 137

하백(河伯)　2권: 117, 119, 122, 123, 125, 127, 288 / 3권: 343

하복(下僕)　3권: 354

하부(下部)　6권: 155

하북(河北)　3권: 305 / 4권: 158

하사(下士)　4권: 78

하산(荷山)　3권: 391

하산도(荷山島)　3권: 387

하상(下相)　　2권: 285

하상주(下湘州)　　5권: 134, 141

하서국인(河西國人)　　4권: 122

하서군(河西郡)　　4권: 346

하서량(河西良)　　4권: 372, 379 / 5권: 127

하서량주(河西良州)　　3권: 56

하서리(下西里)　　2권: 168, 169, 229

하서부(河西府)　　4권: 346, 352, 370, 372, 379

하서아(河西阿)　　2권: 309 / 4권: 372

하서지촌(下西知村)　　2권: 159, 223, 229

하솔(河率)　　4권: 376, 379

하슬라(何瑟羅)　　2권: 63, 94, 309 / 4권: 372 / 5권: 127

하슬라주(何瑟羅州)　　2권: 282 / 3권: 47

하승(下乘)　　5권: 236

하신리(下薪里)　　2권: 164

하안(何晏)　　2권: 58, 64

하앵택(下櫻宅)　　2권: 137

하양관(河陽館)　　3권: 122

하왕(夏王)　　4권: 61

하우(夏禹)　　2권: 18, 21

하원(下元)　　4권: 147, 352

하윤원전(河允源傳)　　5권: 218

하전(下典)　　4권: 195

하주(下州)　　2권: 107 / 4권: 122 / 5권: 141, 174

하주군주(下州軍主)　　5권: 142

하주새(夏州塞)　　2권: 92

하주정(下州停)　　5권: 142

하지산(下枝山)　　2권: 338

하지현(下枝縣) 3권: 268, 299, 300

하청(河淸) 2권: 199, 313 / 5권: 37

하치만구도군(八幡愚童訓) 2권: 259

하치만다이보사쓰(八幡大菩薩) 2권: 259

하다다 다가시(旗田巍) 5권: 65('하다타'라고도)

하후씨(夏后氏) 4권: 65

학교(學校) 1권: 11 / 6권: 45

학동총서(學東叢書) 1권: 23

학림(鶴林) 4권: 265

학무학위(學無學位) 3권: 343

학부(學府) 3권: 199 / 4권: 433

학산(鶴山) 6권: 220

학삼장(學三藏) 4권: 206

학성(鶴城) 3권: 162

학습원본(學習院本) 4권: 63

학장(學匠) 5권: 202

학희(學喜) 5권: 149

한거(閑居) 4권: 394

한고조(漢高祖) 2권: 21

한관(漢官) 2권: 75

한금호(韓擒虎) 3권: 200, 224, 268

한기(旱岐) 3권: 355

한기리(漢岐里) 4권: 299

한기부(漢祇(岐)部) 2권: 168

한기부(漢岐部) 2권: 149

한기부(漢歧部) 2권: 149

한기부(漢祇部) 2권: 168

한기택(漢岐宅) 2권: 137 / 6권: 24

한나마(韓奈麻)　4권: 92

한남관기(漢南管記)　4권: 248

한도(韓陶)　2권: 41, 48, 50

한로(韓盧)　3권: 304

한림공봉(翰林供奉)　3권: 40

한림랑(翰林郎)　3권: 23, 40 / 4권: 195

한림원(翰林院)　3권: 40, 219

한림원대학사(翰林院大學士)　3권: 219

한림학사(翰林學士)　3권: 219 / 4권: 123

한림학사수병부부랑지서서원사사자금어대신작인연(翰林學士守兵部付郎知瑞書院事
　　　　　賜紫金魚袋臣雀仁渷)　4권: 424

한비자(韓非子)　3권: 354

한사벌(汗斯伐)　2권: 277

한산(漢山)　1권: 56 / 4권: 34

한산군(韓山郡)　2권: 62

한산도(閑山島)　3권: 391

한산성(漢山城)　2권: 384, 385, 417 / 4권: 51

한산주(漢山州)　2권: 421

한산주도독(漢山州都督)　2권: 208

한서(漢書)　2권: 26, 38~40, 55, 73

한성(漢城)　2권: 316, 404

한성주(漢城州)　3권: 30

한송정(寒松亭)　3권: 99

한수(漢水)　3권: 235

한신(韓信)　5권: 163

한역불전(漢譯佛典)　4권: 153, 263 / 6권: 195

한왕(漢王)　3권: 274

한웅(韓雄)　3권: 224

한의(漢儀)　3권: 356

한적(漢籍)　1권: 194

한정(閑靜)　2권: 50

한조(韓條)　3권: 240

한족(漢族)　6권: 43

한주(漢州)　3권: 313

한주장제군(漢州長堤郡)　3권: 111

한지(漢只)　2권: 59, 280

한해(瀚海)　2권: 82, 83

할고(割股)　6권: 217, 221

할주(割註)　4권: 359 / 5권: 44, 45, 63, 66, 67, 74, 168, 169

함곡관(函谷關)　2권: 285 / 4권: 24, 63

함달왕(含達王)　3권: 331

함달파왕(含達婆王)　1권: 71

함벽(銜璧)　3권: 311

함산성(函山城)　2권: 315('菅山城')

함안(咸安)　1권: 139 / 3권: 236, 253 / 4권: 18, 22

함양(咸陽)　3권: 290, 309 / 6권: 55, 166

함우(舍羽)　3권: 391

함원전(含元殿)　5권: 126

함월산(含月山)　2권: 388 / 3권: 59, 168 / 4권: 260 / 6권: 68

함자(含資)　2권: 53

함주(咸州)　2권: 103

함질(函帙)　5권: 41, 77

함창(咸昌)　2권: 104 / 3권: 282

함창군(咸昌郡)　2권: 104

함통(咸通)　1권: 19 / 3권: 263, 282 / 5권: 253 / 6권: 147, 151

함형(咸亨)　3권: 34, 36, 40 / 4권: 266 / 5권: 158, 169

함호(函號)　4권: 157, 158

함화(咸和)　1권: 124, 132

함흥(咸興)　2권: 51, 52, 76, 92, 95, 96

합려(闔閭)　5권: 35

합부(陜父)　2권: 217, 412

합수사(合水寺)　5권: 117

합응(鴿鷹)　6권: 81

합장강(合掌江)　3권: 33

합주(陜州)　3권: 196, 207, 209, 230

합주군(陜州君)　4권: 264

합천군(陜川郡)　6권: 63

합포(合浦)　6권: 184, 189

합포현(合浦縣)　6권: 189

항규(恒規)　4권: 363

항녕사(亢寧寺)　5권: 111

항마(降魔)　6권: 213

항사동(恒沙洞)　5권: 88, 92

항사사(恒沙寺)　5권: 88, 92

항산(恒山)　6권: 54

항우(項羽)　2권: 273, 285, 286 / 3권: 216, 274, 280, 311, 312, 325

항주(杭州)　3권: 302

항질택(巷叱宅)　2권: 138

항하사(恒河沙)　5권: 88, 92

해가(海歌)　3권: 84

해간(海干)　1권: 223

해곡도(海谷道)　3권: 35

해관(海官)　3권: 53

해괘(解卦)　3권: 387

해교십불(解教十佛)　4권: 357

해구(解仇)　2권: 396

해금강(海金剛)　3권: 401 / 5권: 220

해남통(海南通)　2권: 358 / 3권: 114

해남현(海南縣)　5권: 150

해내화이도(海內華夷圖)　2권: 92

해동(海童)　2권: 229 / 3권: 403

해동(海東)　4권: 165, 168, 328

해동고승전(海東高僧傳)　5권: 180

해동고신행선사비(海東故神行禪師碑)　4권: 135

해동서면도통지휘병마판치등사(海東四面都統指揮兵馬判置等事)　3권: 266

해동소(海東疏)　5권: 138

해동승전(海東僧傳)　4권: 18 / 5권: 56 / 6권: 70

해동안홍기(海東安弘記)　2권: 58, 65, 66 / 4권: 190

해동역사(海東繹史)　2권: 186

해동종(海東宗)　5권: 138

해란하(海蘭河)　2권: 90

해룡(海龍)　5권: 136

해룡왕사(海龍王寺)　4권: 247

해릉왕(海陵王)　4권: 428 / 5권: 63

해명(海冥)　2권: 53

해명(解明)　2권: 53, 129

해모수(解慕漱)　2권: 28, 31, 108, 110, 113, 117, 122, 123, 125, 129, 130, 184 / 3권: 343 /
　　　4권: 22

해부루(解夫婁)　2권: 110, 111, 112, 117, 121, 129

해상동정(海上東征)　2권: 230

해색주(解色朱)　2권: 129

해성현(海城縣)　4권: 28

해신(海神)   2권: 228, 233 / 3권: 56

해씨(解氏)   1권: 53, 54, 65 / 3권: 242, 243, 244

해안현(解顏縣)   3권: 302

해애루(解愛婁)   1권: 75

해양(海陽)   2권: 125, 249 / 3권: 27

해양현(海陽縣)   3권: 48

해양형(海洋型)   2권: 249, 250

해우(解憂)   1권: 75 / 2권: 129

해이(海夷)   2권: 92

해인사묘길상탑기(海印寺妙吉祥塔記)   5권: 147

해인사호국삼보전망치소왕자(海印寺護國三寶戰亡緇素王字)   5권: 147

해제(解題)   1권: 17

해주(海州)   2권: 25

해주목(海州牧)   2권: 34 / 4권: 133, 255

해찬(海湌)   2권: 392 / 5권: 169

해척(海尺)   2권: 223, 229

해하(垓下)   2권: 286 / 3권: 312

해해(海解)   2권: 227

해현령(蟹峴嶺)   4권: 320

해화엄(海華嚴)   3권: 130, 133/ 5권: 243

행각승(行脚僧)   4권: 243, 254

행경십불(行境十佛)   4권: 357

행법(行法)   5권: 201

행법차제(行法次第)   5권: 217

행선(行善)   5권: 129

행운(行雲)   5권: 47

행운유수(行雲流水)   3권: 225 / 4권: 254

행원(行願)   4권: 298

행원품소(行願品疏)　6권: 81

행의니(行義尼)　1권: 201

행장(行狀)　5권: 56, 134, 156

행좌표도위대장군계림주도독(行左豹韜尉大將軍雞林州都督)　3권: 42

행포문(行布門)　5권: 228

향(鄉)　3권: 69 / 5권: 57

향고기(鄉古記)　3권: 21, 36, 37 / 6권: 65

향덕전(向德傳)　4권: 379

향도(香徒)　4권: 82 / 6권: 170

향득(向得)　6권: 216, 217

향로(鄉老)　4권: 82

향로(香爐)　5권: 70 / 6권: 20

향리(鄉吏)　2권: 412 / 3권: 49, 319

향리(鄉里)　3권: 48

향목(香木)　5권: 198

향무(鄉舞)　2권: 144

향분(香墳)　6권: 33

향분예불결사문(香墳禮佛結社文)　4권: 77

향사(香祀)　4권: 218

향산거사(香山居士)　5권: 249

향상(香象)　5권: 171

향수(享受)　4권: 354

향신(香神)　4권: 44

향언(鄉言)　2권: 150 / 4권: 44

향예(香乂)　3권: 276

향인(鄉人)　5권: 31, 48

향전(鄉傳)　4권: 77, 295 / 6권: 65

향주봉(向走峰)　2권: 353

향직(鄕職)　3권: 218 / 5권: 63

향탁(香卓)　4권: 228

향토(鄕土)　5권: 57

향화(香火)　4권: 174 / 6권: 53

허공장(虛空藏)　4권: 176 / 6권: 196

허루(許婁)　1권: 63, 73

허루왕(許婁王)　1권: 73

허류(虛謬)　5권: 237

허신(許愼)　2권: 50, 58, 63

허정(虛靜)　5권: 30

허참정(許參政)　4권: 249

허황옥(許黃玉)　3권: 371, 383, 388

허황후(許皇后)　1권: 106 / 3권: 356, 368, 383, 386 / 4권: 161

헌강대왕(憲康大王)　2권: 143 / 3권: 161

헌강왕(憲康王)　3권: 301

헌덕(憲德)　1권: 253, 254, 256, 257 / 3권: 142/ 5권: 237

헌덕대왕(憲德大王)　2권: 65, 68 / 3권: 139 / 5권: 189, 238

헌덕왕(憲德王)　1권: 254, 255, 265, 270 / 2권: 65, 165, 422 / 3권: 42, 77, 126, 136, 138,
　　　　139, 142 / 4권: 90, 135, 316 / 5권: 237, 238, 241 / 6권: 33

헌덕왕대(憲德王代)　2권: 65, 68 / 3권: 139 / 5권: 189, 238

헌목(憲穆)　3권: 147

헌병(獻丙)　3권: 252

헌수(獻壽)　4권: 246

헌숙(獻肅)　3권: 218, 226

헌승황후(憲承皇后)　3권: 196

헌안대왕(憲安大王)　3권: 152

헌안왕(憲安王)　1권: 266, 267 / 2권: 210 / 3권: 153, 157, 281 / 6권: 147

헌양현(巘陽縣)　5권: 106

헌영(憲英) 3권: 97 / 6권: 83, 163, 194

헌왕(獻王) 1권: 211

헌원(軒轅)(黃帝) 3권: 383

헌정(獻貞) 1권: 262 / 3권: 225, 226, 405 / 4권: 135

헌정(憲貞) 1권: 262 / 3권: 129

헌제(獻帝) 2권: 70 / 4권: 54

헌종(獻宗) 3권: 136, 139 / 4권: 90, 97, 186, 192 / 5권: 199

헌진(憲眞) 1권: 262

헌진(정)각간(憲眞(貞)角干) 1권: 261

헌창(憲昌) 1권: 255, 265 / 3권: 126, 139

헌평태자(憲平太子) 3권: 120, 129

헌화가(獻花歌) 3권: 85, 86

험측(險側) 2권: 138

혁거세거서간(赫居世居西干) 1권: 49 / 2권: 73, 74, 152

혁거세왕(赫居世王) 1권: 120 / 2권: 125, 133, 147, 150, 216, 223 / 3권: 46, 68, 301, 399 / 4권: 94, 315

혁거왕지해척(赫居王之海尺) 2권: 229

혁련(赫連) 4권: 65, 66

혁련발발(赫連勃勃) 4권: 47, 65, 66

혁목사(赫木寺) 6권: 136, 149

혁세(赫世) 2권: 257

혁연창(赫連昌) 4권: 61

현각(玄恪) 5권: 76

현각전(玄恪傳) 5권: 80

현겁(賢劫) 4권: 143, 144, 327

현겁천불(賢劫千佛) 4권: 144 / 6권: 174

현경(現(顯)慶) 2권: 345, 372, 374, 396, 398 / 3권: 31

현경(現慶) 2권: 345, 372, 374, 396, 398 / 3권: 31

현경(顯慶) 2권: 342, 345, 379, 396~399 / 3권: 20, 31, 32, 236, 323 / 4권: 156

현금(玄琴) 3권: 156 / 4권: 227

현금(絃琴) 3권: 119, 120

현금포곡(玄琴抱曲) 3권: 156

현덕(顯德) 5권: 35

현도(玄度) 2권: 25, 42, 58, 67, 69, 173 / 4권: 395

현도(玄道) 4권: 394

현도관(玄都觀) 5권: 201

현도사(玄度師) 4권: 383, 389

현령(縣令) 2권: 403 / 3권: 376 / 6권: 117

현무문(玄武門) 2권: 419

현무호(玄武湖) 4권: 89

현상(玄象) 4권: 67

현성(縣城) 2권: 418

현성대왕(玄聖大王) 3권: 125, 135

현성사(現聖寺) 6권: 40

현수(賢首) 5권: 170, 225

현수국사(賢首國師) 5권: 225

현신성도(現身成道) 4권: 297

현신성도무량수전(現身成道無量壽殿) 4권: 391

현신성도미륵지전(現身成道彌勒之殿) 4권: 291, 391

현신성불(現身成佛) 4권: 297

현신왕생소(現身往生所) 4권: 297

현양상좌(玄兩上座) 5권: 53

현유(玄遊) 5권: 76

현유가(賢瑜伽) 3권: 130, 133 / 5권: 243

현의장(玄義章) 5권: 226

현이(玄夷) 2권: 64

현장(玄奘)　4권: 176, 327, 337 / 5권: 22, 79, 243

현재석가(現在釋迦)　5권: 73

현조(顯祖)　5권: 76, 116

현종(玄宗)　2권: 85, 86 / 4권: 383

현종(顯宗)　3권: 230 / 4권: 186, 405

현종순(顯宗詢)　3권: 206

현창(玄彰)　4권: 43

현태(玄泰)　5권: 76, 80

현통(縣統)　5권: 117

현해탄(玄海灘)　2권: 83

현화(玄化)　6권: 369

현화리(玄化里)　3권: 207 / 6권: 32

현화사(玄化寺)　3권: 196, 207, 208

현회장로(玄會長老)　5권: 53

현효(玄驍)　5권: 162

현효(玄囂)　3권: 398

현후(縣侯)　2권: 50, 63, 96 / 5권: 39

혈낭(血囊)　4권: 288

혈례(穴禮)　2권: 351, 357, 358

혈사(穴寺)　3권: 137, 182

협사(俠士)　3권: 145

협시(脇侍)　4권: 176 / 5권: 173 / 6권: 54

형가(荊軻)　2권: 43

형계담연(荊溪湛然)　5권: 198

형국공(邢國公)　2권: 374 / 3권: 325

형국후(邢國侯)　2권: 398

형매(兄妹)　1권: 48 / 2권: 180, 183

형법공첩상통식(刑法公牒相通式)　5권: 58

형병(刑昺)　2권: 58

형부(刑部)　3권: 49, 229

형산(兄山)　2권: 148, 160, 192

형산(衡山)　6권: 54

형산강(兄山江)　2권: 191, 192, 206 / 4권: 278 / 6권: 80

형양(滎陽)　2권: 273, 284, 285

형적(刑積)　3권: 273

형적(形跡)　5권: 62

형조(刑曹)　3권: 49

형주(荊州)　4권: 334

형지(形止)　5권: 62

형초(荊楚)　2권: 323

형현(硎峴)　5권: 86

형혹진(熒惑鎭)　3권: 374

혜가(慧可)　4권: 88

혜강대왕(惠康大王)　1권: 264, 3권: 147

혜거(慧璩)　5권: 118

혜경(慧景)　4권: 335

혜공(惠恭)　4권: 195~198, 297

혜공(惠空)　4권: 134, 213 / 5권: 87~95, 139, 153 / 6권: 62

혜공대왕(惠恭大王)　3권: 104 / 4권: 195, 197

혜공왕(惠恭王)　1권: 244 / 2권: 255, 256, 260 / 3권: 57, 80, 105~113, 115, 125, 126, 128, 138, 204 / 4권: 196~198, 297, 414 / 5권: 144, 146, 148, 219, 247 / 6권: 63, 163, 166, 179, 213, 215

혜과(惠果)　5권: 177

혜관(慧觀)　4권: 169

혜광(慧光)　5권: 116, 117

혜교(慧皎)　4권: 59, 91, 326 / 5권: 20

혜달(慧達)   4권: 335

혜덕(慧德)   6권: 150

혜란(蕙蘭)   3권: 353

혜랑(惠郎)   6권: 28

혜량법사(惠亮法師)   5권: 103, 119

혜륜(惠輪)   5권: 76, 80

혜륭(惠隆)   4권: 82, 90

혜명왕후(惠明王后)   1권: 238

혜성가(彗星歌)   6권: 122, 123, 125

혜성대왕(惠成大王)   1권: 272 / 3권: 176

혜숙(惠宿)   5권: 90, 91, 94

혜숙법사(惠宿法師)   6권: 61

혜시(惠始)   4권: 47, 61, 62

혜엄(慧嚴)   4권: 169

혜업(惠業)   5권: 76

혜왕(惠王)   1권: 211, 212

혜원(慧遠)   4권: 334, 367 / 5권: 78

혜제(惠帝)   3권: 216, 390 / 4권: 25

혜제영강(惠帝永康)   1권: 123

혜제원강(惠帝元康)   1권: 114

혜조국사(慧照國師)   4권: 249, 252

혜종(惠宗)   1권: 61, 95 / 2권: 23, 25, 73, 74, 146, 226, 348, 349, 361 / 3권: 316, 320 / 5권:
     96

혜종왕(惠宗王)   1권: 187 / 4권: 368

혜초(蕙草)   3권: 349

혜충대(태)자(惠忠大(太)子)   1권: 252

혜충왕(惠忠王)   1권: 263

혜통(惠通)   6권: 28, 32, 40

혜학(慧學) 5권: 128

혜해(慧解) 5권: 23

혜해탈(慧解脫) 3권: 343

호계사(虎溪寺) 4권: 161, 163

호공(瓠公) 2권: 225, 235, 241 / 5권: 81

호구(好仇) 3권: 387

호구(戶口) 3권: 382

호구산(虎丘山) 5권: 21, 32

호구탑(虎丘塔) 5권: 35

호국품(護國品) 3권: 79

호녕왕(虎寧王) 1권: 187

호단(瓠簞) 2권: 196

호력(虎力) 2권: 350, 354

호림(虎林) 2권: 346 / 6권: 111

호림공(虎林公) 2권: 343 / 3권: 65, 70

호박(湖泊) 3권: 87 / 4권: 326

호법(護法) 4권: 256 / 5권: 107, 109

호법룡(護法龍) 4권: 184, 185

호법신(護法神) 4권: 333, 414, 417 / 5권: 72

호병문(胡炳文) 3권: 113

호부(戶部) 3권: 221, 229

호사자(好事者) 6권: 61

호서(湖西) 5권: 200 / 6권: 155

호석(護石) 6권: 34

호세랑(好世郎) 3권: 157 / 5권: 85 / 6권: 123

호세신(護世神) 5권: 72

호소이 하지메(細井肇) 1권: 24

호승(胡僧) 4권: 32, 33, 46

호신(護身)　5권: 73

호실(號室)　2권: 87

호암리(虎巖里)　3권: 59

호암봉(虎嵒峯)　2권: 235

호암사(虎巖寺)　3권: 245

호암사(虎嵒寺)　3권: 237

호양(好壤)　1권: 95, 123

호열왕(虎烈王)　2권: 387 / 4권: 368

호원사(虎願寺)　6권: 110, 114, 115, 116

호장(戶長)　5권: 25, 41, 63 / 6권: 45

호장동정(戶長同正)　5권: 53, 65

호조(戶曹)　3권: 49

호주(湖州)　4권: 221

호태(虎泰)　1권: 283

호태왕비문(好太王碑文)　1권: 152 / 2권: 103, 209, 220

호호데미노미코토(火火出見尊)　2권: 123 / 3권: 403

혹리전(酷吏傳)　2권: 47

혹본(或本)　1권: 18

혹왈(或曰)　1권: 18

혼구(混丘)　4권: 267

혼지(混支)　1권: 188

혼춘(琿春)　2권: 92

홀도로게리미실공주(忽都魯揭里迷失公主)　3권: 217

홀본(忽本)　2권: 128

홀산(忽山)　2권: 25

홀활곡쾌천(忽滑谷快天)　6권: 138

홍가(鴻嘉)　1권: 54 / 2권: 61, 133~135, 185 / 3권: 235, 236, 243, 244 / 4권: 151, 158

홍경(弘慶)　4권: 91, 248, 262, 263

홍구(鴻溝)　2권: 286

홍기문(洪起文)　3권: 74 / 5권: 254

홍도(弘道)　6권: 149

홍도선열평성대왕(弘道宣烈平成大王)　4권: 191

홍려경(鴻臚卿)　2권: 92 / 3권: 32 / 5권: 171

홍려사(鴻臚寺)　5권: 117

홍련암(紅蓮庵)　4권: 313

홍명집(弘明集)　4권: 91

홍문(鴻門)　2권: 285 / 3권: 312

홍범(洪範)　2권: 32

홍범구주(洪範九疇)　2권: 19

홍복사(弘福寺)　4권: 257

홍색(紅色)　2권: 332 / 6권: 21

홍성(洪城)　3권: 315

홍술(洪述)　3권: 267, 297

홍연(弘演)　4권: 80, 81, 105

홍유(洪儒)　3권: 295, 297

홍유후(弘儒侯)　5권: 148

홍전문(紅箭門)　2권: 156

홍제(鴻濟)　1권: 194, 198

홍제(鴻齊)　5권: 38

홍주(洪州)　3권: 309, 314, 315

홍폭(紅幅)　3권: 339

홍효사(弘孝寺)　6권: 221, 226

화개(花蓋)　5권: 102

화공(畫工)　4권: 216, 217, 285, 327

화과(花果)　4권: 203

화관(火官)　3권: 383

화광동진(和光同塵)　5권: 40

화광후기(火光後記)　2권: 393

화다(和多)　3권: 397

화덕(火德)　2권: 21 / 3권: 305 / 4권: 258

화도섭익(化導攝益)　6권: 140

화랑(花郎)　2권: 165, 170, 232, 350, 354~356 / 3권: 63, 64, 67~69, 72, 97, 99, 104, 156, 157, 159, 168 / 4권: 209, 230~233, 272, 276~281, 294, 353, 431, 437 / 5권: 85, 90, 91, 111, 120, 139, 147 / 6권: 56, 94~96, 115, 121~126, 225, 226

화랑기파랑(花郎耆婆郎)　4권: 294

화랑세기(花郎世記)　2권: 208

화려(華麗)　2권: 50, 96, 219

화로(火爐)　6권: 28

화림원(華林園)　3권: 253

화백회의(和白會議)　3권: 400 / 6권: 162

화보(花寶)　4권: 83

화북(華北)　4권: 54, 66, 68 / 5권: 36, 39

화불(化佛)　4권: 178, 325

화산(華山)　2권: 148, 165 / 4권: 285, 294

화상(畫像)　3권: 167

화상석(畫像石)　2권: 28 / 3권: 112

화생삼매(火生三昧)　4권: 368

화생형(化生型)　2권: 196 / 3권: 344

화석강(花石綱)　4권: 258

화수동(華水洞)　1권: 17 / 6권: 21

화식열전(貨殖列傳)　6권: 143

화신노사나불(化身盧舍那佛)　5권: 200

화엄(華嚴)　3권: 194 / 5권: 103

화엄경수현기(華嚴經搜玄記)　5권: 166, 171

화엄경입법계품(華嚴經入法界品)　5권: 172

화엄경탐현기(華嚴經探玄記)　5권: 171

화엄공목장(華嚴孔目章)　5권: 166

화엄교(華嚴敎)　4권: 298, 315 / 5권: 125, 161, 163, 170, 173, 183, 227

화엄대전(華嚴大典)　6권: 206

화엄범어(華嚴梵語)　5권: 226

화엄법계(華嚴法界)　5권: 172

화엄법사(華嚴法師)　5권: 159

화엄사(華嚴寺)　5권: 160, 175, 176 / 6권: 143, 166

화엄사(華嚴社)　4권: 349, 351, 353, 366

화엄소(華嚴疏)　5권: 136

화엄신중(華嚴神衆)　4권: 352

화엄오십요문답(華嚴五十要問答)　5권: 166

화엄요의문답(華嚴要義問答)　5권: 177

화엄일승법계도(華嚴一乘法界圖)　5권: 163, 176

화엄일승법계도일권(華嚴一乘法界圖一卷)　5권: 176

화엄장장엄세계해(華嚴藏莊嚴世界海)　5권: 183

화엄종(華嚴宗)　5권: 161

화엄회(華嚴會)　4권: 351

화왕군(火王郡)　2권: 106, 107 / 5권: 142, 174

화장사(華藏社)　4권: 343, 351, 355, 368

화장세계(華藏世界)　5권: 183

화쟁(和諍)　5권: 138

화쟁국사(和諍國師)　5권: 150, 151 / 6권: 72

화정국사(和靜國師)　3권: 131

화정봉(華頂峯)　6권: 157

화제(和帝)　1권: 77 / 4권: 88

화주(和州)　3권: 64, 105

화주방어사(和州防禦使)　2권: 120

화주분황사(火珠芬皇寺)　3권: 132

화주안변도호부(和州安邊都護府)　2권: 120

화평(和平)　3권: 34, 54, 270 / 4권: 66, 183, 352

화평부(化平府)　3권: 48

화하(華夏)　6권: 156

화하국왕(花夏國王)　1권: 71

환공(桓公)　3권: 271, 307 / 4권: 105 / 5권: 123

환도(丸都)　1권: 64 / 5권: 38

환도(還都)　2권: 51

환도성(丸都城)　1권: 133, 134, 162 / 4권: 28

환령(桓靈)　2권: 53

환문(桓文)　3권: 307

환웅(桓雄)　2권: 24, 29, 30, 36, 110, 123

환웅천왕(桓雄天王)　2권: 24

환인(桓因)　2권: 24, 29, 110

환제(桓帝)　1권: 87

환제연희(桓帝延熹)　1권: 93

환희사(歡喜師)　4권: 173, 179

활리산(活里山)　5권: 181

활현(滑縣)　5권: 123

황간(皇澗)　3권: 321

황건(皇建)　1권: 204

황건(黃巾)　2권: 75 / 3권: 270, 306 / 4권: 54, 117, 244, 258

황고제국대장공주고려국왕비(皇姑齊國大長公主高麗國王妃)　4권: 267

황관(黃冠)　6권: 111

황권(黃卷)　3권: 67 / 5권: 90

황극력(皇極曆)　2권: 419

황금서당(黃衿誓幢)　3권: 56

황남리(皇南里)　2권: 142. 259

황도혼의(黃道渾儀)　2권: 419

황등야산군(黃等也山郡)　2권: 401

황량일취몽(黃粱一炊夢)　4권: 320

황룡국(黃龍國)　4권: 168

황룡사(皇龍寺)　2권: 32, 148, 166, 313, 329, 330 / 3권: 44, 132, 186 / 4권: 43, 55, 96, 142,
　　　　145, 170~179, 181 / 5권: 31, 33

황룡사(黃龍寺)　4권: 175 / 5권: 245

황룡사장육삼존상(皇龍寺丈六三尊像)　2권: 313

황룡사찰주본기(皇龍寺刹柱本記)　4권: 189

황룡사필공(皇龍寺畢功)　4권: 175

황룡성(黃龍城)　4권: 168

황룡연(黃龍淵)　6권: 142

황륭사(皇隆寺)　5권: 20, 24, 30, 54

황보(皇甫)　3권: 405

황복(荒服)　5권: 34

황복사(皇福寺)　1권: 281, 282 / 5권: 156, 161, 164

황산(黃山)　2권: 420 / 3권: 323

황산강(黃山江)　3권: 330, 341

황산군(黃山郡)　2권: 315, 401

황석공(黃石公)　3권: 217

황성사(皇聖寺)　3권: 48

황소(黃巢)　2권: 56, 60, 211 / 3권: 179, 291 / 4권: 254 / 5권: 166

황아(皇娥)　2권: 18, 20

황아왕후(皇娥王后)　1권: 254, 255

황옥(黃屋)　4권: 162

황옥(黃玉)　4권: 162

황옥차(黃屋車) 3권: 307

황이(黃夷) 2권: 64

황작(黃雀) 3권: 113

황정(黃精) 6권: 176

황주(黃州) 2권: 68

황중(湟中) 4권: 24

황처(黃處) 4권: 373

황천(皇天) 3권: 349

황천(荒川) 2권: 325

황철(黃鐵) 4권: 172

황초령비(黃草嶺碑) 1권: 198 / 2권: 313 / 4권: 177

황하(黃河) 2권: 18, 19

황하경비록(黃河經卑錄) 2권: 92

황화사달기(皇華四達記) 2권: 92

황황자화(皇皇者華) 4권: 254

회경(懷鏡) 6권: 62

회계(會稽) 2권: 285 / 6권: 117

회골(回鶻) 2권: 92

회남자(淮南子) 2권: 58 / 6권: 98

회덕(廻德) 2권: 148, 162

회덕진(懷德鎭) 4권: 125

회독(會讀) 4권: 224

회랑(回廊) 4권: 56, 212

회랑(廻廊) 3권: 57

회래현(懷來縣) 4권: 69

회선(廻旋) 3권: 39

회암(晦暗) 3권: 140

회양(淮陽) 2권: 216

회연(晦然)　6권: 22

회염(淮鹽)　5권: 166

회왕(懷王)　2권: 285, 286

회원현(懷遠縣)　3권: 356

회임(懷妊)　6권: 35

회재(懷齋)　5권: 166

회제(懷帝)　1권: 123

회진동(懷眞洞)　4권: 286, 295

회진암(懷眞庵)　4권: 286, 295

회진현(會津縣)　2권: 79

회창(會昌)　4권: 307, 308, 317

회통(會通)　4권: 224

회하(淮河)　4권: 125

획린(獲麟)　4권: 144

횡산현(橫山縣)　4권: 65

효가리(孝家里)　4권: 379 / 6권: 217, 218

효가원(孝家院)　4권: 376

효경(孝經)　2권: 394

효공왕(孝恭王)　3권: 177

효기대장군(驍騎大將軍)　2권: 410

효렴(孝廉)　3권: 267

효령현(孝靈縣)　5권: 93

효명(孝明)　4권: 345~348, 353, 359, 371

효명제(孝明帝)　1권: 190 / 3권: 393

효명태자(孝明太子)　4권: 359, 360, 370, 371

효목(孝穆)　3권: 195

효무제(孝武帝)　1권: 148 / 4권: 18, 23, 25, 31, 32, 35, 47, 60, 63, 206

효문제(孝文帝)　5권: 112, 118 / 6권: 143

효방해간(孝方海干) 1권: 245

효봉(孝奉) 3권: 278

효사행상(曉師行狀) 5권: 164

효선(孝善) 1권: 19 / 3권: 168, 407

효성왕(孝成王) 1권: 239, 279 / 3권: 80, 81, 90, 97, 98, 106, 112 / 4권: 195, 196, 198 /
        5권: 197 / 6권: 24, 35, 83, 160~163, 165, 194

효소왕(孝昭王) 1권: 233 / 2권: 392, 393 / 3권: 41~43, 203 / 4권: 191, 277, 359~361 /
        5권: 227 / 6권: 29, 32, 34, 83, 86

효숙왕후(孝肅王后) 3권: 207, 226

효순(孝順) 1권: 212 / 4권: 107

효양(孝讓) 4권: 409

효양대아간(孝讓大阿干) 1권: 249

효양리(孝養里) 6권: 226

효원(孝圓) 4권: 82, 90

효원제(孝元帝) 2권: 119

효자(孝資) 1권: 278, 280

효정(孝貞) 1권: 240 / 4권: 195, 197

효정(孝靜) 5권: 115

효정이왕(孝貞伊王) 1권: 240 / 4권: 197

효종(孝宗) 3권: 196

효종랑(孝宗郞) 3권: 68, 99, 157, 168 / 6권: 224, 225

효종이간(孝宗伊干) 1권: 289

효진(孝眞) 3권: 121, 147

후경(侯景) 4권: 88, 221 / 5권: 36

후군대총관(後軍大總管) 2권: 415

후당(後唐) 4권: 255

후백제국(後百濟國) 1권: 272

후복(侯服) 5권: 34

후부(後部)   6권: 155

후분화엄경(後分華嚴經)   5권: 226

후비(后妃)   3권: 189

후비(後妃)   1권: 238

후비제(后妃制)   2권: 304

후소랴구기(扶桑略記)   3권: 286

후야(後夜)   5권: 41

후양(後梁)   1권: 281 / 3권: 179, 182, 306

후연(後燕)   2권: 69, 289, 291 / 4권: 152

후위서(後魏書)   2권: 54, 87

후주(後主)(陳叔寶)   2권: 409 / 3권: 200 / 5권: 35

후주숙보(後主叔寶)   5권: 35

후지다 료사쿠(藤田亮策)   1권: 181, 219 / 2권: 32 / 3권: 476 / 4권: 123, 135

후지다 모도하루(藤田元春)   3권: 91

후지시마 가이지로(藤島亥治郎)   2권: 140, 141, 166, 167, 243, 337, 339

후지와라노 가마다리(藤原鎌足)   2권: 277

후지와라노 요리나가(藤原頼長)   2권: 97

후직(后稷)   2권: 18, 20 / 3권: 334

후진(後晉)   2권: 66, 106, 158 / 3권: 315, 319 / 4권: 413, 414 / 5권: 52, 57, 66

후진요흥(後秦姚興)   5권: 94

후추(侯騶)   2권: 120, 130

후쿠오카현(福岡縣)   2권: 186 / 3권: 225

후쿠이켄 쓰르가시(福井県敦賀市)   1권: 219

후한광무제(後漢光武帝)   2권: 172

후한서(後漢書)   2권: 56

후한영제(後漢靈帝)   1권: 95

후한질제(後漢質帝)   1권: 87

후한호제(後漢虎帝)   1권: 61

훈령(訓令)   3권: 217

훈봉(勳封)   3권: 198, 229

훈제부인(訓帝夫人)   1권: 221, 222, 223

훈차자(訓借字)   2권: 204, 302 / 3권: 168

훙거(薨去)   1권: 75

훙년칭원(薨年稱元)   1권: 50

훼(喙)   2권: 139, 157, 188 / 3권: 70, 398 / 4권: 390

훼기탄(喙己呑)   3권: 396, 397

휘서(徽緖)   5권: 37

휘양성(諱陽成)   1권: 203

휘종(徽宗)   4권: 124, 244, 252, 257, 258

휘평성(諱平成)   1권: 203

휘해색주(諱解色朱)   1권: 65

휴도왕(休屠王)   4권: 150, 155

휴례부인(休禮夫人)   1권: 138

휼방지쟁(鷸蚌之爭)   3권: 304

흉노(匈奴)   2권: 39, 40, 41, 44 / 4권: 33, 47, 64, 65, 91, 155, 335

흑금서당(黑衿誓幢)   3권: 56

흑룡강(黑龍江)   2권: 95 / 4권: 258

흑산(黑傘)   3권: 34

흑수(黑水)   2권: 87, 95

흑수말갈(黑水靺鞨)   2권: 90, 94, 95

흑수삼십도(黑水三十徒)   2권: 94

흑수여진(黑水女眞)   2권: 94

흑장(黑掌)   4권: 373

흑치상지(黑齒常之)   3권: 310

흔명부인(昕明夫人)   1권: 266

흔지(欣支)   4권: 384, 396

흔지변(欣支邊)　4권: 390

흘성골성(訖升骨城)　2권: 108

흘승골(紇升骨)　2권: 128

흠돌(欽突)　1권: 229 / 3권: 56

흠명기(欽明紀)　1권: 211 / 3권: 110, 391 / 4권: 415

흠송(欽宋)　4권: 258

흠운(欽運)　1권: 229 / 3권: 42, 66, 157

흠종(欽宗)　4권: 258

흠춘(欽春)　2권: 350 / 3권: 30 / 5권: 168

홍경(興京)　2권: 51, 52

홍광(興光)　1권: 237 / 4권: 195, 198, 345, 359

홍교사(興敎寺)　4권: 309, 319 / 5권: 166

홍국(興國)　3권: 196, 201 / 4권: 27

홍국사(興國寺)　1권: 285 / 4권: 19, 27, 29

홍국사지(興國寺址)　4권: 28

홍녕사등효대사보인탑비(興寧寺登曉大師寶印塔碑)　4권: 424

홍덕왕(興德王)　1권: 256, 257, 262, 265, 279 / 2권: 160 / 3권: 138, 141~143, 148, 150, 179 /
　　4권: 247, 261 / 5권: 238, 240 / 6권: 221

홍려부(興麗府)(興禮府)　3권: 293

홍렴대왕(興廉大王)　1권: 278

홍륜사(興輪寺)　2권: 258, 322 / 3권: 109, 127, 153 / 5권: 169, 221 / 6권: 18, 20, 110, 115, 211

홍륜사금당(興輪寺金堂)　5권: 161

홍법(興法)　4권: 39

홍복사(興福寺)　4권: 18, 27 / 6권: 33

홍선사(興善寺)　5권: 202

홍성대왕(興聖大王)　1권: 261

홍안(興安)　1권: 184

홍왕사대각국사묘지(興王寺大覺國師墓誌)　4권: 131

홍원(興元) 2권: 92 / 3권: 56

홍종(興宗) 4권: 263, 400, 404, 405

홍주(興州) 3권: 324

홍평대왕(興平大王) 3권: 125

홍해군(興海郡) 3권: 180

홍호대왕(興虎大王) 2권: 353

희강(僖康) 1권: 258

희강왕(僖康王) 1권: 262, 263, 265, 266 / 2권: 169 / 3권: 129, 147, 148, 156

희견보살석상(喜見菩薩石像) 5권: 200

희견성(喜見城) 4권: 213 / 5권: 112

희낙사모(戲樂思慕) 3권: 366

희녕(熙寧) 3권: 215

희명(希明) 3권: 204 / 4권: 299

희사(喜捨) 3권: 134 / 4권: 195, 235 / 5권: 111, 134, 140 / 6권: 38, 42, 62, 226

희생초(犧牲草) 5권: 220

희씨(姬氏) 3권: 197, 216

희안현(喜安縣) 5권: 217

희양산(曦陽山) 4권: 413, 416

희양산사(曦陽山祠) 4권: 416

희이자(希夷子) 4권: 123

희족(喜足) 5권: 217

희종(僖宗) 3권: 165, 282 / 4권: 221

희종(熙宗) 2권: 155 / 6권: 22

희주(姬周) 3권: 216, 229

히라이와 유스케(平岩佑介) 1권: 24

히비노 다이죠(日比野大丈) 1권: 13

힐리(頡利) 3권: 31

힐리가한(頡利可汗) 2권: 397

역주를 마무리하면서

일연의 "삼국유사"에는, 가야, 백제, 신라, 고구려, 발해의 역사 이외, 판타지(fantasy)가 '천사옥대'(본서 2권, 327쪽, 이하 '본서'는 생략), '만파식적(3권, 51쪽)'에 보이고, SF(science fiction)가 '미추왕 죽엽군'(2권, 253쪽), '도화녀 비형랑'(2권, 319쪽)에 보인다. 가족의 애환이, '연오랑 세오녀'(2권, 247쪽), '조신'(4권, 302쪽)에 보이고, 효(孝)와 인(仁)이 '손순매아'(6권, 219쪽), '빈녀양모'(6권, 223쪽)에 보인다. 서스펜스(suspense)와도 같은 탈출극('김제상', 2권, 263쪽)과, 드라마와도 같은 호랑이와의 사랑('김현감호', 6권, 105쪽)도 보인다.

영국의 판타지 소설 '해리 포터'보다 더 다양하게 펼쳐지고 있다. 이것이 "삼국유사"이다. 충절과 의리, 인륜과 도덕, 우리가 현대를 살아가면서 무엇을, 어떻게 해야 하고, 또 어디로 나아가야 할지, 그 지표(指標)와 함께 마땅히 해야 할 일들이 적혀 있는 것이다.

한국학적 해석과 연구가 필요한 최고 양서(良書)의 하나일 것이다.

"삼국유사고증"(이하, '고증')은, 본서 1권 '서문'과 같이, 일본의 미시나 아키히데(三品彰英), 무라카미 요시오(村上四男) 등이 모여, 평생을 바쳐 연구한 것이다. 그 학술적 가치는 새삼 말할 것도 없다. 국내 해당 학자들 간에 자주 거론되고 있는 것은, 이와 같은 이유 때문일 것이다.

이 책을 역주(譯註)하면서 많은 것을 느꼈다. 모두 표백(表白)한다는 것은 사실상 불가능하지만, 이곳에서는 본서에서 다하지 못했던, 몇 가지를 말하고자 한다.

① 백제 제15대 '침류왕(枕流王)'(1권, 151쪽)은, 일본서기 神功紀 55年(375年) 조에는 'とむる'(tomuru)라고 되어 있다. 이것은 神功紀 64년 조, 65년 조에도 반복적으로

보인다. 이 '枕'은 '忱(침)'과 함께 'とむ(지)'라고도 했다는 것이, 神功紀 49年(369年) 조에 보인다. 이 '枕, 忱'은 탐라(耽羅)의 '탐(耽)'과, 같은 음차 이표기(서기인용 百濟三書 수록)로도 다루어졌다. 이 '枕, 忱, 耽'은 서로 통했다는 것이다.

그러면 '枕流王'은 어떻게 읽어야 할 것인가. 중고(中古) 이후의 근현대음으로 읽어 주는 것이 역사일까. 언제, 누가 이렇게 읽기 시작했을까. 좀 더 한국어사, 중국어사, 일본어사 등을 섭렵(涉獵)한 판단이 기재되어야 할 것이다. 그 대상은 당(唐)의 영향을 받기 이전의 전부일 것이다.

② AI(artificial intelligence, 인공지능)가 세계화되고, 당장 우주전쟁이라도 벌일 것만 같은 이 시대에도, 국제적 '힘'의 상관관계는 존재한다. '고증'에서는 "삼국유사"를 '사대주의(事大主義)'에 의한 것(3권, 49쪽 이외)이라고 하고, 이것을 읽은 한국인은 그대로 교육현장에서 가르쳤다. 1970년대 '국민학교'(지금의 초등학교) 국어 시간에 들었던 일이다.

③ 일연의 "삼국유사"에는 '한반도(韓半島)'라는 말은 한 번도 나오지 않았고, '일본해(日本海)'라는 말은 더더욱 없었다. 그러나 '고증'에는 '한반도'(1권, 10쪽 이외), '일본해'(2권, 282쪽 이외)로 바꾸었다. 심지어 '가락국기(1)'의 가야국 남쪽 경계에 있는 '창해(滄海)'는 '일본해'라고도 했다(3권, 341쪽). 대한해협 동부도 일본해의 일부라고도 했다. 고성(高城)의 물은 금강산에서 시작하여, 고성 지역을 흘러 '일본해'로 들어가는 것(2권, 282쪽)이라고도 했다.

④ 일본서기에도 보이듯이 고대한국인의 '성(姓)'은, 지금의 일본인 '성(姓)'과 같았고 또한 그 '시조(始祖)'인데, 고대한국인은 '성(姓)'이 없었다고도 했다(2권, 158쪽 이외).

推古天皇 12년 9월 조에 보이는 '黃書畵師'는, 일본 홍복사 전래 聖德太子傳曆(917년, 藤原兼輔 찬)에 '黃文畵師'라고 했으며, 이 '黃文'은 天武 13년(684)에 '連'(むらじ)이 되어, "성씨록(姓氏錄)"에는 '黃文連出自高麗國人久斯祁王也'라고 기록했다. '黃書', '黃文'은 동일인물로 고구려인이라는 것이다. 이 黃書(黃文連)本實이, '山城國諸蕃'(姓氏錄), '藥師藏佛足石記'에는, 당에 가서 '佛足跡'을 그려 왔다고 기록되어 있다. 이 그림이 '불족석(佛足石)'이 되고, 이것과 나란히 서 있는 '불족적가비(佛足跡歌碑)'에는, 21수의 고대(古代) 노래가 음각으로 새겨져, 나라시

약사사에 놓여 있다. 국보(00008호.)이다.

일본서기 皇極 원년(642) 2월 조에, '伊梨柯須彌'가 보이며, 이것은 중국사서나 삼국사기에 '泉蓋蘇文', 天智 3년(664) 10월 조에는 '蓋金', 聖德太子傳曆에는 '入霞'라고 되어 있다. 고구려 장수 연개소문(淵蓋蘇文)을 말하는 것이다. 이 자료를 통해서 '蘇文'은 '쇠(金)'와 관련되고, '伊'는 상고, 육조(범어한역경음), 推古朝遺文을 통해 '가(아)'였을 가능성을 생각할 수 있을 것이다. 고대일본 문자자료에, '伊'는 주격조사 '가'로 보이는 것도 있다. 편견 없이 고구(考究)해야 할 재료이다. '入霞'는 음독자 '伊梨柯須彌'를 일본 훈독으로 적은 것이다.

즉 고대한국인에게는 성(姓)이 없었다는 것은, 인지(認知) 부족에서 오는 견해이다. 그게 아니라면 이데올로기(ideologie, 관념)에서 오는 폄하(貶下) 의식일 것이다. 위의 '한반도', '일본해'도 마찬가지이다. '반도(半島)'란 바다로 튀어나온 육지의 끝부분을 가리키는 말이다. 한국에서는 '곶(串)'이라고 하며, 일본에서는 'くし(串)'라고 한다. '꼬챙이'라는 뜻이다.

⑤ '고증'은 일본 국내용이다. 이 말은 일본의 보편적 사회문화 의식구조에 맞춰 논리를 갖추었다는 것이다. 그래서 '한반도', '일본해' 등의 용어가 나왔던 것이다. 그 자체는 문제없을 수도 있다. 그러나 이를 한국 국내용으로 선전하고 교육한다면 큰 문제일 것이다.

⑥ 연구역량의 차이는, 파워(power)를 가진 '그'의 말을 신봉(信奉)하고, 부회론(附會論)으로 자기 이익을 추구하게 하는 것이다. 일제강점기의 변절자와 같다. 지금은 그러한 자가 무변(無邊)에 이른다. 자문을 구하고 심사, 검열(檢閱)까지 요청한다면. '그'의 식민지 나락(奈落)에 빠졌다는 것이다. 연구역량의 차이가 없을 때, 비로소 '교류'가 될 것이다. 시간과 겸손이 필요할 것이다.

유감(遺憾)은 비풍수쇄(悲風愁殺)하고, 상실감은 유학잠교(幽壑潛蛟)이다.

본서는 2014년 여름부터 시작된 것이다. 한국기술교육대학교 '정재영' 교수의 추천이 있었다. 관심이 있는 학생과 연구자에게 약간의 도움이 된다면, 모두 기뻐할 것이다.

마지막 '색인편'은 그동안 역주자와 애환(哀歡)을 나누고, 도움을 아끼지 않았던 분과 공저(共著)로 마무리했다. '삼국유사'에 대한 이해와 연구 기초자료 제공을 위해서

이다. '본편'과 '색인편'의 교정과 판본 제작 등에 있어, 세창출판사의 편집부 '안효희' 과장과 그 부서원의 도움이 컸다. 한국연구재단으로부터도 지원을 받았다. 이와 같은 많은 도움이 없었다면, 10년 만에 출간은 생각하기 어려웠을 것이다.

보각국존 일연의 "삼국유사"는, 노도(怒濤)와 같은 고대한국의 역사를 지나, 북방 '고려'로의 통일과 평화, 북(北)으로의 진취성을 그린 것이다. '분쟁'에 초점을 두고, 마치 일연이 이것을 말하고 싶었다는 듯이, 모양을 맞춰 나갈 때는 흥분을 금하지 못한 '주석(註釋)'도 있을 것이다. 이와 같은 지나친 점, 혹은 본서 어딘가에 역주자가 놓친 부분이나 실수도 있을 것이다. '색인편'에서 가능한 한 바로잡았지만, 모두 역주자의 책임이다. 강호제현(江戶諸賢)의 너그러운 이해와 관용을 바랄 뿐이다.

공동 편자

김정빈 · 권인한 · 김성주 · 이상이

엮은이

김정빈(일본국립시마네대학교 연구원, 간사)

권인한(성균관대학교 국어국문학과 교수)

김성주(동국대학교 국어국문문예창작학부 교수)

이상이(인천대학교 일본연구소 초빙교수)

An Annotated Translation of
"Historical Investigation of
the Three Kingdoms Archive in Ancient Korea"